# 知识溢出效应分析
## ——基于产业集聚与R&D投入的视角

Analysis of Knowledge Spillover Effect
—From the Perspective of Industrial Agglomeration and R&D Input

刘斯敖　著

中国财经出版传媒集团

经济科学出版社
Economic Science Press

# 前　言

　　经济增长与经济发展是经济学研究的最核心问题，而知识溢出是新经济增长理论的核心概念，是促进经济增长最为关键的因素。知识溢出与产业空间集聚、R&D 投入、区域经济增长与创新等紧密相连。产业集聚与 R&D 投入紧密相连，都是产生知识溢出的重要源泉，并被广泛进行研究。1990～2007 年，我国的制造业集聚是一个普遍的现象并不断发生变迁，而 R&D 投入也在不断增加。但是，区域分布和行业分布不平衡，从而导致区域和行业的创新与经济增长不平衡。

　　本书对 R&D 投入与产业集聚的知识溢出理论进行了系统梳理，进而研究我国制造业的产业集聚与 R&D 投入的知识溢出效应。本书拟分析与探讨以下四个关键问题：一是知识溢出的本质与机制；二是我国制造业的集聚度、R&D 投入与知识溢出效应的相互关系；三是我国制造业集聚与 R&D 投入的知识溢出效应；四是根据实证研究的结果，提出促进我国区域产业创新与增长的产业政策与 R&D 投入政策。

　　本书研究的基本思路是在文献综述与知识溢出理论机制分析的基础上，通过大量的实证来分析各因素对知识溢出的影响。本书主要探讨了知识溢出的创新效应与经济增长效应，并分别采用专利申请与全要素生产率（TFP）作为衡量指标。知识溢出的影响因素主要有知识的属性、空间距离、社会距离、技术距离、学习能力。本书分别从区域与行业的维度，对 1990～2007 年中国制造业的产业集聚度与知识溢出效应的代理指标进行计算与分析，并运用格兰杰因果关系检验方法对产业集聚、R&D 投入与知识溢出效应之间的关系进行了格兰杰因果关系检验。在此基础上，建立空间面板数据模型和普通面板数据模型，运用空间经济学的计量程序与 EViews 软件，分析了产业集聚与 R&D 投入知识溢出的区域与行业创新效应及经济增长效应。最后，对理论与实证研究进行归纳与提炼，并提出了相应的产业与 R&D 政策建议。

　　本书创新点主要体现在，研究视角、研究思路与具体分析方法都与以往知识溢出研究存在很大区别：在研究视角上，把产业集聚与 R&D 投入结合起来；在研究思路上，从分区域与分行业的不同维度展开；在研究方法上，大量采用实证研究方法，综合运用多种数量模型、计量方法与工具，把时间与空间因素结合起来进行分析。

# Contents
# 目　录

# 第 1 章

# 绪　　论

## 1.1　研究背景与意义

### 1.1.1　研究背景

经济增长与经济发展是经济学研究的最核心问题，而知识溢出是新经济增长理论的核心概念，是促进经济增长最为关键的因素。自马歇尔提出"知识是弥漫在空气中的公共产品"以来，知识溢出一直以来都是经济学家们研究的热点问题。知识溢出与产业空间集聚、规模报酬递增与区域经济增长和创新等紧密相连，相互作用，并形成了多视角的研究，主要可以分为 R&D 知识溢出、产业集聚知识溢出与国际经济中的知识溢出三大研究视角。R&D 知识溢出理论早期主要集中在以阿罗、罗默等为代表的新增长理论中，这些理论把 R&D 投入与人力资本增长所引起的知识溢出效应作为经济内生增长的源泉，后期则主要集中于各种知识生产函数理论之中。产业集聚知识溢出理论包括了专业化溢出、多样化溢出与竞争性溢出等多种理论。国际经济中知识溢出理论包括了国际贸易与 FDI 知识溢出两大方面研究。三大知识溢出研究视角的分类并非完全独立，彼此之间存在交叉与重叠，但是不同视角中的研究重点、研究层面、研究方法等各有侧重。而在这些知识溢出理论中，产业集聚、研发（research and development，R&D）投入与外商直接投资（foreign direct investment，FDI）等成为影响知识溢出的关键因素。

　　进入 21 世纪，随着经济全球化的进程和计算机及信息技术的发展，生产要素及其组合迅速地在全球流动与扩散；同时，这些要素又在特定区域集聚。在这一过程中，R&D 活动与产业集聚紧密联系在一起，形成良性互动机制，并形成了许多产业集聚中心和 R&D 中心，如美国的硅谷和 128 公路、北京的中关村等，既是高技术产业的集聚中心，又是高技术产业的 R&D 中心。在一些地区由于地理位置或其他因素成为产业集聚或 R&D 中心的同时，另外一些地区则沦为了外围区域，成为产业发展缓慢与缺乏创新的区域。改革开放以后，在市场规律与地理因素等作用下，我国区域经济发展开始呈现区域分化现象，制造业集聚成为一个普遍现象，广东、江苏、上海、浙江和山东等沿海省市纷纷成为制造业集聚中心，占有全国制造业大部分市场份额，而中西部地区则沦为了外围区域。

　　近年来，随着我国综合国力的增强，我国 R&D 投入也在不断增加。1987 年我国 R&D 经费投入为 74.03 亿元，到 2007 年我国 R&D 经费投入达到了 3 710.2 亿元，R&D 经费投入占 GDP 的比例也由 1987 年的 0.61% 增加到 1.49%，尤其是进入 21 世纪后经费增长速度加快。R&D 人员投入也从 1987 年的 40.84 万人增加到 2007 年的 173.6 万人，R&D 科学家与工程师从 1987 年的 22.4 万人增加到 2007 年的 142.3 万人。但是，不同地区与不同产业之间的 R&D 经费同人员投入差别很大，从而对产业结构与产业集聚程度造成不同影响。一般来讲，东部沿海开放地区的 R&D 投入较大，从而产业集聚程度较高，中西部地区 R&D 投入较小，产业集聚度相应较低。从地区分布来看，我国 R&D 人员主要集中在北京、江苏、浙江、上海、山东、广东等经济发达省市，2007 年，这六个省市的 R&D 人员投入占全国 R&D 投入的 50.89%，R&D 经费投入占全国 R&D 经费投入的 60.41%。不同产业间的 R&D 投入差别也很大，高新技术类产业 R&D 投入较大，其集聚程度也非常高，如医药制造业、航空航天器制造业、电子及通信设备制造业、电子计算机及办公设备制造业、医疗设备及仪器仪表制造业，并且大都集中于广东、江苏、山东、浙江、上海等沿海省市。

　　R&D 溢出是形成产业集聚的主要动力之一。研究与开发（R&D）活动，不论是 R&D 经费投入还是 R&D 人员投入，都会促进知识的生产与扩散，形成知识溢出效应，促进产业集聚与区域创新。企业或研究机构通过研发所获得的产品生产新技术、新工艺和新方法，以及由此形成的新的组织方式与管理方法等新知识，由于具有部分公共产品的特性，知识外溢不可避免，使得"搭便车"者可能无须花费成本或以较低的成本就能共享研发成果。同时，模仿与创新也是产业集群的一大功能，使知识溢出成为一把"双刃剑"：一方面加速了新技术新知识的流动，推动产业集群 R&D 投入，不断进行产品创新与组织创新，以保证企业与集群的竞争力；另一方面知识溢出与过度模仿削弱了部分企业 R&D 投入—产出收益，过度模仿产生了"柠檬效应"，最终削弱企业 R&D 投入与产业集群创新的动力。

在知识溢出过程中，知识溢出大小是受到空间限制的，所以企业为了能获得知识溢出效应，必然选择在一定的地理范围内集聚，以获取集群 R&D 投入及集聚所产生的知识溢出效应。随之而来的问题是，大量"搭便车"者的存在是否削弱了 R&D 发起者的收益，还是也从其他组织 R&D 溢出中同等获益甚至更高？ R&D 与产业集聚之间到底存在怎样的相互影响关系？不同地区之间与不同产业之间的 R&D 投入和产业集聚产生的知识溢出效应如何衡量与分析？空间因素如何影响知识溢出效应？纯理论的阐述常常出现与实际相脱离的困境，如何运用数量来求证产业集聚与 R&D 投入的知识溢出机理确实成为困扰经济学家的一个难题。本书将基于中国制造业的相关数据，在相关理论归纳与推导的基础上，主要运用实证研究方法对产业集聚与 R&D 投入的知识溢出效应进行探讨与分析。

## 1.1.2 研究意义

产业集聚与 R&D 投入都是产生知识溢出的重要源头，国内外许多研究文献都已经证实了这一点。R&D 投入是一个国家与地区科技创新的决定性因素，R&D 投入包括了人员投入与经费投入，R&D 投入的绩效直接影响一个国家或地区的创新绩效与经济发展。而产业集聚包括了专业化集聚与多样化集聚，专业化集聚是分析单个产业空间集聚现象，而多产业集聚分析的是同一地理空间中多个产业同时集聚的现象。在我国沿海发达区域，产业集聚现象非常普遍，并呈多产业集聚的特征，而在内地，经济发展常常过于依赖单一结构的主导产业。目前，把我国产业集聚与 R&D 投入结合起来，研究知识溢出效应及各因素作用的实证分析还处于空白状态。本书主要是对 R&D 投入和产业集聚的知识溢出效应进行一个有益探索，并推理出相应的区域产业发展政策与 R&D 投入政策，提高区域创新与经济发展绩效。

## 1.2　研究目的、主要内容与创新点

### 1.2.1　研究目的

本书研究的主要目的就是通过对 R&D 投入与产业集聚的知识溢出理论进行系统梳理，进而研究我国制造业的产业集聚与 R&D 投入的知识溢出效应。本书拟分析与探讨以下四个关键问题。

第一，知识溢出的本质与机制。通过对知识、知识溢出和知识溢出效应等基本概念的剖析，分析知识溢出的本质及知识溢出的内在机制，以及影响知识溢出的关键因素。通过深入剖析知识溢出的本质及知识溢出的内在机制，分析 R&D 投入与产业集聚的知识溢出效应。

第二，我国制造业的集聚度、R&D 投入与知识溢出效应的相互关系。通过对我国制造业的集聚度、R&D 投入与知识溢出效应代理指标的计量分析，得出我国制造业的集聚度变迁、R&D 投入与知识溢出效应之间的格兰杰因果关系。

第三，我国制造业集聚与 R&D 投入的知识溢出效应分析。通过建立空间面板数据模型与面板数据模型，运用专利和全要素生产率（Total Factor Productirity，TFP）代理变量，分别从分地区和分行业的维度来分析 R&D 投入与制造业集聚知识溢出的创新效应与经济增长效应。

第四，根据实证研究的结果，提出促进我国区域产业创新与增长的产业政策与 R&D 投入政策。

## 1.2.2 研究主要内容

第1章为绪论。绪论分为三部分内容，首先是提出了本书研究的背景和意义，分析了产业集聚与 R&D 投入知识溢出研究的背景条件与研究的必要性；其次是阐述研究的目的与内容，提出研究的主要目的，并对全书的主要内容做简要介绍；最后是介绍研究方法与技术路线。

第2章主要是文献综述。首先是对知识与知识溢出的概念进行界定与分类；其次是对 R&D 投入与产业集聚的知识溢出相关文献研究进行了梳理与归纳。其中，R&D 投入知识溢出又分为了新增长理论与知识生产函数两大类进行归类与评述。最后从研究层面、测度方法、影响因素与溢出载体等角度进行了比较与评述。

第3章对知识溢出的理论机制进行了分析。首先，对知识溢出的内在原因进行了分析，知识溢出是由知识的本质决定的。其次，对知识的溢出效应、知识溢出影响因素与溢出渠道进行了理论分析。知识溢出效应主要分为创新效应、增长效应、结构效应与"柠檬效应"。知识溢出的影响因素主要有知识的属性、空间距离、社会距离、技术距离、学习能力，知识溢出的渠道包括专利、人才流动、商品流动、FDI、非正式交流等。最后，对知识溢出的过程进行综合分析，并提出了实证分析的理论框架模型。

第4章是产业集聚分析。从地区的角度和行业的角度分别展开，通过相应产业集聚度测度公式计算了中国 17 个制造业 1990 ~ 2007 年的地区产业的专业化集聚、多样化集聚及不同行业集聚度水平，并分析了不同制造业产业集聚度变迁的原因。

第5章是知识溢出效应衡量指标分析。本章重点分析知识溢出的创新效应与经济增长效应，分别采用专利申请量与全要素生产率（TFP）作为创新与经济增长效应的代理指标，对创新效应指标（专利）进行分地区与分行业描述，而对经济增长效应指标（TFP）则运用 DEA 的方法进行计算与分析。

第6章是产业集聚、R&D 投入与知识溢出的格兰杰因果关系分析，分别从地区和行业的角度分析产业集聚、R&D 投入与知识溢出之间的格兰杰因果关系。

第 7 章是产业集聚与 R&D 投入的区域知识溢出效应分析。在区域知识溢出效应分析模型中，通过建立空间面板数据模型，运用空间经济学的计量程序，分别以专利和全要素生产率（TFP）作为代理变量，分析了产业集聚与 R&D 投入知识溢出的区域创新效应与区域经济增长效应。在行业知识溢出模型中，通过面板数据模型，运用 EViews6.0，分别以专利和全要素生产率（TFP）作为代理变量，分析了产业集聚及 R&D 投入知识溢出的行业创新效应与行业经济增长效应。

第 8 章结论与展望。通过对前面章节的理论与实证研究结论进行了归纳与提炼，并提出了相应的产业与 R&D 政策建议。产业集聚与 R&D 投入必然会产生知识溢出，调整区域产业结构，形成适度的多样化与专业化的产业集聚效应，加强区域经济与 R&D 合作，共享知识溢出效应，可以最大化地促进区域创新与经济增长。同时，制定有效率的 R&D 激励机制与政策，提高区域人力资本存量与社会开放度，可以增强区域学习能力与缩小技术距离，提高区域的知识溢出吸收能力。同时，还指出本书研究的不足与缺陷，为将来进一步的研究指明了方向。

### 1.2.3　创新点

本书从产业集聚与 R&D 投入的视角对知识溢出效应展开了研究，在研究视角、研究思路与具体分析方法上与以往研究有很大不同，主要体现在以下几个方面。

第一，把产业集聚与 R&D 投入结合起来，把产业集聚分为专业化集聚与多样化集聚，R&D 投入分为 R&D 人员投入与经费投入，并结合其他知识溢出影响因素，构建了知识溢出实证分析的理论框架，并对各因素的知识溢出效应进行了分析。

第二，本书大量采用实证分析方法，并从分区域与分行业的不同维度展开了实证研究。本书对 1990～2007 年的中国制造业的产业集聚度进行了计算与分析，并分别采用了专利申请与全要素生产率（TFP）来作为衡量知识溢出创新效应与经济增长效应的代理指标，并采用 DEA 方法对全要素生产率（TFP）进行了计算与分析。

第三，本书从分地区与分行业的维度对产业集聚、R&D 投入与知识溢出效应之间的关系进行了格兰杰因果关系检验，分析彼此之间的格兰杰因果关系。通过格兰杰因果关系的检验，分析了不同地区与行业的产业集聚、R&D 投入与知识溢出效应之间的相互影响关系。

第四，本书在产业集聚、知识溢出效应代理指标与格兰杰因果关系分析的基础上，利用空间计量方法，构建了产业集聚与 R&D 投入的知识溢出效应分析的空间面板数据计量模型。通过空间面板数据模型，分析了产业集聚、R&D 投入以及其他相应因素对知识溢出效应的影响，并推导出相应的区域产业与 R&D 政策建议。

# 1.3 研究方法与技术路线

## 1.3.1 研究方法

本研究通过对国内外相关理论的梳理与比较分析，推导知识溢出的理论机制与分析模型，重点是通过实证来分析产业集聚与 R&D 投入的知识溢出效应。在研究中，综合运用定性分析、定量分析、比较分析等方法，具体体现为：

第一，历史的、动态的分析方法。借鉴国内外的新增长理论、知识生产函数理论、产业集聚等相关理论研究成果，在前人研究的基础上对知识溢出的本质、知识溢出的机制、知识溢出的影响因素、知识溢出测度方法等进行理论概括与创新，进而提出分析产业集聚与 R&D 投入的知识溢出效应的理论模型。

第二，采用规范研究与实证研究相结合的方法。以规范研究为引导，以实证研究为主体，对知识溢出效应进行分析。通过理论研究，梳理出知识溢出研究的基本脉络和基本观点与方法。在实证研究中，主要是借助计量经济学的 Matlab 7.0、EViews 6.0、Deap 2.1 等计量软件与空间计量经济学的计量模型，搜集我国制造业和 R&D 投入的相关数据进行实证分析，分地区与分行业地分析我国制造业集聚度的变迁、制造业集聚度变迁与

R&D 投入的格兰杰因果关系以及产业集聚与 R&D 知识溢出效应，并推导出相应经济政策含义。

第三，时间与空间相结合的方法。在研究过程中，通过建立空间面板数据模型把时间因素与空间因素同时结合起来分析。通过空间计量经济学中的空间面板数据计量软件，综合考虑时间与空间因素，全面考虑各种因素对知识溢出效应的影响。

## 1.3.2 技术路线

本书主要技术路线，如图 1.1 所示。

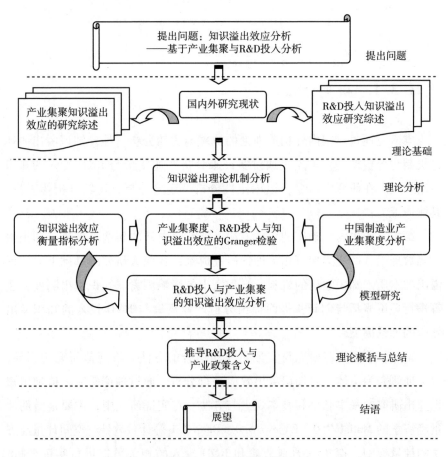

图 1.1 技术路线示意

# 第 2 章

# 文献综述

## 2.1　知识溢出概念的研究综述

### 2.1.1　知识

什么是知识？这是一个很古老的话题。古希腊的苏格拉底认为知识即人的智力、自我认识和道德的修炼。苏格拉底是从功能、意义方面来定义知识的，强调了人的思维和道德，忽略了知识的本质与属性。柏拉图则把知识看作一种确证了的、真实的信念，也就说，知识是由信念、真实与确证三个要素组成，并把知识分为理性、理智、信念和表象四种状态，理性与理智是"本质的理性认识"，信念与表象是"关于派生的易逝的东西的意见"。柏拉图的知识论是以人的心灵为基础，是建立在唯心观基础上的知识观。① 而我们熟知的一些口号如"知识本身就是财富""知识就是力量""知识是生产力"等观点则从知识的功能角度来认识知识，而忽视了知识的本质与属性。

英国物理学家和哲学家波兰尼（Polanyi，1958）在《个人知识》中提出了隐性知识的概念，并将知识分为显性知识与隐性知识。波兰尼认为："隐性知识就是存在于个人头脑中、存在特定环境下的、难以正规化、难

---

① 陈宏澜. 论知识分类的十大方式 [J]. 科学学研究，2007（1）：26－30.

以沟通的知识，是知识创新的关键部分。"而显性知识就是指可以用文字、数字、图形或其他象征物清晰表达（如手册和流程）的知识。[①] 波兰尼从知识分类的角度对知识进行了定义，隐性知识与显性知识的二分法得到了广泛的认同与应用，诺纳卡（Nonaka，1994）、诺纳卡和健内（Nonaka and Takeuchi，1995）等学者的研究将显性知识与隐性知识的认识不断深化。[②][③]

但是也有很多学者对波兰尼的知识二分法进行了批评，认为二分法过于绝对与简单，知识并非严格的极化为隐性知识与显性知识的二分法，在知识的隐性与显性之间，应该存在一个连续的地带，隐性知识与显性知识处于知识谱系的两个极端（Kogut and Zander，1993）。[④] 兰姆（Lam，2000）在波兰尼知识二分法的基础上提出了四分法，他把隐性知识与显性知识二分法的认识论（epistemological）与个人和集体两层次的本体论（ontological）结合起来，把知识分为理智知识（embrained knowledge）、编码知识（codified knowledge）、体现知识（embodied knowledge）和嵌入知识（embedded knowledge）。其中，理智知识是指抽象推理的知识，强调了个人概念化技巧与认知能力；编码知识是指能够用符号与记号对知识进行编码，如设计蓝图、规章制度和作业程序等；体现知识是指存于个人大脑中，必须经由个人参与、身体力行与实践才能产生的知识，也即波兰尼所定义的隐性知识；嵌入知识是一种关系导向，根植于彼此互动和实践社区之中，属于涂尔干式（Durkheim type）的隐性知识。Lam 四分法[⑤]拓展了Polanyi 的显性知识与隐性知识的二分法，整合了认知维度与组织维度，从二维角度对知识进行了新的区分，见表 2.1。

---

① 迈克尔·波兰尼. 个人知识——迈向后批判哲学 [M]. 许泽民，译. 贵阳：贵州人民出版社，2000：59.

② Nonaka I. *A dynamic theory of organizational knowledge creation organization*，Science，Vol. 5，1994，pp. 14 – 37.

③ Nonaka I and Takaeuchi. *The knowledge creating company*. Oxford University Press，1995，P. 238.

④ Kogut B and Zander U. *Knoeledge of the Firm and the Evolutionary Theory of the Multinational Corporation*. Journal of Internationary Business Studies，Vol. 24，1993，pp. 625 – 645.

⑤ Lam A. *Tacit Knowledge. Organizational Learning and Social Institutions：An Integrated Framework*. Organization Studies，Vol. 21（3），2000，pp. 487 – 513.

| 表 2.1 | | 知识类型的二维分类 | |
|---|---|---|---|
| | | 本体论 | |
| 认<br>识<br>论 | | 个人 | 集体 |
| | 显性 | 理智知识 | 编码知识 |
| | 隐性 | 体现知识 | 嵌入知识 |

　　经济与合作发展组织于 1996 年的年度报告中把知识划分为四种形态：第一，知道是什么的知识（know-what），是指有关事实方面的知识；第二，知道为什么的知识（know-why），是指自然原理与规律方面的知识，即对某些事物、事件的发生、发展和变化的原因和规律的认识；第三，知道怎么做的知识（know-how），是指对某些事物的技能与能力，能够转化为人的实际行动，以便实施某项计划和制造某个产品的方法、技能和诀窍等的知识；第四，知识是谁的知识（know-who），涉及谁知道和谁知道如何做某些事情的信息，它包含了特定社会关系的形成，尤其是接触有关专家并有效地利用他们的知识。前两类知识即事实知识和原理知识，是可以表述出来的显性知识；而后两类知识是技能知识和人力知识，是难以用语言明确表述的隐性知识。[①]

　　前面所给出的各种知识的含义，更多的是从哲学的角度出发来定义的。经济学家们经常讨论与研究知识对经济增长的作用，但是并未对知识的定义取得一致意见。哈耶克（Hayek，1945）首先把知识概念引入经济学背景中来，认为知识可以被理解为一种能够被个体有意识利用的工具，虽然有的时候是潜意识的。哈耶克还注意到了知识的分散性，知识存在于不同的个体和空间里。[②] 同时，知识的理解还依赖于特定的时间与背景，例如，知识不是静态的而是不断演化的，知识演化的方向依赖于一些边界条件如制度框架。虽然知识具有异质性和演化的时间性，但是知识在传统的新古典增长理论中常常是静态的，知识只是作为生产

---

　　① 陈胜昌. 知识经济专家谈，引自经济合作与发展组织 1996 年年度报告 [M]. 北京：经济科学出版社，1998：192－194.

　　② 弗里德利希·冯·哈耶克. 自由秩序原理 [M]. 邓正来，译. 上海：上海三联书店，1997：22.

函数当中一种要素投入。在新增长理论中，知识开始被看作一种动态投入，并在生产中内生循环积累，干中学和 R&D 投入提高了人力资本的存量（Audretsch and Feldman，1996；Audretsch，1998）[1][2]，知识的生产与积累具有路径依赖性。但是知识又不同于人力资本，人力资本包含了个体所能利用的默会知识与显性知识，但是知识包含更为宽广，包含大量的信息与个人主要利用的技能。波珀（Popper，1972）区分了主观与客观知识，客观知识是指能够被记录和随时利用的知识，主观知识（指人力资本）是指能够真正影响主观决策的知识。知识能够跨时间地连续累积，而人力资本则是每个人选择性学习的结果。从宽广的经济学角度出发，知识是包含个体能够用来解决问题、做出决策和理解信息来源的所有认识与能力。[3]

知识是人类社会文明的结晶，是人类对世界认知的概括与总结，是人类的思维活动成果的延续与创新。古往今来，学者们从不同的角度对知识的内涵进行了理解与界定，各有千秋。本书采用波兰尼知识的概念，但主要是指与人类经济活动中各种与经济生产相关的知识，包括了隐性知识与显性知识。

## 2.1.2 知识溢出

### 1. 国外关于知识溢出概念的研究综述

从经济学的角度来看，溢出概念最早源自 1890 年马歇尔的《经济学原理》，其在论述专业化经济时提出了地方经济外部性效应，也即溢出效应，而后 1920 年马歇尔更是提出了"知识是弥漫在空气中的公共产品"。[4]马歇尔的知识溢出是基于地方专业化与产业集群的溢出，是产生经济外部

---

① Audretsch D. B and Feldman M. P. *R&D spillover and the geography of innovation and production*. American Economic Review，Vol. 86，1996，pp. 630 – 640.

② Audretsch D. B. *Agglomeration and location of innovative activity. Oxford Review of Economic Policy*，Vol. 14，1998，pp. 18 – 29.

③ Doring. T and Schnellenbacha J. *What do we know about geographical knowledge spillovers and regional growth? A Survey of the literature*. Regional Studies，Vol. 40（3），2006，pp. 375 – 395.

④ 马歇尔. 经济学原理［M］. 北京：商务出版社，1981：25.

性的源泉。以庇古为代表的福利经济学派提出了更为一般化的经济外部性概念，他们认为在绝大多数领域，经济实体（企业）所投入特定生产要素的边际私人价值与社会价值之间存在着难以被市场机制所识别与度量的差异，从而提出了外部经济（当社会价值大于私人价值）和外部不经济（社会价值小于私人价值）的概念。此后，经济外部性效应与知识溢出效应相互联结在一起，被经济学家们广泛讨论。

知识溢出概念正式始于 20 世纪 60 年代，在探讨东道国接受外商直接投资（FDI）社会效益时，道格尔（Dougall，1960）提出了知识溢出效应是 FDI 的一个重要现象。① 而后西穆内克（Simunic，1962）在研究审计定价和风险收费时，首先正式使用了"知识溢出效应"这一术语，他认为通过提供非审计服务所获得的知识，可能向审计产品"溢出"，从而提高审计产品效率与降低审计成本，并使社会总成本得以降低。②

阿罗（Arrow，1962）在其著名的《边干边学的经济含义》中提出了边干边学、知识外溢与人力资本的理论化与动态化研究，在其模型中有两个重要的假定：（1）边干边学或知识是投资的副产品，提高一个厂商的资本存量会导致其知识存量的相应增加；（2）知识是公共产品，具有外溢效应（spillover effect）。阿罗认为，干中学是经验的产品，每一厂商的技术变化是整个经济中的边干边学，并进而是经济的总量资本存量的函数。任一给定厂商的生产力是全行业积累的总投资的递增函数，随着投资于生产地进行，新知识将被发现，并形成递增收益。阿罗的知识溢出是基于厂商间的投资的副产品，是无偿的但是却促进了经济授予递增的溢出。③

科戈（Kokko，1992）把知识溢出定义为外商投资企业所拥有的知识未经外商企业的正式转让而被本地企业所获得的现象。当跨国公司在东道国设立子公司时促进了当地技术进步和生产力增长，而这种受益并不完全归子公司所有，溢出效应发生来自两个方面：一方面来源于示范、模仿和

---

① Mac. Dougall. GDA. *The Benefits and Cocts of Private Investment from aboard*：*A Theory Approach*. Economic Record，Vol. 36，1960，pp. 13 – 35.

② Simunic D. A. *Auditing*，*Consulting*，*and Auditor Independence*. Journal of Accouting Research，Vol. 22 1984，pp. 679 – 702.

③ Arrow K. J. *The economic implications of learning by doing*. Review of Economic Studies，Vol. 29，1962，pp. 155 – 173.

传播；另一方面来源于竞争。① 科戈的知识溢出定义是从 FDI 角度出发的，知识溢出定义包含的面过于狭窄，没有包含其他场景发生的知识溢出。

　　模仿是创新的孪生兄弟，基于知识具有公共产品的本性，有创新的地方就会知识溢出及模仿与模仿创新，许多学者则把模仿收益引入了知识溢出的概念。哈佛大学的教授格里利切斯（Griliches，1992）把知识溢出定义为"从事类似的事情（模仿创新）并从其他的研究（被模仿的创新研究）中得到更多的收益"。② 杰菲（Jaffe，1993）认为，知识溢出产生于模仿者获得了模仿收益而无须或较少补偿创新者。当模仿者通过与知识创新者之间的信息交换而获得了知识（知识收益），而知识的创新者却没有得到直接的补偿，或者补偿低于创新知识价值。③ 卡尼尔斯（Caniels，2000）认为知识溢出是"通过信息交流而获取智力成果，并且不给知识的创造者以补偿，或给予的补偿小于智力成果的价值"。④ 米迦勒·冯（Michael K. Fung，2005）认为公司提高它们的知识存量通过两个途径：通过创新产生新的知识和通过知识溢出向别人学习。由于知识的非竞争性的本质创造了知识溢出的可能性，一方投资于创新必然产生外溢并被另一方所利用，知识溢出常常发生于技术创新被别人所模仿的时候。⑤ 从模仿的角度出发来定义知识溢出，意味着知识溢出是知识溢出接收方一种有意识的主动行为，目的是获取相应知识溢出收益，而知识溢出输出方相对处于被动状态。

　　诺尔曼和佩珀（Norman and Pepall，2002）则认为"知识溢出一般被认为是产业中没有任何纸面的生产率和产品的改进，知识溢出是技术改进，如产品设计或性能方面的改变，或生产系统的升级，或开发新客户的

────────────

　　① Jaffe A. B. Trajtenberg M R. Henderson. *Geographic localization of knowledge spillovers as evidenced by patent citations.* The Quarterly Journal of Economics，Vol（108），1993，pp. 577 – 598.

　　② Griliches Z. *Issues in assessing the contribution of R&D to productivity growth.* Bell Journal of Economics. Vol（10），1979，pp. 92 – 116.

　　③ Jaffe A. B. Trajtenberg M. R. Henderson. *Geographic localization of knowledge spillovers as evidenced by patent citations.* The Quarterly Journal of Economics，Vol（108），1993，pp. 577 – 598.

　　④ Caniels M. C. J. *Knowledge spillovers and economic growth：Regional growth differentials across Europe*，Edward Elgar：Cheltenham，Northhampton. 2000.

　　⑤ Michael K. Fung. *Are knowledge spillovers driving the convergence of productivity among firms?* Economica，Vol. 72（286），2005，pp. 287 – 305.

结果。这些改进并不能成为专利，由此通过溢出得以便利地被其他企业或产业应用，有关这些改进的知识通过不同渠道在企业间传播，如人员流动、投入品（中间产品）、客户或非正式会谈等"。① 诺尔曼和佩珀事实上认为，知识溢出是一种无形的结果，知识溢出需要借助一定渠道，知识溢出产生了促进技术改进与知识的更新。所以，诺尔曼和佩珀是从知识溢出的形式、渠道与作用的角度来定义知识溢出的。

格伦茨（Greunz. L，2005）区分了两种类型的溢出：区域内部与区域间的知识溢出，区域内部的知识溢出是区域内创新主体如大学、商业机构、政府部门之间的紧密结合与相互作用导致的知识增加与反馈关系。区域间的知识溢出发生在某一地区的研发不仅努力提高自身的知识创造还同时提高了其他地区的知识创造。格里利切斯所定义的知识溢出不仅仅是非竞争性与非排他性的纯公共产品式的知识溢出，还包括了参与者面对面交流、近距离接触所产生的知识溢出。② 格里利切斯的定义中充分考虑知识溢出的范围。

凯瑟琳·博德里和安德列·席弗罗瓦（Catherine Beaudry and Andrea Schiffauerova，2009）从外部性的定义出发阐述了知识溢出的概念。一般认为，外部性是一种行为引发的效应影响到了另一种行为，但是这种效应不能够用市场价格来衡量。知识的外部性对企业的创新存在正效应。企业通常不能完全估计它新创造产品的价值，知识创新必然溢出到其他的企业或组织，知识溢出最终能够提高每一个企业的知识存量。③ 凯瑟琳·博德里和安德列·席弗罗瓦则再次强调了知识外部性的影响，知识溢出效应不能够用市场机制来消除。

**2. 国内关于知识溢出的研究综述**

随着我国改革开放与国际交流，知识溢出研究也同样成为国内学者关

---

① George Norman. Lynne Pepall. *Knowledge spillovers*, *mergers and public policy in the Economic clusters*，2002，http：//ase. tufts. edu/econ/papers/200215. pdf.

② Greunz L. *Intra - and inter - regional knowledge spillovers*：*Evidence from European regions*. European planning studies，Vol. 13（3），2005，pp. 449 - 473.

③ Catherine B，Andrea S. *Who's right*，*Marshell or Jocobs? The Localizations versus urbanization debate*. Research Policy，Vol. 38（2），2009，pp. 318 - 337.

注的焦点，尤其是随着知识经济理论与产业集群理论研究的兴起，知识溢出的概念、知识溢出的机理与特性等并结合中国情况被大量地探讨（仇保兴、王缉慈，1999；谢富纪，2001；孙兆刚、刘则渊，2004；梁琦，2004；王立平，2005）。

梁琦（1999）认为，知识溢出的正效应是指通过他人获得知识，个人可以减少学习成本，并提高个人能力；企业可以减少创新成本，提高技术水平。知识溢出的负效应是指知识的溢出会使生产者不能获得新知识的全部效益。知识溢出既是全球性的，更是地域性的，知识的溢出存在空间局限性，亦即知识和技术的传播存在地域性。这种地域性构成空间集聚的重要机制，并强化集聚效应。从世界经济来看，由知识和技术溢出的地域性而带来的技术差异影响国际贸易的比较优势，并改变一国的贸易方式和经济增长方式。[①]

侯汉平和王浣尘（2001）指出，R&D 知识就其本性而言是"非排他的"（non-rivalry），但就其产权而言又是"部分排他的"（partially-excludable）。由于知识是一种非排他的公共物品，一个厂商使用了 R&D 知识，并不能阻碍其他厂商使用这一知识。一旦 R&D 知识被发现，它会立即扩散并引起经济社会、技术和生产力的进步，但拥有 R&D 知识的厂商并没有从中获取全部收益。侯汉平、王浣尘把这种经济外部性表现称之为"知识溢出效应"。[②]

刘柯杰（2002）认为知识溢出就是知识外部性，它是指知识一经产生就会很快扩散到其他地方，进而增进整个社会的福利。[③] 孙兆刚（2005）认为知识溢出包括了两个主体：知识溢出的供给者与知识溢出的接受者。知识溢出是知识扩散的一种方式，是被动、无意识、非自愿、泄露出来的，或者表现为技术贸易中信息的占有。在知识溢出过程中，接受者会根据自己的具体情况选择知识体系，孙兆刚强调知识接受者的地位，强调知

---

① 梁琦. 高技术产业集聚新理论解释 [J]. 数量集聚与技术集聚研究，1999（9）：55 – 58.

② 侯汉平，王浣尘. R&D 知识溢出效应模型分析 [J]. 系统工程理论与实践，2001（9）：29 – 32.

③ 刘柯杰. 知识外溢、产业集聚与地区高科技产业政策选择 [J]. 生产力研究，2002（2）：97 – 99.

识的再造效应。知识溢出可看作一种过程、一种结果和一种影响，而溢出效应则是知识接受者或需求者消化吸收所导致的知识创新以及所带动的经济增长等其他影响，表现为连锁效应、模仿效应、交流效应、竞争效应、带动效应、激励效应。① 王国红（2007）把主动与非主动（非自愿）的溢出都称为知识溢出。知识溢出效应是指知识的接受者或需求者消化吸收所导致的知识创新以及所带动的经济增长等其他影响。②

王立平（2008）在借鉴概括前人研究成果时指出知识溢出包含了四层含义：（1）知识溢出对被接受者生产创新活动的成本和收益没有直接联系，是未计入活动主体之内的外部影响；（2）知识溢出从形式上可以分为水平式知识溢出与垂直式知识溢出，从类型上可分为传播过程的知识溢出和使用过程的知识溢出，溢出效应存在积极溢出与消极溢出之分；（3）知识溢出既是区域性的，也是世界性的，隐性的知识溢出以邻近区域为主，显性知识溢出不受地理范围的限制；（4）知识溢出一般是自然地、无意识和非自愿引起的，在知识的生产与使用过程中，两种理想状态——绝对的知识溢出（百分之百的）和绝对的产权保护（没有溢出）是不存在的。③

### 3. 知识溢出概念研究评述

知识溢出的研究主要是从三大视角展开的：第一类是从 R&D 投入所产生知识溢出的角度来进行定义的，这一类以内生经济增长理论为代表，如前所述的阿罗、罗默、卢卡斯等为代表的定义。在内生经济增长理论中，R&D 投入、知识的溢出与人力资本的增加是经济规模递增的源泉所在。第二类是从区域产业集聚所产生的外部性效应来进行定义的，从马歇尔的区域产业理论开始到后来的克鲁格曼、费尔德曼等为代表的新经济地理理论，强调了产业集群和地理空间等对知识溢出的效应。第三类是从国际贸易与国际投资当中所产生的知识溢出来进行定义的，强调了国际贸易与 FDI 中的发达国家与发达国家之间、发达国家与发展中国家之间的知识

① 孙兆刚. 知识溢出的发生机制及路径研究［D］. 大连理工大学博士学位论文，2005.
② 王国红. 知识溢出和产业集群中企业学习研究［D］. 大连理工大学博士学位论文，2007.
③ 王立平. 知识溢出及其对我国区域经济增长的实证研究［M］. 合肥：合肥工业大学出版社，2008：42.

溢出关系。在所有知识溢出的定义中，都强调了知识外部性的作用。

把所有的知识溢出定义概括起来，可以看出经济学家们对知识溢出本质一致性界定：第一，知识溢出是由知识的本性决定的，虽然从法律的意义上很多知识是属于私人产品，但是知识本质上是一种不完全竞争性和非排他性的产品，知识本身的特性决定了知识创新不能够被生产者所独占；第二，知识溢出必然产生知识溢出效应，虽然人类社会设计了很多制度来阻止知识溢出，如专利、保密条款等，但是知识溢出依然不可避免。知识溢出降低了其他参与者获取创新知识的成本，知识创新的社会收益与私人收益会存在不一致现象；第三，知识溢出难易程度与知识的性质有关，一般而言，可编码的显性知识溢出比较容易，不可编码的隐性知识溢出难度较大；第四，从整个社会和长远来看，知识溢出促进了整个社会知识存量的提高与社会经济的增长，具有积极的社会意义；第五，知识溢出是有条件的，会受到很多因素的影响，如空间距离、技术距离、社会文化距离、知识吸收能力等。

### 4. 知识溢出的概念

概括起来，知识溢出是人类经济活动外部性的体现，是厂商、政府、学校与个人在其社会经济活动中，创造知识、传播知识与吸收知识过程中发生了相互作用，由于知识具有公共产品或半公共产品的的特性，借助某种媒介或载体，创新知识在被动、无意识、非自愿中传播、扩散中降低了另一部分参与者获取知识的成本，创新知识的收益未能全部归于创造者，从而导致知识创新的社会收益大于创新的私人收益。

知识溢出概念包含了以下几个层面。

第一，知识溢出是由知识的本性决定的。知识在某种意义上是公共产品的特性决定了知识溢出是必然的，法律意义上的知识创新产品如专利、技术等私有产品的知识创新者在获取创新收益时要实现完全排他性是不可能的或者是成本高昂而不可行的。

第二，知识溢出的主体包括了知识溢出的供给者与知识溢出的接受者。知识溢出的供给者是创新供给者，包括了厂商、政府、学校与个人为创新主体的首次创新者以及通过知识溢出获益再次进行创新的创新者。知识溢出的接受者，通过积极或消极方式获取创新知识，知识溢出的接受者常常根据自己的需要对溢出知识进行过滤吸收、改造和再创新。

第三，知识溢出是一个过程。知识溢出是知识溢出的供给者与知识溢出的接受者相互作用与相互反应的过程，知识溢出的供给者与知识溢出的接受者角色可以发生转换。

第四，知识溢出需要一定媒介或载体。显性知识的溢出一般可以通过产品、技术贸易、学术交流与合作、文本、互联网等媒介远距离进行；隐性知识的溢出则需要通过近距离的人与人交流、模仿与学习才能够发生。

第五，知识溢出会受到一些条件的制约与影响。如知识本身的性质、地理空间的距离、社会文化差异、技术距离、R&D 强度等因素都会制约知识溢出的大小。

### 5. 知识溢出的分类

（1）从溢出的载体分，知识溢出可以分为租金知识溢出（pecuniary spillover）和纯粹的知识溢出（Griliches，1979，1992；Verspagen，1991）。格里利切斯将溢出分为资金的溢出和纯粹的知识溢出两类。资金的溢出是指一个单位创新成果的部分剩余被其经济单位通过改进（模仿创新）无偿获得的溢出；纯粹的知识溢出是指一个经济单位创新成果中内嵌的知识被其他经济单位通过逆向工程无偿获得并进一步转化为自己创新成果的溢出。[1]在他后来的研究中，又基于知识载体的不同将知识溢出划分为物化型与非物化型的溢出。物化型知识溢出以商品为载体，其中内嵌知识被其他企业无偿占有，而非物化型知识溢出与商品无关，如企业研发、科学会议、国际期刊、专利信息等（Griliches，1992）。[2]韦斯帕根（Verspagen，1991）提出了类似的划分方法，将知识溢出划分为租金溢出（rent spillovers）和纯知识溢出（pure knowledge spillovers）。当特定单位创新产品的市场价格

---

[1]　Griliches Z. *Issues in assessing the contribution of R&D to productivity growth*. Bell Journal of Economics. Vol（10），1979，pp. 92 – 116.

[2]　Griliches Z. *The search for R&D Spillovers*, Scandinavian Journal of Economics，Vol. 94，1992，pp. 29 – 47.

未能完全反映其创新知识价值时，其他购买此创新产品作为中间产品投入并分享创新收益时就产生了经济的外部性，也就是租金溢出；而纯知识溢出则是指由于客观原因而引发的自有知识被其他企业模仿和挪用，如研发人员流动、自我保密不健全、交流活动产生的不自觉溢出、知识本身的可流动性、合作中的传播等。[①]

（2）从溢出的地域范围分，知识溢出可以分为国际知识溢出与国内知识溢出。国际间的知识溢出主要是通过国际间的交流与合作、国际贸易、FDI、国际援助、国际间的人员流动、互联网等方式进行；国际间的知识溢出既有单向溢出又有双向溢出，一般而言，发达国家与发展中国家之间的贸易与合作的知识溢出更多的是单向进行，由发达国家流向发展中国家，发达国家与发达国家之间、发展中国家与发展中国家之间的贸易与合作的知识溢出更多的是双向流动。国内的知识溢出主要是在一国区域内部进行，包括一国内部不同区域间和同一区域内部的知识溢出。在许多国家，区域内部社会经济发展不平衡与区域产业的专业化集聚是非常普遍的现象，经济发展的不平衡造成了区域间资金与人员的流动以及产业的梯度转移，产业集聚的同时常常伴随着资金、技术、人才集聚与扩散和各种知识溢出。

（3）从溢出主体分，知识溢出可以分为组织知识溢出与个人知识溢出。米迦勒·冯（Michael K. Fung, 2005）把知识溢出分解为产业内知识溢出、产业间知识溢出与企业内部知识溢出。[②] 产业内知识溢出来自产业内部同类企业之间，虽然企业出于商业竞争的需要会产生不同的企业特质知识与加强创新知识产权的保护，但是，基于共同产业基础知识的 R&D 投入与知识创新非常容易通过各种渠道自愿与非自愿的溢出，自愿的知识溢出如合作、技术转让、贸易等，非自愿的知识溢出如被模仿、盗版、技术员工的流动以及各种非正式的交流等。产业间知识溢出发生在不同产业间，不同产业与产业之间是相互关联的，企业不但会从同行业汲取知识，

---

① Verspagen B. A. *New Empirical Approach to Catching up or Falling Behind*. Structral Change and Economic Dynamics, Vol (2), 1991, pp. 519 – 380.

② Michael K. Fung. Are knowledge spillovers driving the convergence of productivity among firms? Economica, 2005, 72 (286): 287 – 305.

也会从其他产业那里汲取知识并将其运用于本企业。不同产业之间是相互关联与紧密联系的，一个产业的知识创新必然会对另一个产业产生影响。21 世纪最为典型的例子就是信息产业的创新与发展对其他产业的溢出效应，计算机技术与互联网的发展改变了许多传统产业的技术、组织与交易的规则，如淘宝网的出现就改变了无数产业的贸易规则与人类交易行为。企业内部知识溢出发生在同一企业内部，代表企业当前的知识生产是建立在企业过去的研究基础之上的。企业内部的知识溢出也可以称之为"企业特定的学习"或"自我学习"。不论产业间、产业内还是企业内部的知识溢出，这都是组织知识溢出。个人的知识溢出发生在个体之间，是个体在相互交往中或通过某种社会网络关系发生的个体间的知识溢出。在组织知识溢出过程中，伴随着大量的个人知识溢出。

（4）从知识溢出的源泉划分，可以分为 R&D 投入产生的知识溢出、产业集聚产生的知识溢出以及各种商品交易产生的知识溢出。R&D 作为创造人类新知识的重要源泉，由于知识的本性其创新收益难以有效内部化，新知识的产生必然会导致共享、模仿与再创新，R&D 溢出就在所难免。大量相关联的同类与配套产业的空间地理集聚的动力源泉就是可以共享集聚的溢出效益，共享的劳动力市场、共享的原材料、中间产品供应和商品销售市场以及技术溢出与各种信息的共享，汇成产业空间集聚的巨大动力。商品是人类劳动与知识创造的结晶，在人类商品交易的过程中，伴随各种产品或技术交易，依附在产品、机器设备或技术资料上的各种知识随之发生溢出。

（5）从知识性质分，可以分为显性知识溢出与隐性知识溢出。显性知识溢出常常通过各种文本与大众传媒媒介进行传播，如语言、文字、书籍、数据库等编码形式进行，商品、书籍、电视、网络、会议等都是显性知识溢出的重要渠道；而隐性知识溢出通常是非文本和非编码的，隐性知识溢出必须在近距离的潜移默化中或者通过面对面的交流来完成，常常与特定的社会网络关系相关联。

（6）从知识溢出是否可控可以分为可控知识溢出、非可控知识溢出和混合知识溢出。在可控知识溢出中，知识传播一般是主动的、有意识的、自愿的，知识原体能够有效控制传播知识的内容、对象与渠道，多采用合作生产、合作 R&D 等溢出形式；在非可控知识溢出中，知识传播一般是被动的、无意识的、非自愿的，知识原体无法控制知识的内容、对象和渠道，多采用人员流动等溢出形式；混合知识溢出兼具上述两种溢出形式，较为复杂。[①]

## 2.2　R&D 投入的知识溢出研究综述

### 2.2.1　新增长理论中知识溢出研究综述

在 R&D 投入与知识溢出效应研究中，早期的研究主要体现在新增长理论当中，以阿罗（Arrow，1962，1967）、罗默（Romer，1986）、卢卡斯（Lucas，1988）等为代表，把 R&D 投入、人力资本增长与知识溢出效应作为经济内生增长的重要机制，但是这些理论并没有对知识生产与知识溢出的具体效应进行衡量与测度。格里利切斯（Griliches，1979，1986）、杰菲（Jaffe，1989，1993）、费舍尔（Fischer，2003）、格伦茨（Greunz，2003）、古俊（Jun Koo，2005）等则利用专利等作为衡量知识生产与溢出的代理变量，通过建立相应的知识生产函数，对 R&D 投入所带来的知识溢出效应进行了测度分析。

相对于新古典增长理论而言，新增长理论强调经济增长源泉的内生化和收益递增。在新古典增长理论中，假定人均投资收益率和人均产出增长率是人均资本的递减函数，如果不存在外生技术变化，经济增长就会收敛于一个人均水平不变的稳定状态，因而经济增长依赖于外生的技术变化。在新古典增长理论中，忽视了生产过程中 R&D 投入、知识内部生产、积累与溢出效应，假设在边际效用递减规律支配下经济增长依赖于外生的技术变化。而新增长理论将知识和人力资本等内生技术变化因素引入经济增长模式，提出知识溢出与收益递增假定。收益递增是新经济增长理论的核心，斯密在"劳动分工取决于市场范围"定理中最早提出了这一命题，并

---

① 王进. 基于知识溢出效应的产业集群学习机制研究 [D]. 大连理工硕士论文, 2006.

被美国经济学家艾林·杨（Young, A. 1928）称为"全部经济学文献中最有阐述力并富有成果的概括"[①]。

1962 年，阿罗发表了《边干边学的经济含义》一文，提出了有关知识外溢、边干边学和人力资本的理论化与动态化研究，并成为 20 世纪 80 年代许多内生增长理论的思想源头。在阿罗模式中，有两个基本假定：（1）边干边学或知识是投资的副产品，提高一个厂商的资本存量会导致其知识存量的相应增加；（2）知识是公共产品，具有"外溢效应"（spillover effect）。阿罗的假定意味着，经济中的总资本存量和"边干边学"是引起企业技术变化的关键变量，随着整个行业的 R&D 投资与生产的进行，任一给定厂商的生产力是全行业积累的总投资的递增函数。[②]

1967 年，谢辛斯基（Sheshinski, 1967）在《具有边干边学的最优积累》中，对阿罗模式结构进行了简化与扩展，提出简化的阿罗模式，指出每一个厂商不仅从自己的投资活动，还从其他厂商的投资活动中学习，经济在总体上具有递增收益。[③] 阿罗和谢辛斯基边干边学理论强调了 R&D 投入溢出效应与知识的内生性，通过干中学，厂商提高了人力资本与知识存量，从而促进经济增长。

人力资本是体现在人身上的技能和生产知识存量，斯密把工人的技能增强视为经济进步和经济福利增长的重要源泉，马歇尔也强调了人的健康、精力和技能对经济增长的作用，舒尔茨（Shultz, T）在 1961 年发表的《人力资本投资》中首次区分了物质资本与人力资本，并把增长剩余（growth residual）归功于人力资本投资。[④] 1968 年舒尔茨在《为实现收益递增进行的专业化人力资本投资》中重新提出杨（1928）的经典论文，舒尔茨强调，经济增长应该源自专业化、劳动分工与递增收益，尤其强调专

① Young, A. *Increasing Returns and Economic Progress*. Economic Journal, Vol. 38, 1928, pp. 527 – 542.

② Arrow K. J. *The economic implications of learning by doing*. Review of Economic Studies, Vol. 29, 1962, pp. 155 – 173.

③ Sheshinski, Eytan. *Optimal Accumulation with Learning by Doing*. in Karl Shell ed. , *Essays on the Theory of Economic Growth*, Cambridge, MA: MIT press, 1967, pp. 31 – 52.

④ ［美］舒尔茨. 论人力资本投资 ［M］. 吴珠华等，译. 北京：北京经济学院出版社，1992：28.

业化的人力资本是收益递增的一个重要源泉。①

1986 年罗默在继承斯密、马歇尔和艾林·杨等人的思想基础上，在《收益递增与长期增长》中对阿罗—谢辛斯基的"边干边学"模式作出了重大修正和扩展，提出了一个由外在效应、产出生产中的收益递增和新知识生产中的收益递减三个要素共同构成的竞争性均衡模式，开拓了知识外溢和边干边学的内生增长思路的研究。在其模型中，罗默假定知识具有外溢效应，每一厂商可以毫无代价地得到它，由于知识不能享有完全的专利和保密，一个厂商创造的新知识对其他厂商具有正的外在性，使作为知识存量和其他投入函数的消费品生产具有递增收益。阿罗提出"边干边学"范畴，认为知识积累和人力资本形成除了来自正规教育，在很大程度上依赖于人们的"边干边学"过程，但并没有与经济增长联系起来。罗默挖掘了阿罗模式的基本思想，将"边干边学"、知识累积以及外溢效应与经济增长联系起来。知识的外溢效应不仅自身形成递增收益，还使物质资本和劳动等其他要素也具有递增收益。②

卢卡斯（Lucas，1988）引入舒尔茨和贝克尔（Becker，G.）提出的人力资本理论，提出了一个以人力资本外在效应为核心的内生增长模式，区别了人力资本的内部效应与外部效应，并强调人力资本的外部效应，这些效应会从一个人扩散到另一个人，因而对所有生产要素的生产率都有贡献，而正是源于人力资本外在效应的递增收益使人力资本成为"增长的发动机"。③

早期的新增长理论研究如阿罗、罗默等研究都将技术进步或者知识积累视为其他经济活动溢出效应产生的无意识副产品，从而不需要对知识溢出进行补偿，维持完全竞争的研究框架。而罗默（1990）、格罗斯曼和赫尔普曼（Grossman and Helpman，1991）、艾金和豪伊特（Aghion and Howitt，1992）等则放弃了完全竞争假设，将不完全竞争

---

① Schultz, T. W. *Institutions and the Rising Economic Value of Man.* American Journal of Agriculture Economics, Vol. 50, issue 5, 1968, pp. 1113 –1122.

② Romer P. M, *Increasing Returns and Long-Run Growth.* Journal of Political Economy, Vol. 94, 1986, pp. 1002 –1037.

③ Lucas R. , *On the Mechanics of Economic Development.* Journal of Monetary Economics, Vol. 26, 1988, pp. 3 –42.

纳入经济增长模型中来，把 R&D 投入与知识生产作为企业有意识的投资行为，提出"R&D"模型，强调知识与知识溢出对经济增长的作用。①②③

罗默（1990）在《内生技术变化》中引入了一个显性 R&D 部门来解释技术进步的内生性来源。罗默着重分析了技术的非竞争性或部分排他性特征，他认为技术或知识作为一种商品既不同于通常的竞争性物品，也有别于公共产品。技术的非竞争性体现为一个厂商或个人对技术的使用并不阻碍他人同时使用该技术，技术的复制成本为零，而技术的部分非排他性保证研究厂商可以从技术创新中受益。罗默模型中包括了三个部门：中间产品部门、最终产品部门和研发部门。研发部门使用人力资本和总知识存量以生产新产品设计，一个厂商生产的新知识对所有研发部门而言具有非排他性，可以免费使用。中间产品部门向研究厂商购买市场新产品的专利权和生产出中间产品，新知识对于中间产品厂商具有排他性。最终产品部门利用中间产品、人力资本和劳动生产消费品。收益递增是由内生的知识积累引起的，技术进步或创新是企业有意识地进行 R&D 投资的结果。④

罗默模型分析的是中间产品品种增加引起的经济内生增长，这是一种水平创新增长模型。与罗默水平创新模型不同，艾金和豪伊特则建立了垂直创新增长模型，在继承熊彼特破坏性创造思想的基础上，将技术进步理解为产品质量升级。R&D 投入与技术进步，不但具有正外部性，也具有负外部性，在创新新产品的同时破坏旧的产品。

20 世纪 80 年代以来的高科技革命，尤其是信息技术的迅速发展，改变了以制造业为基础的工业经济模式，以知识与技术创新为基础、强调人

---

① Romer P. M. *Endogenous Technological Change*. Journal of Political Economy，Vol. 98，1990，pp. 71 – 102.

② Gene Grossman. Elhanan Helpman，*Innovation and Growth in the Global Economy*. 1$^{st}$ ed. Cambridge：MIT Press，1991，pp. 1 – 5.

③ Aghion P，Howitt P. *A Model of Growth Through Creative Destruction*. Econometrica. Vol. 60，1992，pp. 323 – 351.

④ Romer P. M. *Endogenous Technological Change*. Journal of Political Economy，Vol. 98，1990，pp. 71 – 102.

力资本积累的新增长理论开始成为主流。大部分的内生增长模型都是围绕技术进步或知识积累的内在机制展开的，虽然没有直接涉及 R&D 投入与产业集聚的关系，但是都强调了知识溢出对经济增长的作用。正是因为专业化地分工、边干边学中人力资本的积累以及知识的公共产品特性和溢出效应，经济中规模报酬递增得以实现。

在这些经典的新增长理论中，强调了 R&D 投入、人力资本、知识外部性溢出、规模报酬递增等因素对经济内生增长的影响，但也存在一些严重的缺陷：第一，新增长模型过分依赖正规的数理模型框架，没有融入区位条件因子如地理因素和空间区位，这些内生的区位条件因子也是解释区域经济增长的重要原因。第二，传统的新增长也很少关注区域之间的空间依赖性，以知识溢出为纽带的空间依存性对区域收敛作用显著。[①] 第三，早期的新增长理论把知识生产与溢出作为企业无意识活动的结果，后期才将其作为企业有意识 R&D 活动的结果，但是并没有提出有效测度这种知识溢出效应的方法。第四，新增长理论模型关注的焦点在于经济增长，R&D 投入、人力资本和知识溢出等是影响经济增长的重要因素，这些模型并没有对知识溢出进行深入地实证研究与测度，在这些研究当中，我们无法探知 R&D 知识溢出效应的大小。

## 2.2.2 知识生产函数理论中的知识溢出研究综述

格里利切斯（Griliches，1986）在研究 R&D 与知识溢出对生产率增长的影响时提出了知识生产函数的概念，其基本假设是将创新过程中的产出看作 R&D 资本或人员投入的函数，并用柯布—道格拉斯生产函数形式加以表示：

$$R\&Doutput = \alpha \ (R\&Dinput)^b \qquad (2.1)$$

式（2.1）中，$\alpha$ 为不变要素；$b$ 为 R&D 产出随 R&D 投入变化的弹性

---

① 王立平. 知识溢出及其对我国区域经济增长作用的实证研究 [M]. 合肥：合肥工业大学出版社，2008：31.

系数。创新产出水平可以用专利、新产品价值或工业增加值等表示；R&D
投入包括了人员的投入与技术知识资本存量 $K$ 投入，$K$ 由现在和过去的
R&D 经费投入决定。[①] 而后格里利切斯（Griliches，1991，1992，1998）
对此进行了进一步的研究。

格里利切斯首次提出了将专利作为衡量创新的代理变量，将创新的研
究从理论探讨带入了可计量分析的新途径。其生产函数只强调了 R&D 投
入对创新的作用，没有区分不同来源 R&D 投入绩效的差异，并忽视了其
他影响创新的因素。

1986 年杰菲提出了一个技术相邻指数，用以研究不同地区与行业的技
术临近性对知识溢出效应的影响。技术相邻公式为：

$$p_{ij} = \frac{\sum_{k=1}^{m} f_{ik} f_{jk}}{\sqrt{\sum_{k=1}^{m} f_{ik}^2 \sum_{k=1}^{m} f_{jk}^2}} \qquad (2.2)$$

式（2.2）中，$f_{ik}$ 是第 $i$ 个区域第 $k$ 个技术领域内拥有专利的比重。如
果区域 $i$ 和区域 $j$ 技术层次相同，则 $p_{ij} = 1$。[②]

杰菲（Jaffe，1989）在格里利切斯研究的基础上对知识生产函数进行
了拓展，建立了一个包括高等院校与企业共同投入的知识生产函数。杰菲
认为新经济知识（new economic knowledge）是最重要的产出，企业通过
R&D 经费投入与人力资本投入获得新经济知识。杰菲将专利作为衡量新经
济知识的代理变量，其生产函数为：

$$P_{ik} = I_{ik}^{\alpha} U_{ik}^{\beta} \varepsilon \qquad (2.3)$$

式（2.3）中，$P$ 是公司的专利数，代表产生的新经济知识；$I$ 代表产
业的 R&D 经费投入；$U$ 代表高等院校的研究投入；$\varepsilon$ 是随机扰动项。杰菲
的生产函数中包含了地理媒介溢出，在区域中大学的研究活动对区域内的
企业创新有着重要的影响。而后杰菲对 R&D 投入与知识溢出关系进行大

---

① Griliches Zvi. *Productivity, R and D, and Basic Research at the Firm Level in the* 1970's. American Economic Review, Vol. 76, 1986, pp. 141 – 154.

② Jaffe A. B. *Technological Opportunity and Spillovers of R&D: Evidence from Firms Patents, Profits, and Market Value.* American Economic Review, Vol. 76 (5), 1986, pp. 984 – 1001.

量的研究。[①]

　　1996 年杰菲研究了 R&D 溢出的影响因素，发现 R&D 对企业生产率水平的影响随着 R&D 机构与企业之间的地理空间距离与技术距离扩大而缩小，企业生产率主要依赖于每个企业的 R&D 投入而非总的 R&D 投入。[②] 2001 年杰菲研究了技术机会、市场需求和 R&D 溢出对 R&D 强度与生产率增长之间的关系，研究发现这三个因素对 R&D 需求有着重要影响，随着生产率的提高，市场需求和技术机会影响并不明显，但是溢出效应是非常明显的。[③]

　　杰菲对 R&D 溢出效应的研究不仅区分了大学等科研院所与企业 R&D 投入差异对区域创新的影响，并考虑了地理与技术相邻等因素对创新的影响，为后人提供很好的借鉴。此后的 R&D 溢出效应研究，学者们不仅关注 R&D 投入主体的区别，并对相应其他影响因素加以考虑。

　　佐尔坦、奥德斯和费尔德曼（Zoltan J. Audretsch D. B and Feldman M. P, 2001）研究了 R&D 溢出效应对中小企业的影响。他们建立了私人企业、大学与地理溢出的知识生产函数，其方程为：

$$I_{si} = CBD_{si}^{\beta_1} \times UR_{si}^{\beta_2} \times (UR_{si} \times GC_{si})^{\beta_3} \times e_{si} \qquad (2.4)$$

　　式（2.4）中，$I$ 是创新产出，$CBD$ 是私人部门的 R&D 经费支出，$UR$ 是大学的 R&D 经费支出，$e$ 是随机误差，$s$ 代表空间单元，$i$ 代表产品部门。$GC$ 代表地理相邻指数，其公式为：

$$GC_S = \frac{\sum_C UNIV_{ci} TP_{ci}}{\left[\sum_c UNIV_{ci}^2\right]^{1/2} \left[\sum_c TP_{ci}^2\right]^{1/2}} \qquad (2.5)$$

　　式（2.5）中，$TP_{ci}$ 是区域中所有私人企业的 R&D 部门的科技人员，$UNIV_{ci}$ 是区域中大学的科技人员。他们实证研究发现，小公司非常受益于

　　① Jaffe A. B. *Real Effects of Acadamic Research.* American Economic Review, Vol. 79 (5), 1989, pp. 984 – 1001.

　　② Jaffe A. B. *Bounding the effects of R and D: An Investigation using matched established – firm data.* Vol. 27 (4), 1996, pp. 700 – 721.

　　③ Jaffe A. B. *Demand and Supply Influences in R&D Intensity and Productivity Growth.* Review of Economics&Statistics, Vol. 70 (3) 1988, 70 (3), pp. 431 – 438.

大公司合作伙伴和大学的 R&D 中心所生产的知识，相对大公司而言，这些知识溢出效应对提高小企业的创新行为更加明显。[1]

当对许多相邻地理空间单元的横截面数据进行模型估计时，由于这些地理单元缺乏相互独立性，如果忽略这种空间相关性，将引起严重的模型估计偏差。安赛林（Anselin，1988）先后建立了空间滞后模型（SAR）与空间误差模型（SEM）。[2]

空间滞后模型（SAR）为：

$$y = \rho(I_T \otimes W_N)y + X'\beta + \varepsilon \qquad (2.6)$$

其中，$y$ 是 $N \times 1$ 列的被解释观察值向量；$X$ 是 $K$ 个外生变量观测值的 $N \times K$ 阶矩阵；$\beta$ 为 $K \times 1$ 阶变量系数矩阵，用以表示各自变量对因变量的影响；$\rho$ 为空间自回归系数，$\rho$ 取值在 $-1$ 和 1 之间，用以衡量相邻区域之间的影响程度。$\varepsilon$ 为 $N \times 1$ 列的随机误差项。$W_N$ 是 $N \times N$ 的空间权重矩阵，是 $N$ 个区域之间的相互关系网络结构的一个矩阵。

空间误差模型（SEM）为：

$$y = X'\beta + \mu;\ \mu = \lambda(I_T \otimes W_N)\mu + \varepsilon \qquad (2.7)$$

其中，$y$、$X$、$\beta$、$W_N$ 含义同上。$\mu$ 是误差项，$\lambda$ 为空间自相关系数，取值在 $-1$ 和 1 之间，用以衡量一个区域变化对相邻区域的溢出影响程度，$\varepsilon$ 为 $N \times 1$ 列的区域内随机误差项。SEA 模型的本质就是在线性模型的误差结构中融入了一个区域间溢出成分。

在这个空间计量模型中，安赛林引入了衡量地理单元的空间溢出效应关系的参数 $\rho$ 和 $\lambda$。通过 $\rho$ 和 $\lambda$ 的估计，可以在道格拉斯生产函数或知识生产函数中融入了地理空间因素。安赛林的研究将空间因素作为经济中独立的核心要素加以考虑，并予以计量分析空间因子对知识溢出效应的大小，从而将空间计量经济学推向新的高度。

安赛林的空间计量方法在研究中得到了广泛的运用，如安赛林、瓦尔

[1] Zoltan J. Audretsch D. B. Feldman M. P. *R&D Spillover and Rccipient Firm Size*. The Review of Economics and Statistics, Vol. 31, 2001, pp. 336－340.

[2] Anselin L. Spatial Econometrics: Methods and Models. 1st ed. The Netherlands: Kluwer Academic Publishers, Dordrecht, 1988.

加和佐尔坦（Anselin，Varga and Zoltan，2001）利用空间计量方法对美国城市间的地理溢出与大学研究之间的关系进行了计量分析。利用美国城市统计数据和安赛林等早期的研究，他们对大学研究不同产业部门之间的溢出效应进行了研究，发现当地一般的知识投入对不同产业影响不同，而大学研究对创新起着非常重要作用。当地大学研究对某些产业并不存在溢出效应，如药品和化学（SIC28）和机械制造（SIC35）行业，而对另外一些产业却存在非常强的知识溢出效应，如电子产业（SIC36）、设备产业（SIC38）。①

格伦茨（Greunz，2003）根据杰菲的技术相邻指数建立了一个包含地理溢出与技术溢出的混合知识生产函数，其模型为：

$$'home'R\&D_{output} = f('home'R\&D_{input}, R\&D_{input} \text{ of technological neighbors}) \quad (2.8)$$

格伦茨对 1989 ~ 1996 年的 153 个欧洲亚民族区域的知识溢出效应进行了分析。研究发现，区域之间的知识溢出主要发生在地理临近区域之间和技术相近的区域之间，而地理临近和技术临近经常是不谋而合。知识溢出主要由私人商业部门推动。如果知识溢出发生在给定国家之内，则国家边界妨碍了知识在整个欧洲区域的溢出。②

格伦茨指出，如果地区能够选择它们邻居的话，它们将根据两个标准来选择：一个标准是技术临近的领导区域投入了大量的 R&D 花费；另一个是临近的区域具有同自己相似的技术背景。当然最佳的选择是既具有与自己相似的技术背景，同时又是在某个专业化领域内的技术领导者的区域。原因就是创新有助于新知识的创造并跨地理与技术距离进行扩散。在一个开放经济当中，无论是国内还是国外的创新投入，在区域经济范围内，区域内与区域间的知识溢出将产生促进创新的驱动力。当然区域不能够移动，但是企业可以移动，可以选择它们的生产环境。

格伦茨的知识生产函数考虑了地理距离与技术距离，两者对知识溢出

---

① Anselin L, Varga A and Zoltan Acs. *Geographical Spillovers and University Research: A Spatial Econometric Perspective.* Growth and Change, Vol. 31, 2000, pp. 501 – 515.

② Greunz L. *Geographically and technologically mediated knowledge spillovers between European regions.* The Annals of Regional Science, Vol. 37, 2003, pp. 657 – 680.

效应都具有显著影响。为获取区域内外的知识溢出效应，企业选址需要综合考虑空间距离与技术距离。

费希尔（Fischer，2003）则提出了精练知识生产函数，将区域内与区域间的知识溢出效应进行分离，并且考虑了知识生产的滞后效应，其模型为：

$$K_{it} = f(U_{i,t-q}, S^U_{i,t-q}, R_{i,t-q}, S^R_{i,t-q}, Z_{i,t-q}) \qquad (2.9)$$

式（2.9）中，$i$ 和 $t$ 分别表示区域和时间，$q$ 表示 R&D 投入与产出的滞后期，$U$ 和 $R$ 分别表示高等院校和企业的 R&D 投入，$Z$ 表示其他因素的影响。[①]

之后，大量的学者对知识函数修正与改进，在研究区域知识生产与溢出影响因素时，除了基本因素 R&D 投入外，还逐步对不同部门的 R&D 投入、空间距离、技术距离、企业规模、时间滞后效应等进行了广泛而深入的研究。国内学者王立平（2008）在对国内外的知识函数进行概括总结的基础上，利用多种知识函数方法对知识溢出效应进行了测度，并分析了知识溢出对我国区域经济增长的作用。邓明、钱争鸣（2009）在对我国省际知识存量进行了估算的基础上，利用安赛林空间面板数据模型对省际知识生产与知识的空间溢出进行了实证分析，发现我国省际知识生产中存在明显的空间溢出效应，我国创新主要依赖于 R&D 经费的投入，R&D 人员投入—产出绩效非常低下。邓明和钱争鸣的研究只考虑了 R&D 投入因素及空间因素对知识生产的影响，忽略了产业集聚等其他因素的影响。[②]

知识生产函数对于分析区域创新的效率与区域间的知识溢出效应提供了一个强有力的工具，但是知识函数本身存在许多不可克服的缺陷，使知识生产函数备受争议。首先，知识定义本身就是个难题。如何理解知识和知识创新本身就充满着争议，知识是否可以度量更是值得怀疑。库茨涅茨指出理解技术创新对经济增长作用的最大障碍是人们没有能力去测度它。

---

① Fisher M. *Spatial representations in number processing – Evidence from a pointing task*. Visual Cognition，Vol. 10，2003，pp. 493 – 332.

② 邓明，钱争鸣. 我国省际知识存量、知识生产与知识的空间溢出 [J]. 数量经济技术经济研究，2009（5）.

知识分为隐性知识与显性知识，人类大部分的知识都以隐性形式存在。知识生产函数大多以专利申请或创新活动来度量知识生产的增加，格里利谢斯就曾经指出，"专利本身是一个有瑕疵的变量（作为创新产出），因为并不是所有的创新都申请专利，因此专利的经济影响差别很大"。[①] 专利创新只是显性知识创新一部分，专利无法度量大量的显性知识创新和隐性知识创新。其次，知识生产函数大多采用 C – D 函数，C – D 函数设置本身就存在样本选择、弹性的常数假设和研究对象同质性假设的缺陷。知识生产函数计量研究一般以区域或产业为整体，并放弃了个案研究，忽视了企业具体规模、人力资本、实物资本和产业类型等差异。最后，知识生产函数对数据的要求较高，无论是宏观还是微观数据，都要求完整的 R&D 投入与创新产出数据，很少有数据库能够满足这样的要求，这也使知识生产函数在具体运用时受到了种种限制。

## 2.3 产业集聚知识溢出研究综述

产业集聚作为一种重要的产业空间分布，一直以来都备受经济学家的关注。从早期马歇尔的外部性理论和韦伯的区域经济理论开始，产业集聚的外部规模经济、溢出效应得到了广泛的研究和探讨（胡佛，1990；Fujita and Thisse，2004）。到 20 世纪 90 年代，知识的累积和溢出效应通过技术变化并提高生产能力的新经济增长理论开始兴起（Krugman，1991；Fujita et al.，1999；Grossman and Helpman 1991，1994）。克鲁格曼（Krugman，1991）说"什么是经济活动最典型的地理特征？简而言之就是集聚……生产活动显著集聚在一定空间区域"。[②] 费尔德曼（Feldman，1994）为克鲁格曼提供了经验证据，不仅生产活动高度集聚，甚至创新活动也高度集聚。

---

[①] Griliches Z. *Issues in assessing the contribution of R&D to productivity growth.* Bell Journal of Economics，Vol. 10，1979，pp. 92 – 116.

[②] Krugman P. *Increasing Returns and Economic Geography.* Journal of Political Economy，Vol. 99，1991，pp. 483 – 499.

产业为什么集聚？马歇尔早在 1890 年在其经典著作《经济学原理》中就对地区产业集聚的动力机制进行了分析，提出了产业集聚机制的三要素分析框架，即技术外溢（technology spillover）、共享的能够提供专业技术工人的劳动力市场（labor force pooling）、共享的中间投入品市场是产业集聚的动力，并指出因为运输成本的节约，产业集聚有助于外部规模效益和生产效率的提高。基于外部经济理论，克鲁格曼（1991）指出，由于市场规模效应、规模和运输成本降低等外部性的存在，将促使制造业出现中心—外围模式。波特（Porter，1990）则从竞争的角度对产业集聚进行了分析，波特认为集群是包括一系列相关产业和其他经济实体构成的集聚体，包括了上下游之间的供应商、经销商与其他教育、培训等机构，通过集聚企业可以获取集群的竞争优势。[1] 斯科特（Scott，1992）则将集群看作一种由各种交易活动构成的复杂网络结构，集群是嵌入在特定社会文化中的社会网络组织，在网络之中的交易与创新快速而低成本。[2]

早期产业集聚知识溢出理论的研究，主要采取定性研究方法对地理空间集聚、知识溢出与区域创新之间的关系进行分析。早期的产业集聚理论关注了集聚产生的知识溢出效应，但都止于定性理论分析与探讨，并没有建立有效计量模型对集聚知识溢出效应进行度量。这种定性的理论探讨，对产业集聚、知识溢出与区域创新之间确切度量的关系无法确定，使研究无法数量化与精确化。随着新增长理论和知识生产函数的兴起，R&D 投入与知识溢出理论开始引入到产业集群的研究当中来，产业集聚、R&D 投入与知识溢出对区域创新的影响成为经济学家关注的焦点。

自从哈佛大学的教授格里利谢斯在 1979 年开始把专利作为衡量创新的尺度并提出相应知识生产函数后，大量的相关研究开始涌现，并把大学与其他公共研究机构的 R&D 投入与产业集聚的 R&D 投入结合起来，分析 R&D 投入、产业集聚与知识溢出之间的关系。格里利谢斯（1979，1986）最早提出了知识生产函数，而后杰菲（Jaffe，1989）、佐尔坦（Zoltan，

---

① Porter M. *The Competitive Advantage of Nations*. 1ˢᵗ ed. New York：Free Press，1990.

② Scott A. J. *The Role of Large Producers in Industrial Districts：A Case Study of High Technology Systems*. House in Southern California. Regional Studies，Vol. 26，1992，26，pp. 265 – 275.

1992，1994）、费尔德曼（Feldman，1994a，b）、费希尔（Fischer，2003）、瓦尔加（Varga，2003）、格伦茨（Greunz. L，2003）等分别进行了类似的研究。此后，产业集聚、R&D 投入与知识溢出开始进入了定量研究阶段，并对各种影响产业集群知识溢出的影响因素进行了分析。

影响产业集聚知识溢出的重要影响因素就是空间距离。区域间的地理临近可以允许编码和隐性知识通过某种方式进行交换。知识溢出的一个重要渠道是员工在各种社会和专业组织内交流。如果编码的知识主要通过企业间进行传输，则它们就是知识跨区域流动的一个重要渠道。员工之间的交流可以是跨区域的，但是空间的距离与语言是一个问题。因此，知识溢出更多发生在具有相同民族、文化和语言的不同区域之间，而地区是否属于不同国家则相对并不重要。另一个知识溢出的渠道是通过大量的供应商和顾客，以及强调了创新过程中各个参与者之间的相互依赖性和学习动力机制。知识溢出的第三个渠道就是包含各种知识的贸易商品（Grossman and Helpman，1991，1994；Coe and Helpman，1995；Verspagen，1991）。

杰菲（1989）、佐尔坦（1992，1994）、费尔德曼（1994a，b）研究私人企业和大学的 R&D 投入产生的知识溢出问题时与产业集聚问题联系起来。知识溢出的吸收能力常常受到空间距离的影响，而知识溢出对工业企业创新与发展又非常的重要，因此必须关注产业集聚问题。杰菲（1989）指出，产业集聚地区的创新行为比其他地区更为活跃就是因为产业的空间地理集聚。

奥德斯和费尔德曼（Audretsch D. B and Feldman. M. P，1996）研究了美国的 R&D 溢出与地理创新与生产之间的关系。研究发现美国工业企业创新更多集聚在生产集聚地区，而新经济知识将影响产业在空间的地理分布。在产业集聚地区，知识溢出非常流行，产业 R&D 投入、大学的研究和熟练工人对地区创新与地区繁荣非常重要。[①] 杰菲、奥德斯和费尔德曼的研究充分考虑空间因素对产业集群知识溢出效应的影响，但这种空间是

---

① Audretsch D. B, Feldman M. P. *R&D spillover and the geography of innovation and production.* American Economic Review, Vol. 86, 1996, pp. 630 – 640.

基于某一范围的同一区域，并没有区分区域内与区域外的知识溢出效应影响，也没有对产业集聚类型与程度对知识溢出效应影响展开分析。

卡佩洛（Capello R，2002）把产业集群与知识溢出的研究方法概括为三类：第一类是经济地理学家，力图理解产业集群内的创新企业的产生与动力机制，他们认为当地化的知识在现代生产系统中对产业集聚过程起着非常重要的作用，反过来由于知识溢出效应，产业集群形成了知识的循环积累和自我增强机制；第二类是产业经济学家，他们定义了创新的要素，并力图验证知识获取过程主要是由于地理空间临近性和产业专业化起作用；第三类是区域经济学家，他们主要研究了空间效应如协同、合作和集体学习机制对区域创新的作用。

卡佩洛在对前人研究概括总结的基础上提出了关系资本在创新中的作用。卡佩洛最后通过对不同地区 133 个企业相关数据的实证分析表明，关系资本在创新过程中起着重要作用，关系资本对创新的作用同产业与空间特点有关，在具有高度协同作用和专业化的非城市地区，关系资本对创新的作用更为明显。[1]

西米（Simmie，2003）研究了英国的当地化知识与国际知识溢出对接问题。西米发现创新公司主要集中在少数产业集聚地区，同时，比起非创新区域，创新区域与国际相关参与者存在更多的联系。对企业而言，比获取技术知识，国际联系（与顾客和代理商的联系）对于获取市场趋势的相关知识更为重要。技术知识很多是默示和当地化的，但是市场知识是显性的并常常存在于一些国际中心之中。西米（Simmie，2003）强调了"需求拉动创新"与发达经济地区或产业集群保持联系的重要性。根据这样的观点，从长期来看产业集群需要建立与维持外部联系以支撑它们的创新与保持竞争力。[2]

克斯窦和西尔毛伊（Kesidou E and Szirmai A，2008）以乌拉圭软件产业集群为例，验证了当地化知识溢出对发展中国家的创新与出口绩效的作

---

① Capello R. *Spatial and Sectoral Characteristics of Relational Capital in Innovation Activity.* European Planning Studies，Vol. 10（2），2002，pp. 177–200.

② Simmie J. *Innovation and Urban Regions as Nation and International Notes for the Transfer and Sharing of Knowledge.* Regional Studies，Vol. 37，2003，607–620.

用。他们把知识溢出分为当地化知识溢出与纯知识溢出，以及区分了知识溢出与知识交换。研究结果表明，当地化的知识溢出对乌拉圭的软件产业创新起着非常关键的作用；但是对于出口而言，国际知识交换比起当地化知识溢出更为重要。当地化知识溢出是创新的必要条件，但不是确保经济成功的充分条件，发展中国家的企业需要与当地产业集群以及国际经济保持紧密联系。[①]

总结起来，产业集群知识溢出的影响因素最重要的一个就是空间距离，只有地理临近的区域才具有共同的社会文化背景，以及各种嵌入性的关系网络，各种隐性知识与显性知识才可能方便溢出。除了空间距离外，知识的属性、技术距离、社会文化背景等都是影响集群知识溢出的因素。集群知识溢出因素的研究，也随着研究深入从初期定性分析转入定量分析，集群集聚度测量成为产业集群研究的重要内容。

知识溢出效应是促进产业集聚的重要动力机制，但是目前学术界对区域产业集群结构如何影响知识溢出并推动区域经济发展的观点并不一致，归结起来形成了以下三种主要观点。

第一种观点起源于马歇尔（Marshall，1890），并经阿罗（1962）和罗默（1986、1990）等推动与发展，形成 MAR 溢出观点。这种观点认为，知识主要来源于相同产业内的公司，知识溢出主要发生在产业内部。因此，一个地区某产业的集聚度越高，越有利于知识在产业内部扩散与传播，产业的专业化程度越高，也就越有利于知识的溢出。同时，他们还认为，垄断性的市场结构更有利于知识溢出与创新区域的形成。这种外溢性称之为地方化经济性（localization economies）。

第二种观点是以雅各布斯（Jacobs，1969）为代表，亦称 Jacobs 溢出。雅各布斯（1969）提出了截然不同于 MAR 溢出的观点，认为知识溢出主要来源于不同产业间的公司，而非来源于同一产业内的公司。在一个城市或地区内，多样化的产业结构更有利于知识的溢出与创新，同时也认为，竞争性的市场结构更有利于刺激公司的改革与创新。这种区域多样性产业

---

① Kesidou. E and Szirmai. A. *Local Knoeledge spillover*, *innovation and export performance in development countries*: *empirical evidence from the Uruguay software cluster*. The European Journal of Development Research, Vol. 20 (2), 2008, pp. 281 – 298.

环境更有利于知识的溢出的观点称之为都市化经济性（urbanization economies）。①

第三种观点以波特为代表，亦称波特溢出。波特（Porter，1990）知识溢出观点与 MAR 溢出相似，即都认为专业化产业的地理集聚所产生的知识溢出刺激了区域经济与产业的增长。但是，与 MAR 溢出观点不同的是，波特认为竞争而非垄断更有利于集群知识溢出与区域产业集群创新，并用意大利的钻石与珠宝产业集群为例证明，正因为有数百家的相同企业的集聚与竞争导致了集群内企业的不断创新。

针对以上三种不同的溢出观点，许多学者根据不同的国家或区域样本数据进行了实证研究，结论也不尽相同。格莱泽等（Glaeser etc，1992）利用美国 170 个城市 1956~1987 年的六个最大产业部门的就业人数增长数据，对 MAR 溢出、Jacobs 溢出和 Porter 溢出进行了分析，结果发现 Jacobs 外溢性和 Porter 外溢性比 MAR 外溢性更为重要，证明知识溢出主要来自不同产业之间，而非产业之内。② 费尔德曼和奥德斯（Feldman and Audretsch，1999）、凯莉和哈格曼（Kelly and Hageman，1999）等以美国为例的实证研究同样证实了格莱泽的观点。

亨德森等（Henderson etc，1995）采用美国 1970~1987 年 224 个城市八个制造业部门的数据进行实证研究，结论却不同于格莱泽的观点。亨德森等研究发现不同产业具有不同的知识溢出效应，在传统产业中存在明显的 MAR 溢出性，在高新技术产业中同时存在 Porter 外溢性和 MAR 外溢性。③ 拉斐尔·帕西和斯蒂法诺·乌塞（Raffaele Paci and Stefano Usai，2007）对欧洲地区的知识溢出进行了研究，发现产业的创新活动与 MAR 溢出及 Jacobs 溢出都存在正相关，特别是 Jacobs 外溢在高技术产业及现代化都市表现得更为显著。④

---

① Jacobs J. *The Economy of Cities*. 1ˢᵗ ed. New York：Random House，1969.

② Glaeser，E. L，Kallal，H. D，Scheinkman，J. A. and Schleifer，A. *Growth in Cities*. Journal of Political Economy，Vol. 100，1992，pp. 1126 – 1152.

③ Henderson V，Kuncoro A，Turner M. *Industrial Development in Cities*. Journal of Political Economy，Vol. 103，1995，pp. 1067 – 1090.

④ Raffaele Paci，Stefano Usai. *Knowledge flows across European Regions*. The Annals of Regional Science，Vol. 43（3），2009，669 – 690.

用上述方法做中国经济研究的文献相对较少。国内学者龙志和蔡杰（2006）运用我国省级面板数据对知识动态溢出对产业发展的影响进行了实证分析，结果表明，在考察期中无论从全国还是分东、中、西部三个经济带，产业发展均不存在 MAR 溢出效应及 Jacobs 溢出效应，但在全国及东部地区存在显著的 Porter 溢出效应。此外，他们研究还发现外生技术溢出对区域产业发展起正向作用，地理因素在产业的发展中起着重要角色。[1]张昕、李廉水（2007）对我国医药、电子及通信设备制造业的集聚、知识溢出与区域创新行为进行了研究，结果发现 MAR 溢出对两类制造业创新存在积极影响，而 Jacobs 溢出对医药制造业的区域创新绩效为正，而对电子及通信设备制造业的区域创新绩效为负。[2]

## 2.4　述　　评

从 R&D 投入与产业集聚的研究视角出发研究知识溢出，其在研究层面、测度方法、影响因素与溢出载体等方面既有共性，又存在不同之处，各有侧重。

（1）研究层面比较分析。

从研究层面来看，不同知识溢出研究视角的研究层面存在共性，都以产业或区域空间为研究层面区分的维度，但不同研究视角中的研究层面区分侧重点不同。

在早期的产业集群和 R&D 研究视角的新增长模型中，其研究层面主要以产业区分为主，空间区分为辅。如以马歇尔、阿罗、罗默为代表 MAR 溢出理论，认为知识主要来源于相同产业内的公司，尤其主要来源于同一区域空间内产业集群内部。随着 Jacobs 溢出理论与 Porter 溢出理论的发展，研究的重点开始从同一产业集聚的知识溢出效应转向城市多产业的集聚以及不同区域多产业集聚的知识溢出，也包括了产业内与产业间

① 龙志和，蔡杰. 中国工业产业发展中知识溢出效应的实证分析 [J]. 经济评论，2008（2）.
② 张昕，李廉水. 制造业集聚、知识溢出与区域创新绩效——以我国医药、电子通讯设备制造业为例的实证研究 [J]. 数量经济技术经济研究，2007（8）.

的知识溢出效应。而在 R&D 研究视角的知识生产函数模型中，其研究的层面主要是区域单元，包括不同地区的产业、大学及研究机构。所以，后期的产业集群和 R&D 理论的研究层面主要以空间区分为主，产业区分为辅。

（2）测度方法比较分析。

全要素增长率（TFP）和专利是测度知识溢出的重要工具，通常用自变量对因变量（TFP 或专利）的弹性系数来度量知识溢出效应。在产业集群、新增长与国际经济理论中，大多采用了全要素增长率（TFP）法，而在知识生产函数和空间经济计量模型中，专利则是测度知识生产与溢出的主要工具。

在早期阶段，产业集群中知识溢出研究多采用了定性的理论阐述，如马歇尔、波特等研究。随着研究的深入，如格莱泽等（1992）、亨德森等（1995）、卡伊内利和莱翁奇尼（Cainelli and Leoncini，1999）、费尔德曼和奥德斯（Feldman and Audretsch，1999）、龙志和和蔡杰（2006）等开始运用全要素增长率（TFP）法，利用不同国家与地区数据对产业内或产业间的知识溢出效应进行了实证研究。经典的新增长理论模型大多都是通过对传统的道格拉斯的生产函数进行了改进，引入 R&D 投入与人力资本的变量，强调了技术进步、人力资本增长和知识外溢作用导致规模报酬递增与经济增长。

与此同时，格里利谢斯（Griliches，1979，1986）、杰菲（Jaffe，1989）、费希尔（Fischer，2003）、格伦茨（Greunz，2003）、古俊（Jun Koo，2005）等沿着另外一条途径即通过建立知识生产函数对知识生产与溢出进行研究与测度，专利成了衡量知识生产与溢出的重要衡量工具。将专利作为衡量 R&D 投入的产出或知识的溢出效应的大小遭到很多人的异议，如专利并不完全反映 R&D 活动和创新活动的成果，专利不能完全"捕捉"创新的所有成果，许多创新也并没有申请专利（Griliches，1979；Pake etc，1980；Hall etc，2001；Johnes，1997）。但是，格里利谢斯等许多学者还是将专利作为衡量创新与知识溢出的代理变量，主要原因是：第一，专利和专利引用是衡量 R&D 创新活动与知识溢出价值的重要指标；第二，国家和商业 R&D 以及专利数量的时间序列相对容易得到。而空间经济学则充分注意到知识溢出的地理媒介作用，在 R&D 和产业集聚的知识溢出研究模型中融入了空间因素。这种方法是运用地理空间单元建立相关模型，然后运用某些指标代表因变量和自变量来衡量创新，这些研究力图量化地理因素导致的知识溢出对创新的影响。

（3）知识溢出影响因素比较分析。

从产业集群视角出发，知识溢出重要因素在于马歇尔所谓的"产业氛围"和"空间临近性"，这种产业氛围非常有利于产业知识的溢出，而空间不仅是"物理空间"，还包括"关系空间"，如市场关系、权力关系和合作关系等空间。在产业集群当中，基于专业化的分工与协作构成的上下游企业、基于共同地缘、血缘、社会文化等构成的复杂社会关系网络，是一种非常重要的关系资本，构成了促进知识传播与溢出的重要渠道。但是，要量化集群中"关系空间"对知识溢出效应的影响存在重重困难。而 MAR 溢出、Jocobs 溢出和竞争性溢出定量研究则分别通过产业专业化、多样化、竞争性代理变量进行了测度分析。

从 R&D 视角出发，以罗默（1986）、卢卡斯（1988）为代表的新生增长模型，在这些内生增长模型中，知识是一种公共产品的假设是产生溢出的重要前提，资本的存量与学习能力是决定知识溢出效应大小的关键因素，并忽略空间区位、空间距离及空间依存性等区位因素的影响。而后的知识生产函数模型中，则引入了区位因子，与 R&D 投入同时成为影响知识溢出的主要因素。如费希尔（2003）提出的具有时滞的精练生产函数中，包含了区域内与区域间的知识溢出效应，而格伦茨的混合生产函数包含了地理媒介溢出和技术媒介溢出。而在安赛林、韦斯帕根、卡尼尔斯等建立的空间计量模型中，与一般知识生产函数相比较，除了假设 R&D 投入外，更加重视知识溢出的地理媒介作用，充分考虑空间相互依存性与自回归作用。

在不同的视角中，除了考虑 R&D 投入与知识存量、技术差距、学习能力、空间距离等因素对知识溢出效应作用外，其实也都注意到了知识属性对知识溢出的影响。在产业集群视角的知识溢出定性研究中，各种隐性的默会知识被充分注意到，但是其他视角的定量研究中，隐性知识由于其无法测度性常常被忽略。

（4）知识溢出载体比较分析。

知识溢出是一种过程，需要借助于特定的载体进行。在产业集群里，知识虽然是"弥漫在空气中的公共产品"，空间临近性为知识溢出创造了便利，但是各种隐性知识如思维、技能、经验等依附于人身，需要借助员工的流动而流动。在新增长理论中，知识隐含在产品创新与人力资本积累之上，知识积累、边干边学和中间产品创新是产生知识溢出的重要机制，知识溢出也正是通过人力资本与产品创新而产生。而在知识生产函数中，专利和新产品则是知识溢出最为重要的载体，如 Jaffe 等人指出，知识流有时会留下痕迹，特别是以专利的形式和新产品引入时。在国际经济中，知识溢出主要通过商品、设备、技术贸易以及 FDI 等进行。在空间经济里，除了考虑产品、专利和人之外，地理媒介也作为产生知识溢出的载体。

## 2.5　本章小结

在知识溢出研究中，我们必须认识到知识溢出的不可直接度量性，很多知识尤其是隐性知识溢出是无法度量的。目前的各种知识溢出测度理论与模型，其选择的代理变量都只是近似地反映知识的投入与知识溢出水平，任何度量结果与实际结果存在一定的差距。在知识溢出研究层面上，无论是在国家的层面、产业的层面还是企业的层面，都会受到各种条件的制约，研究对象都是非标准化与异质的。目前的计量研究层面大多以地区或者产业为主，而企业层面的研究相对较少。

任何一种知识溢出测度方法都是有缺陷的。目前，不同视角中的知识溢出模型都把专利作为表示创新产出进行评估，但是专利用来衡量创新或者溢出是有缺陷的，例如，许多的创新不能够专利化，并不是所有的专利都有价值，每一个专利的价值也是不同的。

目前的研究，大多注意到了 R&D 投入或产业集聚的知识溢出效应，并进行了充分的研究，但是对于 R&D 投入与产业集聚之间的关系，大部分研究只用描述性或定性的分析。不同地区或行业之间的 R&D 投入与产业集聚之间是否存在因果关系，并没有定量的研究。目前文献研究中，已有不少文献分别从地区或产业角度对我国制造业的产业集聚度进行了分析，也有不少文献对我国区域知识生产与溢出效应进行了分析，但是结合我国的产业集聚度、R&D 投入共同作用下的知识溢出效应分析尚不多见。

# 第 3 章

# 知识溢出的理论机制分析

知识溢出是一个普遍的现象，大量研究表明，产业集聚与 R&D 投入都是产生知识溢出的重要来源。由于地理空间的临近性与嵌入特定社会文化背景中的社会网络的构建，产业集聚产生知识溢出是必然地，并且成为产业集聚的重要动力。知识的生产虽然昂贵，但是知识的传播与复制成本几乎为零，导致 R&D 活动具有部分公共产品的特征，即部分的非排他性与非竞争性。因此，R&D 活动存在显著的知识溢出外部效应。产业集聚重要原因之一在于企业可以共享区域内的大学、公共 R&D 机构等 R&D 活动的创新知识，获取相同或相邻企业的知识溢出效应。而 R&D 活动，也常常伴随产业集聚而集中，因为产业集聚与经济发展为 R&D 活动提供了强大的物质基础与应用场所，"产学研合作"促进了产业集聚与 R&D 投入的良性循环与发展。但是，知识溢出不是无条件的，知识溢出会受到各种因素的制约，知识溢出需要借助于各种渠道。本章的重点是探讨产业集聚与 R&D 活动知识溢出的理论分析模型。

## 3.1 知识溢出的根本原因分析

知识为什么会溢出？这本质上是由知识的本性所决定的。知识从某种程度上来讲是一种公共产品或是半公共产品，知识溢出是必然的。知识是一种生产力，任何新知识的产生最终都会促进生产率的提高，人类对新知识的追求不仅是满足人类探索未知世界的需要，也是人类提高生产力发展、改善人类自身的需要。自马歇尔提出了经济外部性效应之后，以罗默、卢卡斯等为代表的新增长理论开始强调知识与人力资本对经济增长的作用。在罗默模式中，知识被假设为一种具有非竞争性的公共产品，每一个厂商生产出来的知识其他厂商可以毫无代价地得到它，也即知识一旦生产出来便会迅速地在整个经济中弥漫。一个厂商创造的知识必然会产生溢出效应，对其他厂商的生产产生正的外部性。在卢卡斯的模式中，知识是人力资本的一种形式，知识可以在人与人之间进行传递，人的流动必然带来知识的流动。知识既可以在同一企业内部随着员工的交流与学习而产生溢出，也可以随着员工跨企业间的流动而流动。

知识保护或防止知识溢出是需要成本的。科斯在 1937 年的《企业的性质》中提出的交易成本理论，无论是在公司内部还是在市场当中的交易都存在交易成本，在公司外部市场价格机制指导生产，生产通过一系列的交换交易而得到调节，在公司内部企业家与员工之间通过某种机制进行交换组织生产，"公司的显著特征是对价格机制的替代"。① 自科斯提出了著名的交易成本理论之后，交易成本得到了大量推广与应用。在瓦尔拉斯的范式中，所有的行动权力被隐含地假设为自由的、简单的、不受限制和无成本的，但是新制度理论的产生否定了瓦尔拉斯的假设，即现实的世界中交易成本是广泛存在的。在最广泛的意义上，交易成本包括了那些不可能存在于克鲁梭·鲁滨逊一个人经济中的所有成本，不仅包括那些签约和谈判成本，还包括了度量和界定产权的成本、用契约约束权力斗争的成本、监督绩效的成本、进行组织活动的成本等。

知识的特性决定了保护知识的交易成本是高昂的。人类设计了各种制度来保护知识的产权，如专利、各种保密制度等，但是要界定知识的产权是需要成本的，保护知识的产权更需要成本。知识的非竞争性与非排他性决定了知识的创新者要通过某种手段实现知识的排他性和垄断知识创新收益需要支付高昂的成本。专利保护制度的确在某种程度上可以实现排他

---

① 科斯. 企业的性质 [A]. 姚海鑫等，译. 企业的性质——起源、演变和发展 [C]. 北京：商务印书馆，2007：22-40.

性，但是现实中各种模仿、盗版与剽窃依然存在，而创新者常常很无奈。的确，创新者可以高举法律的武器威胁模仿、盗版与剽窃者，但是诉诸法律的成本是高昂的，往往高于知识创新排他性的收益。所以，在现实世界中，很多企业往往借助于不断的创新，当创新的速度快于知识溢出后被消化吸收模仿的速度，企业就可以依然保持竞争力。

知识的不可逆性也决定了知识溢出的必然性。任何创新的知识，一旦被他人所获知就不可能再剥夺他人已装入大脑的知识。知识的不可逆性意味着员工流动的同时带走了企业的某些知识，尤其是那些接触企业核心技术和创新技术的员工，以及那些处于关键管理层的员工，其在一个企业所学习到技术或管理的知识将随着员工流动带入另一个企业。要采取某种手段来约束、保护知识创新者的权利，其交易成本也是高昂的，所以溢出就不可避免。

知识的本性决定了设计某种制度来阻止知识溢出的成本是高昂的，而知识溢出的正外部性却是显著的。知识外溢提高了其他厂商的生产率，提高了其他个人的知识存量与创新能力，所以，以罗默等为代表的新增长理论认为知识溢出是经济收益递增的重要源泉，知识与人力资本的增加是经济增长的发动机。知识溢出的经济效应也同时改变了企业与个人的经济决策行为，如影响产业与 R&D 机构的集聚、FDI 与国际贸易等经济行为。

## 3.2  知识溢出效应分析

知识溢出可以看作一种过程，知识溢出效应则是这种过程的结果。知识溢出效应是指在知识溢出过程中，知识接受者通过消化吸收溢出的知识并进行创新以及所导致的经济增长等其他影响（孙兆刚，2005）。[①] 知识溢出效应源于知识的外部性特征，而外部性效应则包括了正效应与负效应，知识溢出效应同样包含了正的溢出效应和负的溢出效应。当知识溢出所产生的社会边际收益大于私人边际收益时，就会产生正的知

① 孙兆刚. 知识溢出的发生机制及路径研究 [D]. 大连理工大学博士学位论文, 2005.

识溢出效应，从而推动区域经济增长与创新；当知识溢出所产生的社会边际收益小于私人边际收益时，就产生了负的知识溢出效应，阻碍区域经济增长与创新。大量的文献研究表明，知识溢出提高了地区与企业的知识存量与创新能力，不仅吸收模仿者可以获取知识溢出收益，知识的创新者也能够从模仿创新和整个社会知识存量增加中获取知识溢出效应，从而推动区域与企业的创新与经济增长。但是，知识溢出是把双刃剑，过度的模仿和缺乏创新保护机制会削弱了创新者的创新投入积极性，减少了创新的知识存量，从而形成创新的"柠檬市场"，这种现象在很多产业集群发展过程中大量出现，导致很多地区产业集群的衰退。本书把知识溢出效应主要分为四大类。

### 3.2.1 创新效应

按照罗默的假设，知识是一种公共产品，知识的非竞争性导致知识溢出提升了整个社会的知识存量水平。任何个人或企业的知识创新必然会通过各种途径产生溢出，企业内与不同企业之间员工的交流与流动，产品与技术贸易等带动着知识溢出。创新是一种创造性破坏，在给创新者带来创新市场与收益的同时也破坏了旧的市场与未创新者的收益。市场竞争的存在促使技术落后的企业会从技术先进者那里汲取各种知识，通过消化与吸收进行模仿与创新。在产业集群内部，企业、大学、科研院所等形成了一个网络系统，新知识的产生会很快通过这个网络进行扩散与溢出，形成共享知识，网络中的知识接受者在获取创新知识后，会在此基础上进行加工与创新。集群网络中每一个成员都是创新的节点，都是创新知识的制造者与接受者，创新知识通过网络溢出并形成新的创新动力。而在集群之外，如 FDI、区域间贸易或国际贸易等，知识依附在资金与产品上并随着资金与产品的流动而溢出。先进国家或区域利用自身产品与技术优势输出产品和占领落后地区市场时，必然打破原有的市场均衡，加剧当地竞争。竞争的加剧必然迫使当地企业积极学习先进的管理模式与技术知识，竞相模仿与创新促进了当地企业创新，也为先进企业带来更多的创新知识源与创新动力。

## 3.2.2　增长效应

知识溢出产生了创新效应，而创新必然会带来经济增长效应。创新不仅是新知识与新技术的产生，而且是新产品与新市场的产生，创新在破坏旧产品与旧市场的同时创造了新产品与新的市场。知识溢出加速创新知识的扩散，促使新产品以更快的速度占领新的市场与更新换代。对创新者而言，只有以更快的速度推广新产品和占领新市场才能获取创新的收益，否则竞争者会在模仿创新中超越自己并占领市场。而对竞争者而言，只有增强自己知识溢出的吸收能力，在模仿创新中追赶技术领先者，才能获得一席之地。知识的溢出增加了整个社会的创新知识的存量与创新能力，提高了更多企业与个人的生产效率。产业集聚的动力之一就是可以共享集群创新知识的溢出效应，熟练劳动力与技术工人的流动带动了技术与知识的溢出，促进整个产业集群的生产效率。FDI 中跨国公司在扩大自身国际市场的同时，也为当地输出了各种先进管理知识与技术知识。跨国公司本土化战略培训了当地大量的技术人员、管理人员与生产操作性人员，这些人员的流动带动了国内其他企业技术进步与管理创新。跨国公司的知识溢出效应在创造自身市场的同时，推动了输入国的技术进步与经济增长。

## 3.2.3　结构效应

不论区域内还是区域间的知识溢出，都可以直接或间接地影响区域的产业结构与企业结构的改变，并促进企业绩效的提高与区域经济的增长。对整个区域产业结构而言，先进技术的引进或创新产生的知识溢出效应，对区域传统的产业结构直接造成冲击与破坏，直接或间接影响主导产业部门的更迭，提升整个产业技术的技术集约程度和促进产业高级化。最为典型的是 IT 知识溢出，它不仅改变了 IT 产业的结构与格局，使 IT 行业成为21 世纪新兴和蓬勃发展的产业，也改变了许多传统产业的结构。IT 知识溢出，催生了许多新兴产业，同时与传统产业嫁接过程中改变传统产业的价值链和信息传递结构，颠覆了许多传统产业结构。而对企业而言，知识溢出效应带来了更先进的技术与市场机遇，以及新的企业管理知识和市场信息等。知识溢出促使知识滞后企业可以导入新的技术、新的管理模式、新的企业文化等，促使企业结构改变以适应市场竞争需要。

### 3.2.4　"柠檬效应"

知识溢出是把"双刃剑"，知识溢出在促进创新与经济增长的同时，也可能产生"柠檬效应"。企业创新的动力在于可以获取创新的收益，企业生产新的知识的目的在于可以比竞争对手以更好的技术和管理水平生产新的产品，占领更多的市场而获益。但是，如果知识溢出过快，竞争者如果可以同步或很快获取创新知识并低成本的复制与进行生产，那么知识创新者就无法建立创新的领先优势和获取创新收益，从而失去创新的动力。在知识产权和创新保护缺失的区域或国家，私人的创新是得不偿失的，因为任何的创新都是需要投入的，而收益却无法保证，所以知识创新是缺乏动力的，知识创新也是缓慢或缺失的。当大家都不再进行创新投入时，形成了知识创新的"柠檬市场"。

## 3.3　知识溢出的影响因素分析

### 3.3.1　知识属性

知识的属性是影响知识溢出的内在因素。不同属性知识溢出的途径、方式与障碍都存在很大差异性。对于知识的分类，前面已进行了大量的研究。在所有不同标准的分类中，显性知识与隐性知识的分类影响最大。通过书籍、报纸、光盘、数据库等为载体的显性知识，可以通过语言、文字、数字、图形等清楚的进行表达，易于编码和存储，可以非常方便地进行传播和共享。在一个企业中，有关产品的技术参数、产品的数量、价格、品种、关于企业的资产、负债、成本与利润等各种报表、统计数据、公文资料，以及公开成文的管理制度等，都属于企业的显性知识。显性知识的溢出是非常容易的且是低成本的，个人与组织可以方便地通过各种途径获得显性知识并进行解码、消化与吸收，然后在此基础上进行创新。现代社会发达的传媒为各种显性知识的传播与溢出创造了条件，广播、电视、网络、报纸书籍、电话电视会议等可以简便地将知识传送到千里之外。正如格莱泽等（1992）所说，"知识穿流犹如是跨走廊和跨街道比起跨海洋和跨大陆来得更容易"。[①]

隐性的知识，通常是不易用语言表达的、不能够进行编码的、高度个性化与内隐于个人或组织中的知识，通常表现为个人的心智模式、信仰价值、经验与技巧、团队的组织文化、内嵌的组织惯例、规范等。知识犹如大海里的冰山，显性知识犹如露出水面的那一小部分，而大部分则是隐藏于水面之下的看不见的隐性知识。波兰尼（1962）认为，人类拥有的说不出的知识占人类知识总量的大部分。对组织而言，内隐于组织成员个体中和组织之中的隐性知识远大于显性知识。隐性知识的传播与溢出，不像显性知识那样可以进行编码、解码，它只能是近距离的，通过面对面的交流与言传身教进行，现代的传媒技术对隐性知识的传播与溢出常常是弱影响或失效的。隐性知识溢出大小很大程度上取决于知识接受者的领悟能力，通过置身于特定情境之中进行观察、领悟、模仿与创新。[②]

从个人知识与组织知识来看，属于个人的知识可以随着个人的流动而流动，但个人知识的溢出也同样是指是否可显性化有关。可以用语言或文字等表达出的个人知识溢出相对比较容易，这类知识只要个人愿意都可以与人分享，但是很多像经验、需要反复练习的技能、思维方式等知识溢出范围是非常具有局限性的。组织的知识嵌入在组织的成员、产品、制度与过程当中，随着组织成员的流动、产品的销售与制度的公开化而溢出。从知识的通用性与特质性来看，通用性的知识溢出是非常容易的，因为大多属于个人知识范畴，但特质性企业知识溢出的黏滞性很强，不容易发生溢出。

① Glaeser E. L, Kallal H. D, Scheinkman J. A and Schleifer A. *Growth in Cities*. Journal of Political Economy, Vol. 100, 1992. pp. 1126 – 1152.

② 迈克尔·波兰尼. 个人知识——迈向后批判哲学 [M]. 许泽民，译. 贵阳：贵州人民出版社，2000：59.

### 3.3.2 空间距离

空间距离是影响知识溢出的重要因素。在传统的新古典经济学文献中，知识被假设为可以被个人无成本获得，并且个人获得知识不需要学习成本，作为理性的个人倾向于利用所有可获得的存量知识。同时，知识被认为是完全显性和没有任何损耗的无成本传输。这种广泛的无成本知识传输暗含假设意味着空间距离是不起作用的。当知识与技术被简单假设为纯公共产品时，知识在整个社会经济中的溢出是即时完成的。这就意味着地区收入与增长水平的差异性不能够由地区知识存量差异来解释，因为任何地区都能够立即通过知识溢出模仿其他地区的创新技术。早期的新古典内生经济增长理论假设知识是显化的，是非竞争性的产品，知识溢出对宏观水平的经济增长有着重要作用。这样的假设忽视了企业特质性知识，这些知识内隐于生产过程当中。

事实上，知识溢出受空间维度因素影响是非常显而易见的，同时知识溢出需要时间并且是非完全的。通常合理的假设是知识属于地区性的公共产品，具有空间范围的限制。知识溢出类型有两种：一种是知识空间溢出是水平进行的，新的知识创新具有正的外部性，知识溢出在不同地区是水平进行的，知识创新与潜在吸收是同步进行的；另一种是知识空间溢出是分层次进行的，知识溢出主要发生在中心地区（如产业集聚），然后扩散到边缘地区，知识溢出与吸收随着空间距离的增加而递减。

人类绝大部分知识都是非正式的、默会的和非编码的，这就意味着空间距离越临近，知识溢出效应越明显。对知识的吸收与转化起重要作用的边干边学或边用边学，在很大程度上来自与竞争者、顾客、供应商和服务商的直接接触，这都高度依赖于空间的临近性。在集群网络当中，不同创新者的相互交流与作用，有助于减少创新的不确定性，而这种相互交流与作用高度依赖于空间的临近性。此外，创新需要基础科学知识作为基础与创新源泉，私人公司对大学研究知识溢出的利用依赖于空间距离。

### 3.3.3　技术距离

技术距离是影响知识溢出的核心因素。从宏观层次上看，技术差距是指科学技术水平在世界范围内所形成的差别，是科学技术在基础研究、应用研究和开发研究中的差别的综合；从微观层次来看，技术差距是指不同的技术承担者在同一技术的最高技术水平上的差距。

技术距离对知识溢出的影响最初来自国际贸易的研究。早在20世纪60年代，波斯纳和赫夫鲍尔（M. Posner and C. Hufbauer）就发现技术差距与溢出之间的关系，当一国率先完成某种技术创新后，就会凭借技术创新开发新产品进行国际贸易并形成技术差距，随着贸易的扩展，技术在增长的示范效应不断进行，最终其他国家就会掌握这种技术。[①] 法格伯格（Fagerberg J，1994）从技术距离对创新与模仿的影响出发研究了技术距离对知识溢出的影响。法格伯格通过调查研究发现，在领先与滞后者之间，知识模仿的潜力与技术距离正相关，而模仿知识是知识溢出的表现，所以知识溢出与技术距离密切相关。在知识的国际扩散过程中，创新与模仿这两种相互冲突的力量相互作用，先进国家的技术创新扩大了国与国之间的技术差距，而落后国家的模仿则致力于缩小这种差距。[②] 弗雷德里克·斯霍尔姆（Fredrik Sjoholm，1999）研究发现知识溢出与技术差距之间存在某种非线性关系。在初级阶段，知识溢出水平随着技术差距的增加而增加，当技术差距增大到某一水平以致当地厂商在现有的经验、教育水平及技术基础上无法对先进技术加以吸收时，知识溢出效应将与技术差距负相关。[③] 这就意味着东道国在消化、吸收跨国公司的知识溢出效应与技术差距之间存在一个转折点，博伦茨等（Borenztion etc，1983）称这一转折点为发展"门槛"（development threshhold），也即认为东道

---

① 孙兆刚等. 技术差距对知识溢出的影响分析 [J]. 科技进步与对策，2006（7）.

② Fagerberg，J. A technology gap approach to why growth rates differ. Research policy，1987，16：87 – 99.

③ Fredrik. S，Technology Gap. *Competition and Spillovers from Direct Foreign Investment：Evidence from establishment data.* Journal of Development Studies，Vol. 36（1），1999，pp. 53 – 74.

国必须具备一定的基础设施水平与人力资本积累才能够跨过"门槛"，享受 FDI 带来的知识溢出的好处。[①]

事实上，技术距离对知识溢出的影响不仅存在于 FDI 中，同样也存在于一个国家的不同区域内部与区域之间。对我国而言，区域经济、社会文化教育、社会开放度、产业分布与 R&D 投入等存在严重不平衡，造成区域之间存在较大的技术距离。在产业集聚与 R&D 投入过程中，这种技术距离将影响知识在不同区域内与区域之间溢出水平。在一国之内，同样存在三种类型的技术距离。

一是不同区域之间的技术距离。由于地理、历史、政策等各种因素的影响，我国不同区域之间存在严重的区域技术距离。总体而言，东部地区和大城市由于地理、制度环境、R&D 机构与人才集聚等因素综合作用，具有较高的技术存量水平；而中西部和广大农村地区则相对滞后，尤其是西部边缘地区，技术与人才的存量非常薄弱。从而造成知识从东部区域与城市向中西部区域与农村区域的扩散与溢出。

二是区域产业集群内部企业之间的技术距离。在同一产业集群内部，不同企业之间由于企业规模、经济与技术实力的差距，同样存在着技术距离。一般而言，大型企业和科技型企业由于较多的 R&D 投入，一般处于技术创新领先地位，而其他中小型企业由于缺乏 R&D 投入与实力则处于技术模仿落后地位。

三是企业与 R&D 机构之间的技术距离。在我国，大量的 R&D 人员都集聚在 R&D 机构就业，尤其是高级 R&D 人才，一部分汇聚在各种高等院校与科研院所当中，另一部分则汇聚在大型企业的 R&D 机构当中。而广大中小民营企业的 R&D 相对匮乏，从而造成了 R&D 机构与企业之间的技术距离。

这三种技术距离对产业集聚与 R&D 知识溢出影响存在三种可能：一是知识溢出效应与技术距离呈正相关；二是知识溢出与技术距离呈负相关；三是存在"门槛"效应，在"门槛"之上存在正相关，在"门槛"之间存在负相关。

---

[①] Blomstrom M. &H. Persson. *Foreign Investment&Spillover Efficiency in an Underdeveloped Economy: Evidence from the Mexican manufacturing Industry.* World Developmment, Vol. 11（6）. pp. 493 – 501. NO. 6.

### 3.3.4　社会距离

产业集聚与 R&D 投入，都是在特定的社会背景当中进行的。社会经济学家格兰诺维特指出，任何的经济行为都是嵌入在特定的社会网络当中的，知识溢出也不例外。任何知识溢出的经济行为都是嵌入在特定社会网络之中进行，并最终通过人与人之间的关系完成知识的溢出、消化、吸收与创新行为。但是不同的社会结构、社会文化与社会经济等千差万别，不同的社会与社会之间存在着社会距离。

什么是社会距离？ 美国社会学家帕克和伯吉斯（Park R. E and Emest Burgess E. W, 1969）认为，距离是存在于集团与个人之间的亲近程度，并提出了社会距离是"一种可以测量表现个人和社会关系的理解与亲密的程度和等级"。帕克和伯吉斯指出，距离有两种，空间距离与心理距离，而将人们分开的距离不仅是空间的，而且还是心理的。产生社会距离的因素是复杂的，而社会文化是产生社会距离的一个重要因素。齐美尔认为导致人与人之间保持距离的因素有货币经济、复杂的"社会—技术机制"、外部力量、历史遗产、外部文化和生活技术等。帕克则说，"语言、社会习俗、道德、习惯和理想的变异，像宽广的海洋和广漠的沙漠一样，将人们隔离开来。英国人和澳大利亚之间的交往远比德国人和法国人之间的交往更加亲密和自由"。[1] 社会距离是人与人或群体与群体之间的理解与亲密的程度和等级，可以从文化、语言、种族等不同的背景来进行衡量。哈斯勒（Hussler, 2004）用文化距离来表示不同国家之间人际关系的远近。[2] 麦克加维（MacGarvie, 2005）用语种来刻画社会的接近性，[3] 阿格拉瓦等（Agrawal etc, 2008）则采用种族背景作为社会距离的替代。[4]

① Robert E. , Park and Emest W. Burgess: *Introduction to the Science of Society*. Chicago: University of Chicago Press, 1921, P. 282.

② Hussler C. *Culture and Knowledge spillovers in Europe: New perspectives for innovation and convergence policies?* Economics of Innovation and New Technology, Vol. 13 (6), 2004, pp. 523 – 541.

③ MacGarvie M. *The determinants of international knowledge diffusion as measured by patent citation.* Economics Letters, Vol. 87 (1), 2005, pp. 121 – 126.

④ Agrawal A, Kapur D, and Mchale J. *How do spatial and social proximity influece knowledge flows? Evidence from patent data.* Journal of Urban Economics, Vol. 64 (2), 2008, pp. 258 – 269.

从宏观的角度来看，社会距离是不同区域之间由于社会开放度、市场化程度、社会制度等不同所产生的差距。社会开放度较高的区域，对外商品与技术贸易、各种人员与知识流动性较强，形成较强的知识溢出，也比较容易吸收各种外来的知识。市场化程度越高的区域，各种商品与知识流动性也就越强，知识溢出效应也就越大；而市场化越低的区域，社会就会越封闭，知识流动越差，知识溢出效应也就越弱。同时，知识溢出还受到不同社会制度的影响，一个国家或区域的政治、法律、文化和习俗等各种社会制度，极大地影响着一个国家或区域的经济活动行为与知识溢出效应。

从微观的角度来看，社会距离是指在区域内部由于不同的民族、社会关系网络等所产生的社会差距。在产业集群内部，不同的社会距离区分出了集群内部许多不同的社会网络群体以及同一社会网络群体之内的人际关系远近亲疏，而这种远近亲疏的社会网络关系直接影响着知识传播与知识溢出的效应。不论是显性知识还是隐性知识的传播与溢出，都是在特定的社会网络当中进行的。如果这些社会网络中人与人之间的社会距离比较短，则知识溢出就比较容易，反之就比较困难。尤其是隐性知识的溢出，都是在网络中的个体、团队与组织之间的非正式场合进行，情境因素对相互之间的交流与理解非常重要。相同的民族、语言和社会文化下的人与人之间的社会距离相对较短，其思维方式比较接近，知识尤其是隐性知识比较容易在这样的社会网络中进行传播，知识溢出就比较容易；如果彼此之间存在较大的社会距离，各自的社会文化、思维方式等就会存在很大差异，知识溢出就比较困难。

### 3.3.5　学习能力

技术差距是知识溢出存在的必要条件。如果两个主体之间的知识水平完全相同，就不会产生技术溢出。正是因为存在了技术差距，落后一方需要通过学习、模仿等手段去追赶技术先进者。技术差距为知识溢出提供了条件与可能性，但不能决定知识溢出的数量及产生的效果，落后方要有效获取知识溢出效应，把先进技术进行消化、吸收、模仿与再创新，关键还是取决于自身的学习能力与吸收能力。

科恩和利文索尔（Cohen and Levinthal，1990）对学习和吸收能力与创新之间的关系进行详细的研究与论述。科恩和利文索尔指出，外部知识源对创新过程是非常关键的，对任何一个公司而言，认识、学习、消化吸收外部的知识并把将它运用到商业当中对提高公司的创新能力是非常重要的。利用开发外部知识的能力是构成创新能力的重要组成部分，评估与利用外部知识能力很大程度上是建立在以前相关知识水平基础之上的。先前的知识包括了基本的技巧、共享的语言以及相关领域最新的科学技术知识。只有这样，先前的相关知识才能给予认识新信息的价值、吸收新信息并最终运用到商业当中去的能力。这些能力综合构成了公司的"吸收能力"。[①]

对公司层次而言，加强 R&D 投入是提升公司吸收能力的重要途径。许多研究表明，公司进行自身的 R&D 投入更有利于利用外部的信息，公司吸收能力的提升在某种程度上是公司 R&D 投资的副产品。同时也有一些研究认为，公司吸收能力的发展是公司生产运作的副产品。通过直接投资于制造业，公司能够更好地认识与开发利用关于某一特定产品市场的相关知识。生产经验为公司提供了必备的背景去认识知识的价值和运用方法对特定制造过程进行再组织或自动化。把员工直接送到先进技术的企业进行培训，也是公司直接投资吸收能力的重要途径。

学习能力也是吸收与创新的能力，对一个组织而言，提高学习的能力是提高组织消化、吸收外部知识和创新能力的关键途径。一个组织对外界知识的学习与吸收能力与组织本身拥有的知识存量密切相关，组织的知识存量包括了个人、团队与整个组织的知识存量，组织的学习包括了个人的学习、团队的学习和整个组织的学习。大量的关于 FDI 溢出效应的研究都表明，除了社会距离、技术距离等影响因素外，输入方的学习与吸收能力是影响 FDI 溢出效应的重要因素（Jocob. J，Szirmai. A，2007；etc）。博伦斯廷、格里高利、李等（Borensztein，Gregorio，Lee，etc，1998）研究表明，FDI 的知识溢出是需要以东道国最低存量的人力资本为基础的，否则

---

① Cohen W. M，Levinthal D. A. *Absorptive Capacity：A New Perspective on Learning and Innovation.* Adminsitrative Science Quarterly，Vol. 35，1990，pp. 128－152.

技术转移很难被消化与吸收。人力资本存量越高的地区对先进知识的学习与吸收的能力也就越强，知识溢出效应越强；反之则越弱。① 除了人力资本存量影响吸收能力之外，东道国的经济开放度、基础设施状况、人口增长率、知识产权保护、行政效率、金融政策等都是影响着吸收能力的大小。

总之，要提升一个区域或组织的学习与吸收能力，主要有三个途径：一个加强区域或组织的 R&D 投入，增强相关知识的学习与开发利用能力；二是加强一个区域或组织的人力资本的投资，尤其是基础教育与基础技能的培训，提升整个区域或组织的学习和吸收能力；三是建立区域或组织有效的学习机制，从制度上保证学习的有效进行。

# 3.4 知识溢出的渠道分析

## 3.4.1 专利

专利是人类创造新知识的结晶与纸质痕迹，专利制度是人类设计保护知识创新者获取创新收益的某种制度设计。专利是知识创新者获取创新收益的一种法律保护，专利可以转让与引用。专利申报的同时也意味着新创造知识的公开公布，其他人可以通过合法手段如转让、引用而获取相应创新知识与收益，也可能非法地模仿而获取创新知识与收益。

格里利谢斯（Griliches，1979）区分了两种知识溢出：与商品交换相联系的溢出（纯租金的溢出）和 R&D 过程相联系的溢出（纯知识的溢出）。纯知识的溢出来自多种源泉，如员工的流动、来自科学技术会议和科技文献（包括专利文献）的信息交换、反向工程、工业间谍等。格里利谢斯把专利作为知识溢出的重要载体。首先，莫瑟斯和韦斯帕根（Maurseth P. B and Verspagen B，2002）利用欧洲地区的专利引用来分析知识溢出

---

① Borensztein E. , De Gregorio J, Lee, J. - W. *How does foreign direct investment affect economic growth?* Journal of international Economics, Vol. 45 (1), 1998, pp. 55 - 68.

模式，研究发现专利引用发生最频繁的是在同一国家内部地理临近地区；其次，专利引用较多的是在专业化产业区内，彼此之间存在较强的技术联系；最后，专利引用较为频繁的是在具有共同语言地区。在这些研究中都假设专利引用与知识溢出之间存在一定比例关系，把专利作为知识溢出的重要载体与衡量指标。[①]

专利作为衡量知识溢出的载体和创新程度的代理变量，在格里利谢斯研究基础上得到了广泛的认同与使用，专利代表了创新的思想，虽然并不是所有的创新都以专利形式存在，但是专利和创新思想是成正比的，引用专利是每个创新溢出的"纸质痕迹"，是"站在巨人肩膀上"的专利创新最有用的信息工具。

### 3.4.2　人才流动

人是掌握和利用知识的主体，任何知识的产生、传播、消化、吸收和创新最终都依赖于人来完成。组织的知识是个人知识的构成，任何组织的成员或多或少的掌握其所在社会和组织的相关知识与技术。知识的不可逆性决定了社会或组织的知识一旦被成员掌握后便不可被剥夺，必然依附在成员的躯体之中。在现代这样开放的社会当中，人员的流动是非常频繁的，国际间的学术交流与合作、跨国留学、跨国公司员工的国际流动、企业间员工的跳槽等，都带动着知识的流动与溢出。人是知识最重要的载体，任何凝固在人身上的知识，都会随着人才的流动而流动。对国家或区域而言，人才的跨国或跨地区的流动，会带动知识的跨区域流动与产生知识溢出效应，带动区域经济绩效的提高。对企业组织而言，任何接受企业培训、富有经验员工的流动，尤其是知识型员工的流动，都会带走他们在企业当中所获取的知识和技术，从而提高他们新组织的经济绩效。

魏江（2004）指出了集群劳动力流动一般发生在：①横向企业与竞

---

① Maurseth P. B. Verspagen B. *Knowledge Spillovers in Europe*: *A Patent Citations Analysis*, Scandinavian Journal of Economics, Vol. 104 (4), 2002, pp. 531 – 545.

争者或合作者之间；②纵向产业链上企业与供应商企业、用户企业之间；
③企业与公共服务机构或集群代理机构之间。① 集群内劳动力的流动促进
了知识在不同企业之间的扩散，尤其是一些携带很难掌握与模仿专项技
能、管理经验等人才的流动，极大地带动了产业集群知识的溢出。集群之
外，当劳动力跨集群与跨区域流动时，各种知识便随着人才流动而带入新
的集群或区域，促进知识溢出与绩效增加。

### 3.4.3 商品流动

任何的商品都是人类劳动成果的结晶，是人类知识与智慧在具体物上
的凝聚与体现，并通过特定社会交换关系实现其社会价值。不同的商品都
体现了人类的不同知识，人类社会的专业化分工导致了知识在不同地区不
同部门的循环积累与专业化演进，人类社会空间距离的割裂与分离导致了
不同地区人类知识积累的不同与社会发展的不平衡，从而创造了不同的商
品。但是贸易的发展促使了商品在国际间与国家内部的流动，专业化分工
造就的不同商品随着贸易的发展而流动。无论是国际贸易还是国家内部区
域之间的专业化分工与贸易，在促进社会资源最优配置的同时，也促进着
知识的流动与溢出。

商品包括实物的商品与非实物的商品。实物商品的流动带动着内
嵌在商品中知识的溢出，尤其在国际贸易当中，通过购买发达国家的
某些商品，如机器设备与机电商品，然后进行模仿与创新，购买方可以
从中吸收先进的创新知识，从而提高自己的技术水平和竞争力。在一些
创意产业中，一些企业往往通过购买最新的产品来获取创意知识与思想
源泉。凝聚在商品当中的知识，部分较为显化与破译的知识非常容易随
着商品贸易而溢出，而较为隐性的和难以破译的知识溢出则相对较为困
难，需要购买方相应的知识存量与吸收能力。非实物的商品中，如知识
产权的交换与技术贸易当中，知识溢出效应则更为显著。技术输入方通
过技术贸易可以直接获取发达国家的先进知识，然后在此知识平台上进

---

① 魏江. 产业集群学习机制多层解释 [J]. 中国软科学, 2004 (1).

行创新。

缪小明和李刚（2006）把产业集群中以产品为载体的知识溢出分为两大类：一类是以上下游企业、相关企业和互补企业之间的知识溢出；另一类是竞争性企业之间的知识溢出。在产业集群当中，上下游企业之间专业化分工与协作为知识溢出创造了条件，客户的需求提供了商品质量标准、制造工艺等知识，而供应商提供商品及技术服务中包含了大量相关知识，大学、科研院所等公共技术支持部门提供了产品创新的各种基础性知识。而在竞争企业之间，以产品为载体的知识溢出是产业集群新知识、新技术扩散最主要途径之一。新产品所携带的知识，在产业和产品相似度非常高的集群中，非常容易被竞争对手所吸收及模仿创新。①

### 3.4.4　外商直接投资

外商直接投资（Foreign Direct Investment，FDI）不仅是国际资本流动的重要形式，也是国际知识溢出的主要载体。在跨国直接投资的过程中，跨国公司输出的不仅仅是资本，而是输出与产业相关的一系列生产技术、组织知识与市场知识。FDI 知识溢出途径主要有三个：一是母公司通过将先进的技术授权给子公司，派遣高级管理人员和技术人员到子公司就职，引入母公司先进的组织方法与管理经验。这些先进的技术与管理知识首先传递给了子公司的当地员工，进而传递给了当地的其他企业组织。二是子公司在当地的经营过程中，会与当地的原材料供应商、产品的销售商，以及相关的产业链上企业发生的一系列交易行为，而在这些交易过程中，跨国公司的相关产品信息、组织知识与管理技能等势必会在上下游的企业中产生溢出。三是知识溢出发生在跨国公司与当地竞争性企业之间。当 FDI 引入后势必会对当地相关企业产生竞争与冲突，受到威胁的当地企业必然会主动对跨国公司的相关技术、产品与组织管理等知识进行学习与模仿，进而导致跨国公司相关知识产生溢出效应。

作为国际资本流动的主要形式，FDI 不仅提高了东道国的资本存量和

---

① 缪小明，李刚. 基于不同介质的产业集群知识溢出途径分析 [J]. 科研管理，2006（7）.

缓解就业压力，还通过知识溢出效应，提升了东道国的技术水平、组织效率和管理技能。大量研究表明（Coe and Helpman，1995；Blomstrom Magnus and Kokko 1998；etc），FDI 产生了积极的知识溢出效应。在国际贸易研究中，跨国公司通常被看作一个知识网络组织，在这个网络当中，每个子公司被看作一个战略控制单元，分别从不同的位置存取与转移知识。虽然它们各自的网络位置不同，但通过公司产权关系把它们紧密联结在网络当中并保持所有单元间的基本社会背景。

## 3.4.5  非正式交流

知识的形态影响着知识的流动性，显性知识可以较为容易地通过各种介质进行传播与扩散，隐性知识的内隐性和难以编码的特点决定了知识很难通过"物质介质"进行传播与扩散，这类知识往往需要面对面的接触与交流。这类内隐的知识，嵌入于特定的社会网络之中，并与当地的文化相结合，往往是通过各种非正式的交流进行传播。在网络之内，隐性知识的溢出是普遍地并经常在不经意间产生，内部成员基于共同的社会文化知识与产业知识基础，相互之间的理解、消化与吸收有助于产生再创新效应；而在网络之外，这类的知识很难被模仿与学习。

非正式交流的知识溢出与人才流动一样，都是需要通过"人"这个"活体介质"作为知识溢出的载体，但又与人才流动不同。人才的流动一般是指人才在不同企业组织间的流动，从而带动相关知识的溢出；而非正式的交流，往往是不同企业员工在非正式的场合进行的，各自依然属于不同的企业组织，但是在交流中分享各自的所知，并碰撞出创新的思想火花。

非正式的交流是产业知识溢出的重要途径。在产业集群中，非正式的交流不仅带动技术知识的溢出，而且还包括了管理、企业家精神、创业文化等"软"知识的溢出。大量的研究表明当地化知识企业家精神的溢出是产生竞争优势的重要源泉（Audretsch D. B，Bonte Werner，Keilbach Max，2008；Carlsson，Bo，Acs Zoltan J，Audretsch D. B，Pontus B，2009；etc），而在产业集群中，隐含着更丰富的企业家知识与创业精神，新企业的诞生的数量与速度往往也快于其他地区。

除了以上探讨的几个主要渠道之外，知识还可以通过各种出版物、印刷品、互联网、商业刺探、企业衍生、联合开发、学术会议与交流等多种渠道溢出，不同渠道对知识溢出影响不一。

## 3.5 知识溢出的过程分析

知识溢出是在多层面通过多途径进行的，从大的层面来分析，知识溢出可以在国家之间进行，主要通过 FDI、国际贸易、国际间的学术交流，以及通过互联网等进行；从中观的层面而言，知识溢出在区域产业间与产业内进行，研究的对象可以是产业或企业，我们可以把它们统称为组织；从微观的角度层面而言，知识溢出可以通过个人之间进行。按照知识的分类，知识溢出包括显性知识与隐性知识溢出，不同性质知识溢出的途径与方式存在很大差异性。我们对中观层面即区域产业集群的知识溢出过程进行概括与总结，把知识溢出过程用图 3.1 表示。

从区域产业的角度出发，知识溢出的知识源主要包括区域产业外与区域产业内知识源。从区域产业外知识源来看，创新知识源主要有 FDI、国际贸易、国内贸易、集群区域外的大学、研究院所和创新企业等所创造和带来的新知识。区域产业内的知识源包括了直接知识源如研究型大学、科研院所、创新企业以及间接知识源如客户、供应商和各种服务机构等。这些知识包括隐性知识和显性知识，以各种不同形态存在。区域外知识溢出通道主要包括了 FDI、国际贸易、国内贸易、专业出版物、专利、技术转让、学术会议等；区域内知识溢出通道主要包括了人员流动、非正式交流、企业衍生、联合开发、商业刺探、专业出版物、专利、技术转让、学术会议等。不论区域外还是区域内的知识溢出，都要受到知识属性、空间距离、技术距离、社会距离、学习能力等因素的制约。企业通过吸收集群内外的知识溢出，增加了自身的知识存量，通过甄别机制进行选择性学习，可以提升企业的创新能力，包括技术创新、管理创新、制度创新、工艺创新等。当区域内某一企业通过吸收区域内外的

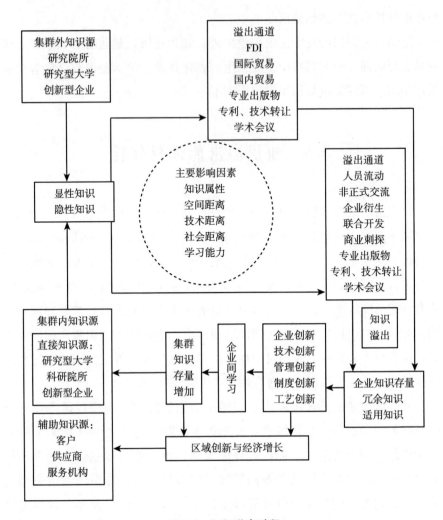

**图 3.1　知识溢出过程**

知识溢出实现再创新时，区域内的企业间相互学习机制会迅速将这种创新知识进行扩散，从而提升了整个区域的知识存量水平，进而提升整个区域创新能力与经济绩效水平。

# 3.6　实证分析的理论构架

本书主要采用 1990～2007 年的中国制造业作为样本，拟从分区域与分行业角度展开，对知识溢出的创新效应与经济增长效应进行分析。产业集聚和 R&D 投入都是产生知识溢出重要源头，产业集聚可以分为多样化集聚与专业化集聚，而 R&D 投入主要分为 R&D 人员投入与 R&D 资本投入。根据理论模型，知识溢出的主要影响因素为知识属性、空间距离、技术距离、社会距离与学习能力，除了知识属性比较难以区分与度量外，本书对其他四个因素分别采用相应代理指标进行度量。根据知识溢出的理论机制分析，本书提出实证研究的理论构架如图 3.2 所示。

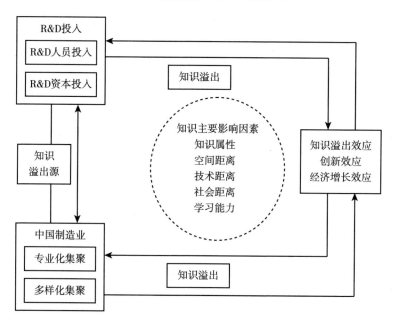

图 3.2　产业集聚与 R&D 投入的知识溢出效应分析

## 3.7　本章小结

本章主要对知识溢出的理论机制展开了分析。知识溢出的根本原因是由知识的本质属性决定的，知识具有部分公共产品的属性决定了知识溢出是不可避免的。知识溢出产生了知识溢出效应，主要可以分为创新效应、经济增长效应、结构效应与"柠檬"效应。知识溢出的主要影响因素包括知识属性、空间距离、技术距离、社会距离与学习能力。知识溢出必须借助于一定的渠道，主要有专利、人才流动、商品流动、FDI 与各种非正式交流等。最后，本章对知识溢出的过程进行归纳与总结，并构建了本书对产业集聚与 R&D 投入知识溢出效应进行实证分析的理论框架图，为后续章节研究奠定了理论基础。

# 第 4 章

# 产业集聚分析

产业集聚作为一种重要的产业空间分布，一直以来都受到经济学家的广泛关注，经济学家们运用各种不同的方法对各国的产业集聚进行了广泛而深入的研究。我国的产业同样存在较为显著的集聚性分布，李国平和范红忠（2003）、梁琦（2004）、范剑勇（2004）、樊福卓（2007）、吴安波（2009）等学者对我国的区域专业化程度进行了定量分析与实证研究。总结起来，产业集聚分析主要从两个维度来进行：一是从空间划分的维度，以地区主线分析产业在不同地区的产业集聚程度。地区的产业集聚又可以分为产业的专业化集聚和产业的多样化集聚，产业专业化集聚主要分析的是某一地区某一产业的集聚程度和集聚效应，多样化集聚主要分析的是某一地区多个产业集聚程度和集聚效应。二是从行业划分的维度，分析同一行业在地理空间的集聚程度。行业集聚度主要以行业研究为对象，分析行业在地理空间的分布情况。

本书的样本数据主要来自 1991～2008 年历年的《中国工业经济统计年鉴》，部分年度的工业统计年鉴（1991 年、1995 年、1996 年和 1998 年）缺失，我们选取了共 14 年的数据。为保持统计口径的一致性，我们对中国制造业的统计口径为"全部国有及规模以上非国有工业企业主要经济指标统计"数据。为了后面章节计算时保持时间的延续性，在享有数据的年份计算出所求值后，我们对缺失年份的相应值采取滑动平均法进行填补，后面都加以说明。

为了保持行业数据的一致性，我们分别对行业数据进行相应处理。1990 年以来，国家统计局分别于 1994 年和 2003 年对国民经济行业分类体系进行了修订，每一次修订行业分类都有所不同。为保持行业数据一致性，我们借鉴《国民经济行业分类与代码》（GB/T4754 – 2002）中的对制造业的定义与对各行业分类方法，排除采掘业以及电力、煤气、水的生产和供应与建筑业。同时，为了保持行业的前后一致性，我们排除一些前后数据无法延续的行业，并将食品加工业和食品制造业合并为食品加工与制造业，将普通设备制造业和专用设备制造业合并为机械制造业。因此，选择的制造业有：X1 为食品加工及制造业；X2 为饮料制造业；X3 为烟草加工业；X4 为纺织业；X5 为造纸及纸制品业；X6 为石油加工及炼焦业；X7 为化学原料及化学制品业；X8 为医药制造业；X9 为化学纤维制造业；X10 为非金属矿物制品业；X11 为黑色金属冶炼及压延加工业；X12 为金属制品业；X13 为机械制造业；X14 为交通运输设备制造业；X15 为电气机械及器材制造业；X16 为电子及通信设备制造业；X17 为仪器仪表及文化办公用机械制造业。

为了保持地区数据的一致性，我们排除港澳台地区、西藏地区数据过小忽略不计。重庆自 1997 年开始被设立为直辖市后，工业经济数据开始单列，为保持一致性将其合并到四川当中去。这样我们共选取了 29 个省（区、市）。

# 4.1 产业集聚地区分析

## 4.1.1 地区产业专业化分析

### 1. 地区产业专业化测度方法分析

区域专业化具有多重均衡和不稳定的特征，其度量是一项十分复杂的工作，传统指标大体上可以分为贸易指标和生产指标。生产指标主要有生产总值比重、人均产出等，而贸易指标主要有区域商品率和市场占有率等指标。但是这些传统指标分析过于简单，不能深入揭示区域专业化的演变规律和对区域经济的影响。随着区域经济理论、产业集聚理论、新经济地理理论等的发展，度量区域专业化的指标也经历了一系列的演变和发展过程。目前，应用比较多的是 Theil 指数、克鲁格曼指数和区位熵。

（1）Theil 指数。

Theil 指数，又称 Theil 熵，最早是由 Theil 在 1967 年利用信息理论中的熵概念来计算收入不平等而得名的。后来，Theil 指数被广泛应用于衡量收入或经济发展的不平等。Theil 指数（$T_P$）公式为：

$$T_P = \sum_{i=1}^{n} \sum_{j=1}^{m} \left( \frac{Y_{ij}}{Y} \right) \ln \left( \frac{Y_{ij}/Y}{P_{ij}/P} \right) \tag{4.1}$$

$Y_{ij}$、$P_{ij}$ 分别为各地区单元的 GDP 和人口占所属区域 GDP 和人口的百分比。如果定义 $T_{pi}$ 为第 $i$ 区域内的差异，则为：

$$T_{pi} = \sum_{j=1}^{m} \left( \frac{Y_{ij}}{Y_i} \right) \ln \left( \frac{Y_{ij}/Y_i}{P_{ij}/P_i} \right) \tag{4.2}$$

如果同时定义 $T_{BR}$ 区域间的差异，则：

$$T_{BR} = \sum_{i=1}^{n} \left( \frac{Y_i}{Y} \right) \ln \left( \frac{Y_i/Y}{P_i/P} \right) \tag{4.3}$$

那么式（4.1）中的 $T_p$ 可以分解为区域内的差异（$T_{WR}$）和区域间的差异（$T_{BR}$）：

$$T_P = \sum_{i=1}^{3} \left( \frac{Y_i}{Y} \right) T_{pi} + \sum_{i=1}^{3} \left( \frac{Y_i}{Y} \right) \ln \left( \frac{Y_i/Y}{P_i/P} \right) = T_{WR} + T_{BR} \tag{4.4}$$

用 Theil 指数来衡量不平等的一个最大优点是，它可以衡量组内差距和组间差距对总差距的贡献。杨明洪、孙继琼（2006）指出 Theil 指数具有以下几个优点：一是可以进行产业结构或空间结构的多层次分解，分析各个部分在总的变化过程中的作用与贡献；二是不受考察的空间单元个数的影响，因而可以比较不同系统内的差距；三是满足达尔顿—庇古转移原理；四是收入零均质和人口规模独立性。[1]

（2）克鲁格曼指数。

克鲁格曼（2000）在《地理与贸易》提出了衡量两个区域间专业化水

---

[1] 杨明洪，孙继琼. 改革开放以来中国西部农村经济发展的地区差距研究 [J]. 财贸研究，2008（1）.

平的指数，其计算公式为：

$$K_{ij} = \sum_{k}^{n} |S_{ik} - S_{jk}|$$ (4.5)

式（4.5）中，$K_{ij}$ 表示克鲁格曼专业化指数；$S_{ik}$ 表示 $i$ 区域第 $k$ 种行业产出占 $i$ 区域制造业总产出的比例；$S_{jk}$ 表示 $j$ 区域第 $k$ 种行业产出占 $j$ 区域制造业总产出的比例。一般情况下，$0 \leqslant K_{ij} \leqslant 2$，$K_{ij}$ 为 0，表示两个区域间具有完全相同的行业结构；$K_{ij}$ 为 2，表示两个区域的行业结构完全不一致。[①]

克鲁格曼指数可以反映两个地区之间专业化的总体程度，但是不能有效反映区域间各个产业之间的专业化程度差异性。

（3）区位熵。

所谓熵，就是比率的比率，它由哈盖特（P. Haggett）首先提出并用于区位分析中。区位熵，又称专门化率，用以衡量某一区域要素的空间分布情况，反映某一产业部门的专业化程度，以及某一区域在高层次区域的地位和作用等方面。在产业结构研究中，通常用于分析区域主导专业化部门的状况（崔功豪等，2003）。

区位熵的计算公式为：

$$E_{ij} = \frac{q_i}{\sum_{i=1}^{n} q_i} \bigg/ \frac{Q_i}{\sum_{i=1}^{n} Q_i}$$ (4.6)

式（4.6）中，$E_{ij}$ 表示某区域 $i$ 部门对于高层次区域的区域熵；$q_i$ 为某区域 $i$ 部门的有关指标（通常可用产值、产量、生产能力、就业人数等指标）；$Q_i$ 为高层次区域 $i$ 部门的有关指标；n 为某类产业的部门数量。$E_{ij}$ 值越大，表示产业的集聚程度越高。区域熵在分析区域优势主导产业中被广泛运用。

区位熵优点在于计算简单方便，能够较形象地反映某个地区的主导产业和产业集聚水平。缺点在于区位熵不能反映区域经济发展水平的差异性，某产业区位熵最大的地区不一定是该产业集聚水平最高的地区。

---

① [美] 保罗·克鲁格曼. 地理和贸易 [M]. 张兆杰，译. 北京：北京大学出版社，2002：73.

## 2. 地区产业专业化的实证分析

对于区域专业化水平指标，我们采用迪朗东和普加（Duranton and Puga，2000）的相对专业化和相对多样化指标。[①] 具体计算公式为：

$$Z_{it} = \max \ (S_{ij}/S_j) \tag{4.7}$$

$Z_{it}$表示 $i$ 地区 $t$ 年的专业化水平，用以衡量产业集聚的 MAR 溢出，其中 $S_{ij}$ 表示 $i$ 地区的产业 $j$ 的产值占该地区总产值的比例，$S_j$ 分别产业 $j$ 的产值占全国总产值的比例。$S_{ij}/S_j$ 的值实际上就是 $i$ 地区的产业 $j$ 的区位熵。根据公式，我们对 1990~2007 年的 17 个 2 位数的中国制造业进行了计算，其结果如表 4.1 所示。

从 1990~2007 年的地区专业化变迁来看，我国各地区的制造业专业化程度有大幅度提高，但各地区的制造业专业化程度变迁路径不同。我国大部分地区专业化程度呈先上升后下降趋势，这类地区有北京、天津、山西、内蒙古、辽宁、吉林、上海、江苏、安徽、福建、山东、湖北、湖南、广东、广西、云南、青海、宁夏；而一直上升的地区有河北、浙江、河南、四川、陕西、新疆；而贵州则一直呈下降趋势。总体来讲，东部沿海发达区域的专业化程度相对较低，而经济落后的中西部地区的专业化程度相对较高，如云南、贵州、新疆等地区，最高的为云南，2003 年最高达20.347。这反映了发达区域经济发展呈多样化和专业化均衡发展特征，而中西部地区比较依赖于单一结构的优势产业，而其他产业发展相对滞后和不均衡，如云南过分依赖于烟草加工产业。

从表 4.2 中可以看出，北京、天津、上海和广东区位熵最高的产业是技术密集型的电子及通信设备制造业；浙江、江苏、福建、青海区位熵最高的产业是属于资本密集型的化学纤维制造业；山西、辽宁、黑龙江、海南、陕西、宁夏、甘肃、新疆是资源型的石油加工及炼焦业；安徽、湖北、湖南、贵州、云南区位熵最高的则是垄断性的烟草行业；内蒙古与山东区位熵最高的则是食品制造业；吉林和江西区位熵最高的是医药制造

---

[①]  Gilles Duranton. Diego Puga. *Diversity and Specialisation in Cities: Why, Where and When Does it Matter?* Urban Studies, Vol. 37 (3), 2000, pp. 533–555.

表 4.1

**1990～2007 年地区专业化值**

| 地区 | 1990年 | 1991*年 | 1992年 | 1993年 | 1994年 | 1995*年 | 1996*年 | 1997年 | 1998*年 | 1999年 | 2000年 | 2001年 | 2002年 | 2003年 | 2004年 | 2005年 | 2006年 | 2007年 |
|---|---|---|---|---|---|---|---|---|---|---|---|---|---|---|---|---|---|---|
| 北京 | 1.670 | 1.917 | 2.164 | 2.013 | 1.844 | 2.021 | 2.374 | 2.550 | 2.780 | 3.010 | 3.202 | 3.022 | 2.427 | 1.964 | 1.858 | 2.187 | 2.447 | 2.926 |
| 天津 | 1.489 | 1.518 | 1.546 | 1.733 | 1.834 | 2.084 | 2.583 | 2.833 | 2.548 | 2.263 | 2.460 | 2.288 | 2.328 | 1.893 | 1.991 | 2.110 | 2.166 | 1.996 |
| 河北 | 1.341 | 1.551 | 1.760 | 1.885 | 2.090 | 2.143 | 2.248 | 2.301 | 2.536 | 2.771 | 2.894 | 2.893 | 3.260 | 3.657 | 3.647 | 3.717 | 3.802 | 3.663 |
| 山西 | 2.085 | 2.225 | 2.364 | 2.351 | 2.714 | 2.814 | 3.014 | 3.114 | 3.347 | 3.579 | 3.722 | 3.898 | 4.040 | 3.918 | 3.653 | 3.968 | 3.413 | 3.606 |
| 内蒙古 | 1.890 | 2.259 | 2.627 | 2.549 | 2.628 | 2.756 | 3.012 | 3.140 | 3.692 | 4.244 | 3.901 | 3.522 | 3.229 | 2.947 | 3.063 | 3.100 | 3.036 | 2.749 |
| 辽宁 | 2.168 | 2.283 | 2.397 | 2.514 | 2.702 | 2.823 | 3.064 | 3.185 | 3.239 | 3.293 | 3.053 | 3.256 | 3.503 | 3.584 | 3.386 | 3.200 | 3.057 | 2.680 |
| 吉林 | 2.632 | 3.124 | 3.616 | 3.615 | 4.127 | 4.162 | 4.233 | 4.268 | 4.514 | 4.760 | 4.876 | 5.337 | 5.353 | 5.471 | 5.471 | 5.277 | 5.032 | 4.081 |
| 黑龙江 | 3.298 | 3.386 | 3.473 | 3.959 | 4.206 | 4.090 | 3.857 | 3.741 | 3.935 | 4.129 | 4.662 | 5.039 | 4.913 | 5.015 | 4.662 | 4.552 | 4.493 | 4.456 |
| 上海 | 2.014 | 2.134 | 2.253 | 2.573 | 2.436 | 2.365 | 2.224 | 2.153 | 2.082 | 2.011 | 2.371 | 1.686 | 1.746 | 1.764 | 1.660 | 1.813 | 1.800 | 2.051 |
| 江苏 | 1.670 | 1.783 | 1.895 | 1.937 | 1.874 | 1.850 | 1.801 | 1.776 | 1.803 | 1.830 | 1.815 | 2.139 | 2.204 | 2.236 | 1.838 | 2.108 | 2.168 | 2.065 |
| 浙江 | 1.667 | 1.836 | 2.005 | 2.319 | 2.180 | 2.136 | 2.047 | 2.002 | 2.158 | 2.313 | 2.219 | 2.384 | 2.504 | 3.432 | 4.194 | 4.203 | 4.345 | 4.113 |
| 安徽 | 1.827 | 1.866 | 1.904 | 1.727 | 1.665 | 1.700 | 1.769 | 1.804 | 2.109 | 2.414 | 2.244 | 2.079 | 2.191 | 2.283 | 2.304 | 2.364 | 2.209 | 2.232 |
| 福建 | 2.119 | 2.244 | 2.369 | 2.991 | 2.421 | 2.320 | 2.118 | 2.017 | 2.136 | 2.254 | 1.978 | 2.047 | 2.063 | 1.839 | 1.763 | 1.802 | 2.016 | 2.051 |
| 江西 | 1.448 | 1.691 | 1.933 | 2.143 | 2.043 | 1.912 | 1.649 | 1.517 | 1.733 | 1.949 | 2.081 | 1.958 | 2.149 | 2.763 | 2.709 | 2.461 | 2.586 | 2.277 |
| 山东 | 1.517 | 1.599 | 1.681 | 1.635 | 1.547 | 1.531 | 1.499 | 1.483 | 1.621 | 1.759 | 2.008 | 2.107 | 2.116 | 2.113 | 2.169 | 2.056 | 2.022 | 1.883 |

续表

| 地区 | 1990年 | 1991*年 | 1992年 | 1993年 | 1994年 | 1995*年 | 1996*年 | 1997年 | 1998*年 | 1999年 | 2000年 | 2001年 | 2002年 | 2003年 | 2004年 | 2005年 | 2006年 | 2007年 |
|---|---|---|---|---|---|---|---|---|---|---|---|---|---|---|---|---|---|---|
| 河南 | 1.774 | 1.909 | 2.043 | 1.895 | 1.587 | 1.600 | 1.625 | 1.638 | 1.797 | 1.955 | 2.139 | 2.160 | 2.205 | 2.402 | 2.399 | 2.482 | 2.535 | 2.478 |
| 湖北 | 2.114 | 2.128 | 2.142 | 2.252 | 2.181 | 2.080 | 1.877 | 1.776 | 1.951 | 2.126 | 2.058 | 2.189 | 2.429 | 2.141 | 2.897 | 2.701 | 2.662 | 2.760 |
| 湖南 | 2.165 | 2.602 | 3.039 | 2.841 | 3.139 | 3.262 | 3.507 | 3.629 | 4.116 | 4.603 | 4.534 | 4.391 | 4.067 | 4.247 | 4.798 | 4.699 | 4.720 | 4.409 |
| 广东 | 1.909 | 2.264 | 2.618 | 2.725 | 2.977 | 2.930 | 2.835 | 2.787 | 2.700 | 2.612 | 2.569 | 2.482 | 2.554 | 2.538 | 2.499 | 2.552 | 2.541 | 2.553 |
| 广西 | 2.064 | 2.342 | 2.620 | 2.613 | 2.486 | 2.462 | 2.413 | 2.388 | 2.613 | 2.838 | 2.761 | 2.588 | 2.824 | 2.843 | 2.632 | 2.467 | 2.544 | 2.627 |
| 海南 | 5.991 | 5.157 | 4.323 | 4.325 | 7.073 | 6.450 | 5.203 | 4.580 | 4.647 | 4.713 | 4.899 | 4.799 | 4.549 | 3.710 | 4.281 | 4.454 | 5.042 | 7.942 |
| 四川 | 1.372 | 1.418 | 1.463 | 1.634 | 1.697 | 1.827 | 2.086 | 2.215 | 2.451 | 2.687 | 2.856 | 3.153 | 3.217 | 3.291 | 3.046 | 3.483 | 3.582 | 3.719 |
| 贵州 | 5.810 | 6.550 | 7.290 | 5.763 | 6.147 | 6.561 | 7.388 | 7.802 | 8.336 | 8.870 | 8.615 | 8.105 | 7.347 | 7.604 | 6.640 | 7.166 | 7.500 | 7.628 |
| 云南 | 10.260 | 11.670 | 13.079 | 15.138 | 18.817 | 18.487 | 17.828 | 17.498 | 17.683 | 17.867 | 19.395 | 19.121 | 18.755 | 20.347 | 19.928 | 19.676 | 18.501 | 18.019 |
| 陕西 | 2.533 | 2.638 | 2.742 | 2.723 | 2.568 | 2.523 | 2.431 | 2.386 | 2.591 | 2.796 | 2.736 | 3.189 | 2.888 | 2.950 | 3.032 | 2.674 | 3.436 | 3.578 |
| 甘肃 | 2.937 | 3.088 | 3.239 | 2.949 | 3.186 | 3.313 | 3.566 | 3.692 | 3.618 | 3.543 | 2.836 | 4.469 | 4.381 | 4.667 | 5.451 | 5.137 | 5.004 | 4.996 |
| 青海 | 2.384 | 2.586 | 2.787 | 2.081 | 2.630 | 2.739 | 2.957 | 3.066 | 2.882 | 2.697 | 2.953 | 2.783 | 2.512 | 2.329 | 1.987 | 2.233 | 2.340 | 2.399 |
| 宁夏 | 2.976 | 2.498 | 2.019 | 2.518 | 2.135 | 2.210 | 2.359 | 2.433 | 2.324 | 2.215 | 3.087 | 2.416 | 2.583 | 2.674 | 2.289 | 2.370 | 2.347 | 1.946 |
| 新疆 | 1.914 | 2.017 | 2.119 | 2.762 | 2.813 | 3.011 | 3.408 | 3.606 | 3.836 | 4.065 | 5.267 | 6.705 | 6.858 | 7.257 | 7.188 | 7.548 | 7.724 | 7.035 |

注：加 * 的 1991 年、1995 年、1996 年和 1998 年地区专业化通过相邻年份移动平滑所得，其余年份为为计算所得。

表 4.2 　　　　　　2007 年各地区专业化程度最高的产业及区位熵

| 地区 | 产业 | 区位熵 | 地区 | 产业 | 区位熵 | 地区 | 产业 | 区位熵 |
|------|------|--------|------|------|--------|------|------|--------|
| 北京 | X16 | 2.926 | 浙江 | X9 | 4.113 | 海南 | X6 | 7.942 |
| 天津 | X16 | 1.996 | 安徽 | X3 | 2.232 | 四川 | X2 | 3.719 |
| 河北 | X11 | 3.663 | 福建 | X9 | 2.051 | 贵州 | X3 | 7.628 |
| 山西 | X6 | 3.606 | 江西 | X8 | 2.277 | 云南 | X3 | 18.019 |
| 内蒙古 | X1 | 2.749 | 山东 | X1 | 1.883 | 陕西 | X6 | 3.578 |
| 辽宁 | X6 | 2.680 | 河南 | X10 | 2.478 | 甘肃 | X6 | 4.996 |
| 吉林 | X8 | 4.081 | 湖北 | X3 | 2.760 | 青海 | X9 | 2.399 |
| 黑龙江 | X6 | 4.456 | 湖南 | X3 | 4.409 | 宁夏 | X6 | 1.946 |
| 上海 | X16 | 2.051 | 广东 | X16 | 2.553 | 新疆 | X6 | 7.035 |
| 江苏 | X9 | 2.065 | 广西 | X1 | 2.627 | | | |

注：X1 为食品加工及制造业；X2 为饮料制造业；X3 为烟草加工业；X4 为纺织业；X5 为造纸及纸制品业；X6 为石油加工及炼焦业；X7 为化学原料及化学制品业；X8 为医药制造业；X9 为化学纤维制造业；X10 为非金属矿物制品业；X11 为黑色金属冶炼及压延加工业；X12 为金属制品业；X13 为机械制造业；X14 为交通运输设备制造业；X15 为电气机械及器材制造业；X16 为电子及通信设备制造业；X17 为仪器仪表及文化办公用机械制造业。

业；四川区位熵最高的为饮料制造业。总体来看，发达地区经济最为集聚的产业多是技术密集型的高技术产业和资本密集型产业，而中西部地区则多依赖于资源型产业和国家垄断性产业。

## 4.1.2　地区产业多样化分析

产业多样化的测度方法常常与专业化测度方法联系在一起，相对而言，专业化测度理论与方法更为成熟，而多样化理论与方法还有待进一步的深入研究与改进。格伦茨（Greunz，2004）分别利用了 Gini 系数与 Theil 指数来计算产业多样化。[①] 其中，Gini 系数测度多样化的公式为：

$$GD_i = \frac{2}{(n-1)\sum_{j=1}^{n} E_{ij}} \sum_{j=1}^{n-1} CE_{ij} \tag{4.8}$$

① Greunz L. *Industrial structure and innovation – evidence from European regions.* Journal of Evolutionary Economics, Vol. 14 (5), 2004, pp. 563 – 592.

式（4.8）中，$E_{ij}$代表 $i$ 地区 $j$ 产业的就业总人数；$CE_{ij}$代表累计的就业总人数。

利用 Theil 指数测度多样化的公式为：

$$TD_i = \left[ 1 - \frac{T_i}{\ln(n)} \right] \qquad (4.9)$$

用 Gini 系数和 Theil 指数测度多样化相对而言比较复杂。对于区域多样化水平测度，目前比较常用的还是 Duranton 和 Puga 的方法。其公式为：

$$RDI_i = 1 / \sum_j |S_{ij} - S_j| \qquad (4.10)$$

式（4.10）中，$S_{ij}$是 $i$ 地区 $j$ 产业占整个行业 $j$ 产业或就业的比重；$S_j$ 是产业 $j$ 占整个工业总产值或就业的比重。这个方法相对而言比较简便，本书采用 Duranton 和 Puga 的相对多样化测度方法。计算结果如表 4.3 所示。

与地区专业化程度普遍提高相反，1990～2007 年间我国各地区的产业多样化程度普遍呈下降趋势。1990 年，我国多样化程度最高的五个地区是四川、河北、江西、天津和河南，其相对多样化值分别为 4.076、3.919、3.672、3.649 和 3.564，均高于 3.5；多样化程度最低的地区是云南、海南、青海、贵州与甘肃，其相对多样化值分别为 1.029、1.073、1.075、1.250 和 1.314，均低于 2。到 2007 年，产业相对多样化值最高的五个地区有湖北、江苏、四川、山东和安徽，产业相对多样化值分别为 3.450、3.258、2.712、2.659 和 2.483，相对多样化值大于 2 的地区还有上海、福建和湖南；产业相对多样化值最低的五个地区是海南、青海、甘肃、云南和贵州，产业相对多样化值分别为 0.882、0.925、0.968、1.002 和 1.146。

从地区产业多样化程度来看，中部地区和东部地区的产业多样化程度相对较高，西部地区的产业多样化普遍较低，反映了西部地区产业结构相对单一与落后，过于依赖资源性产品和垄断性的烟草制品业。而东部地区和中部地区产业结构相对齐全和发达。经济最为发达的广东、北京、天津、上海和浙江多样化程度并不是特别高，处于中上游位置，这也反映了这些地区不仅具有较为齐全的产业结构，而且这些产业整体实力都比较强，呈现多产业集群式发展特征，实现地区产业专业化与多样化的互动发展。

表 4.3　　1990～2007 年地区多样化值

| 地区 | 1990年 | 1991*年 | 1992年 | 1993年 | 1994年 | 1995*年 | 1996*年 | 1997年 | 1998*年 | 1999年 | 2000年 | 2001年 | 2002年 | 2003年 | 2004年 | 2005年 | 2006年 | 2007年 |
|---|---|---|---|---|---|---|---|---|---|---|---|---|---|---|---|---|---|---|
| 北京 | 2.726 | 2.728 | 2.729 | 2.844 | 2.708 | 2.526 | 2.161 | 1.978 | 1.941 | 1.903 | 1.582 | 1.559 | 1.789 | 2.302 | 2.416 | 1.787 | 1.694 | 1.674 |
| 天津 | 3.649 | 3.523 | 3.396 | 2.768 | 2.802 | 2.737 | 2.608 | 2.543 | 2.403 | 2.263 | 2.282 | 1.952 | 2.156 | 2.441 | 2.392 | 2.067 | 1.910 | 1.963 |
| 河北 | 3.919 | 3.835 | 3.751 | 3.084 | 3.018 | 2.978 | 2.897 | 2.857 | 2.544 | 2.230 | 2.140 | 2.014 | 1.931 | 1.686 | 1.536 | 1.528 | 1.545 | 1.603 |
| 山西 | 2.262 | 2.354 | 2.445 | 2.117 | 1.914 | 1.838 | 1.685 | 1.609 | 1.519 | 1.429 | 1.384 | 1.332 | 1.233 | 1.117 | 1.099 | 1.155 | 1.118 | 1.128 |
| 内蒙古 | 2.261 | 2.188 | 2.114 | 1.873 | 1.882 | 1.838 | 1.750 | 1.706 | 1.499 | 1.292 | 1.274 | 1.265 | 1.271 | 1.322 | 1.371 | 1.356 | 1.331 | 1.391 |
| 辽宁 | 2.414 | 2.470 | 2.526 | 2.185 | 2.291 | 2.304 | 2.330 | 2.343 | 2.343 | 2.343 | 2.159 | 2.129 | 2.043 | 1.953 | 1.845 | 1.921 | 1.928 | 1.973 |
| 吉林 | 2.087 | 1.952 | 1.816 | 1.688 | 1.459 | 1.421 | 1.346 | 1.308 | 1.230 | 1.151 | 1.119 | 1.111 | 1.049 | 0.986 | 1.002 | 1.012 | 1.012 | 1.231 |
| 黑龙江 | 1.930 | 2.019 | 2.108 | 2.114 | 1.944 | 1.923 | 1.880 | 1.858 | 1.727 | 1.596 | 1.334 | 1.331 | 1.277 | 1.272 | 1.256 | 1.148 | 1.157 | 1.138 |
| 上海 | 3.193 | 3.249 | 3.304 | 2.987 | 2.814 | 2.728 | 2.555 | 2.469 | 2.531 | 2.592 | 2.509 | 2.919 | 3.004 | 2.718 | 2.675 | 2.687 | 2.572 | 2.209 |
| 江苏 | 2.852 | 2.808 | 2.764 | 2.648 | 2.700 | 2.738 | 2.814 | 2.852 | 2.870 | 2.887 | 2.929 | 2.912 | 3.031 | 3.024 | 3.029 | 2.990 | 2.906 | 3.258 |
| 浙江 | 2.446 | 2.519 | 2.592 | 2.282 | 2.379 | 2.508 | 2.766 | 2.895 | 2.695 | 2.495 | 2.346 | 2.120 | 2.041 | 1.967 | 1.979 | 1.964 | 2.101 | 1.985 |
| 安徽 | 3.460 | 4.115 | 4.770 | 4.704 | 4.699 | 4.292 | 3.477 | 3.069 | 3.291 | 3.512 | 3.571 | 2.973 | 3.080 | 2.837 | 2.712 | 2.490 | 2.359 | 2.483 |
| 福建 | 2.364 | 2.595 | 2.825 | 2.469 | 2.469 | 2.520 | 2.623 | 2.674 | 2.513 | 2.352 | 2.623 | 2.759 | 2.486 | 2.618 | 2.463 | 2.421 | 2.431 | 2.446 |
| 江西 | 3.672 | 3.822 | 3.971 | 3.358 | 3.099 | 3.118 | 3.155 | 3.174 | 2.726 | 2.278 | 2.087 | 2.017 | 1.902 | 1.764 | 1.825 | 1.950 | 1.907 | 1.720 |
| 山东 | 3.523 | 3.575 | 3.626 | 3.201 | 3.232 | 3.279 | 3.373 | 3.420 | 2.912 | 2.404 | 2.338 | 2.335 | 2.422 | 2.247 | 2.426 | 2.488 | 2.455 | 2.659 |

续表

| 地区 | 1990年 | 1991*年 | 1992年 | 1993年 | 1994年 | 1995*年 | 1996*年 | 1997年 | 1998*年 | 1999年 | 2000年 | 2001年 | 2002年 | 2003年 | 2004年 | 2005年 | 2006年 | 2007年 |
|---|---|---|---|---|---|---|---|---|---|---|---|---|---|---|---|---|---|---|
| 河南 | 3.564 | 3.442 | 3.320 | 3.102 | 2.991 | 2.872 | 2.635 | 2.516 | 2.398 | 2.279 | 2.215 | 2.100 | 2.046 | 1.905 | 1.921 | 1.856 | 1.830 | 1.958 |
| 湖北 | 3.314 | 3.290 | 3.266 | 2.794 | 3.021 | 3.172 | 3.473 | 3.624 | 3.333 | 3.041 | 2.820 | 2.910 | 2.597 | 2.770 | 2.044 | 2.397 | 2.572 | 3.450 |
| 湖南 | 3.000 | 3.048 | 3.096 | 3.174 | 2.840 | 2.765 | 2.616 | 2.541 | 2.376 | 2.210 | 2.246 | 2.279 | 2.391 | 2.346 | 2.169 | 2.210 | 2.115 | 2.219 |
| 广东 | 2.730 | 2.724 | 2.717 | 2.388 | 2.459 | 2.383 | 2.230 | 2.154 | 2.002 | 1.850 | 1.863 | 1.769 | 1.641 | 1.585 | 1.579 | 1.549 | 1.585 | 1.552 |
| 广西 | 2.272 | 2.222 | 2.171 | 2.024 | 1.894 | 1.898 | 1.906 | 1.910 | 1.804 | 1.697 | 1.619 | 1.664 | 1.651 | 1.578 | 1.477 | 1.498 | 1.537 | 1.514 |
| 海南 | 0.992 | 1.065 | 1.137 | 1.107 | 0.996 | 1.023 | 1.077 | 1.104 | 1.073 | 1.041 | 1.135 | 1.117 | 1.093 | 1.017 | 1.037 | 1.058 | 1.076 | 0.882 |
| 四川 | 4.076 | 4.023 | 3.969 | 3.774 | 3.553 | 3.366 | 2.993 | 2.806 | 2.654 | 2.502 | 2.224 | 2.159 | 2.232 | 2.199 | 2.102 | 2.131 | 2.239 | 2.712 |
| 贵州 | 1.603 | 1.621 | 1.638 | 1.719 | 1.511 | 1.467 | 1.380 | 1.336 | 1.250 | 1.163 | 1.154 | 1.181 | 1.210 | 1.171 | 1.178 | 1.173 | 1.171 | 1.146 |
| 云南 | 1.216 | 1.293 | 1.370 | 1.257 | 1.056 | 1.055 | 1.053 | 1.052 | 1.029 | 1.005 | 0.984 | 0.954 | 0.930 | 0.962 | 0.994 | 0.998 | 0.987 | 1.002 |
| 陕西 | 2.753 | 2.764 | 2.775 | 2.849 | 2.916 | 2.916 | 2.917 | 2.917 | 2.880 | 2.842 | 2.941 | 2.733 | 2.755 | 2.424 | 2.103 | 1.978 | 1.822 | 1.930 |
| 甘肃 | 2.602 | 2.623 | 2.644 | 1.520 | 1.438 | 1.413 | 1.362 | 1.336 | 1.314 | 1.292 | 1.301 | 1.176 | 1.200 | 1.173 | 1.026 | 1.007 | 0.974 | 0.968 |
| 青海 | 1.882 | 1.925 | 1.967 | 1.461 | 1.305 | 1.274 | 1.212 | 1.181 | 1.075 | 0.969 | 0.864 | 0.869 | 0.891 | 0.920 | 0.925 | 0.914 | 0.882 | 0.925 |
| 宁夏 | 1.961 | 1.870 | 1.778 | 1.572 | 1.516 | 1.484 | 1.419 | 1.387 | 1.370 | 1.352 | 1.212 | 1.224 | 1.293 | 1.417 | 1.462 | 1.350 | 1.334 | 1.664 |
| 新疆 | 1.887 | 1.883 | 1.878 | 1.967 | 1.721 | 1.704 | 1.669 | 1.651 | 1.539 | 1.427 | 1.186 | 1.100 | 1.098 | 1.100 | 1.118 | 1.086 | 1.075 | 1.197 |

注：加 * 的 1991 年、1995 年、1996 年和 1998 年地区多样化通过相邻年份移动平滑所得，其余年份为计算所得。

## 4.2　产业集聚行业分析

### 4.2.1　行业集聚测度方法分析

早期的研究侧重于对产业集聚定性的观察与描述，随着研究的深入，产业集聚程度与影响集聚的关键因素的定量测度开始成为区域经济学家们关注的课题。随着产业集聚理论的发展，有关产业集聚程度的测度方法不断发展与完善，经历了有集中率、赫芬达尔指数、空间基尼系数、EG 指数等的发展过程。

（1）集中度（concentrion ration of industry）。

行业集中度是用规模最大的几个地区有关数值（销售额、就业人数、生产额等）占整个行业的份额来度量。计算公式为：

$$CR_n = \sum_{i=1}^{n} X_i \bigg/ \sum_{i=1}^{N} X_i \tag{4.11}$$

其中，$CR_n$ 代表 X 产业的市场集中度；$\sum_{i=1}^{n} X_i$ 代表规模最大的几个地区 X 产业的销售额或生产额、就业人数等；$\sum_{i=1}^{N} X_i$ 代表全部地区 X 产业的销售额或生产额、就业人数等。

在各种测度产业集聚水平的方法中，集中度是最简单、最常用的计算指标，能够形象地反映产业市场集中水平。但是，集中度也存在不少缺陷：一是 $CR_n$ 的值易受 $n$ 的影响，$n$ 越大即选择地区越多 $CR_n$ 就会越大；二是忽略了规模最大地区之外其他地区的规模分布情况；三是不能反映规模最大地区内部之间产业结构与分布的差别。

（2）赫芬达尔—赫希曼指数（Herfindahl – Hirschman Index）。

$H$ 指数是衡量产业集聚程度的重要指标，最初由 A. Hirschman 提出，后经哥伦比亚大学 O. Hirschman 加以改进，该指数产生的理论基础来源于贝恩（Bain）的"结构—行为—绩效"（SCP）理论。计算公式为：

$$H = \sum_{j=1}^{N} z_j^2 = \sum_{j=1}^{N} (X_j/X)^2 (j = 1,2,3,\cdots,n) \qquad (4.12)$$

其中，$X$ 代表产业市场总规模（就业或产值）；$X_j$ 代表 $j$ 企业的规模；$z_j = X_j/X$ 代表第 $j$ 个企业的市场占有率；$N$ 代表该产业内部的企业数。在实际分析中，经常运用 $H$ 指数的倒数作为产业多样化的测度。

$H$ 指数在测度产业集聚水平时具有三个优点：第一是能够准确反映产业或企业市场集中度，因为它考虑了企业总数和企业规模两个因素的影响；第二是能够反映市场垄断与竞争程度的变化；第三是对产业内企业的合并与分解反应灵敏且计算方法相对容易。其缺点主要是直观性比较差（王子龙等，2006）。[1]

（3）EG 指数（EG index）。

为解决基尼系数失真问题，埃利斯和格莱泽（Ellision and Glaeser，1997）提出了新的集聚指数来测定产业空间集聚程度。假定某一经济体（国家或地区）的某一产业内有 $N$ 个企业，且将该经济体划分为 $M$ 个地理区域，这 $N$ 个企业分布于 $M$ 个区域之中。Ellision 和 Glaeser 建立的产业空间集聚指数计算公式为：

$$r = \frac{G - [1 - \sum_i x_i^2]H}{[1 - \sum_i x_i^2](1 - H)} = \frac{\sum_{i=1}^{M}(s_i - x_i)^2 - (1 - \sum_{i=1}^{M} x_i^2)\sum_{j=1}^{N} z_j^2}{(1 - \sum_i x_i^2)(1 - \sum_{j=1}^{N} z_j^2)}$$

$$(4.13)$$

其中，$s_i$ 表示 $i$ 区域某产业工业总产值或就业人数占该产业全部工业总产值或就业人数的比重；$x_i$ 表示 $i$ 区域全部工业总产值或就业人数占经济体工业总产值或就业总人数的比重。赫芬达尔指数（Herfindahl Index）$H = \sum_{j=1}^{N} z_j^2$ 表示该产业中以工业总产值或就业人数为标准计算的企业分布。[2]

埃利斯和格莱泽（1997）建立的 EG 指数充分考虑了企业规模及区域

①  王子龙，谭清美，许箫迪. 产业集聚水平测度的实证研究 [J]. 中国软科学，2006 (3).

②  Ellison G，Glaeser E. L. *Geographic Concentration in U. S. Manufacturing Industries*：*A Dartboard Approach*. Journal of Political Economy，Vol. 105 (5)，1997，pp. 889 - 927.

差异带来的影响，使能够进行跨产业、跨时间，甚至跨国的比较。但是该方法没有对其中的 $H$ 给出合理的解释，同时，EG 指数对数据的要求比较高。

### 4.2.2　产业集聚度分析

对于行业的专业化，我们采用 EG 指数方法进行计算。由于无法获取每个企业的规模，因此需要对 EG 指数中的 $H = \sum_i^N Z_i^2$ 进行修正，修正为：

$$H_j = \sum_i^N Z_i^2 = Q_{ij} \times \sum_i^N \left[ (Y_{ij}/Q_{ij})/Y \right]^2 \qquad (4.14)$$

式 (4.14) 中，$Q_{ij}$ 表示 $i$ 地区 $j$ 产业的企业单位数；$Y_{ij}$ 表示 $i$ 地区 $j$ 产业的工业总产值；$Y_{ij}/Q_{ij}$ 表示 $i$ 地区 $j$ 产业的企业平均规模；$Y$ 是制造业工业总产值。

根据表 4.5 我们可以发现这么一些特征：

第一，1990~2007 年，我国 17 个制造业的行业集聚度有了大幅度提高，产业趋向于空间集聚。1990 年产业集聚系数 $r_j \geq 0.04$ 即高度集聚的行业只有烟草加工业，到 2007 年增加到了 5 个行业，包括化学纤维制造业、电子及通信设备制造业、烟草加工业、仪器仪表及文化办公用机械制造业、纺织业；1990 年产业集聚系数 $0.02 \leq r_j < 0.04$ 即中度集聚的行业只有 3 个，而到 2007 年增加到了 5 个行业；同时低度集聚的行业则从 13 个减少到 7 个。

第二，行业集聚度较高的行业多为垄断型、自然资源依赖型和技术密集型行业，包括化学纤维、电子及通信设备制造业、仪器仪表及文化办公用机械制造业、烟草加工业、黑色金属冶炼及压延加工业、石油加工及炼焦业等，这一点与路江涌和陶志刚（2006）、罗勇和曹丽莉（2005），以及杨洪焦、孙林岩和高杰（2008）的研究基本一致。同时，高集聚度行业中还包括食品加工及制造业与纺织业两个传统制造业，这用传统经济地理理论难以解释。杨洪焦、孙林岩和高杰（2008）认为可以从新经济地理学中找到一些理论依据，如一个地区的企业数量、人力资本、消费者购买力及交通运输条件等都可以导致制造业在该地区的集聚。

表4.4

**1990～2007年中国17个制造业的行业集聚度**

| 年份 | X1 | X2 | X3 | X4 | X5 | X6 | X7 | X8 | X9 | X10 | X11 | X12 | X13 | X14 | X15 | X16 | X17 |
|---|---|---|---|---|---|---|---|---|---|---|---|---|---|---|---|---|---|
| 1990 | 0.0091 | 0.0135 | 0.0566 | 0.0105 | 0.0073 | 0.0318 | 0.0037 | 0.0062 | 0.0270 | 0.0058 | 0.0258 | 0.0020 | 0.0025 | 0.0166 | 0.0091 | 0.0172 | 0.0104 |
| 1991* | 0.0085 | 0.0137 | 0.0592 | 0.0125 | 0.0067 | 0.0298 | 0.0034 | 0.0069 | 0.0283 | 0.0055 | 0.0263 | 0.0024 | 0.0027 | 0.0162 | 0.0105 | 0.0283 | 0.0134 |
| 1992 | 0.0078 | 0.0139 | 0.0618 | 0.0145 | 0.0060 | 0.0277 | 0.0030 | 0.0075 | 0.0295 | 0.0051 | 0.0268 | 0.0027 | 0.0028 | 0.0157 | 0.0118 | 0.0393 | 0.0163 |
| 1993 | 0.0103 | 0.0158 | 0.0790 | 0.0234 | 0.0074 | 0.0297 | 0.0028 | 0.0043 | 0.0380 | 0.0063 | 0.0273 | 0.0028 | 0.0057 | 0.0132 | 0.0136 | 0.0465 | 0.0161 |
| 1994 | 0.0108 | 0.0092 | 0.1279 | 0.0210 | 0.0089 | 0.0318 | 0.0028 | 0.0051 | 0.0340 | 0.0074 | 0.0284 | 0.0027 | 0.0067 | 0.0150 | 0.0120 | 0.0566 | 0.0170 |
| 1995* | 0.0105 | 0.0097 | 0.1215 | 0.0200 | 0.0081 | 0.0313 | 0.0030 | 0.0049 | 0.0317 | 0.0074 | 0.0285 | 0.0033 | 0.0079 | 0.0156 | 0.0125 | 0.0584 | 0.0234 |
| 1996* | 0.0098 | 0.0106 | 0.1087 | 0.0179 | 0.0066 | 0.0303 | 0.0035 | 0.0046 | 0.0272 | 0.0073 | 0.0286 | 0.0044 | 0.0102 | 0.0167 | 0.0135 | 0.0620 | 0.0363 |
| 1997 | 0.0095 | 0.0110 | 0.1023 | 0.0169 | 0.0058 | 0.0298 | 0.0037 | 0.0044 | 0.0249 | 0.0072 | 0.0287 | 0.0049 | 0.0114 | 0.0172 | 0.0140 | 0.0638 | 0.0427 |
| 1998* | 0.0117 | 0.0122 | 0.1001 | 0.0234 | 0.0081 | 0.0279 | 0.0045 | 0.0068 | 0.0261 | 0.0073 | 0.0313 | 0.0103 | 0.0143 | 0.0198 | 0.0153 | 0.0637 | 0.0514 |
| 1999 | 0.0138 | 0.0133 | 0.0978 | 0.0299 | 0.0104 | 0.0259 | 0.0052 | 0.0091 | 0.0273 | 0.0074 | 0.0338 | 0.0157 | 0.0171 | 0.0223 | 0.0166 | 0.0635 | 0.0601 |
| 2000 | 0.0189 | 0.0137 | 0.0995 | 0.0310 | 0.0107 | 0.0282 | 0.0059 | 0.0087 | 0.0344 | 0.0075 | 0.0329 | 0.0158 | 0.0182 | 0.0228 | 0.0191 | 0.0569 | 0.0615 |
| 2001 | 0.0221 | 0.0145 | 0.0901 | 0.0363 | 0.0104 | 0.0303 | 0.0049 | 0.0095 | 0.0505 | 0.0071 | 0.0320 | 0.0147 | 0.0198 | 0.0262 | 0.0189 | 0.0645 | 0.0561 |
| 2002 | 0.0258 | 0.0151 | 0.0819 | 0.0409 | 0.0115 | 0.0344 | 0.0048 | 0.0101 | 0.0606 | 0.0078 | 0.0335 | 0.0156 | 0.0195 | 0.0277 | 0.0189 | 0.0721 | 0.0588 |
| 2003 | 0.0304 | 0.0169 | 0.0761 | 0.0424 | 0.0167 | 0.0348 | 0.0039 | 0.0105 | 0.1005 | 0.0127 | 0.0373 | 0.0159 | 0.0174 | 0.0278 | 0.0221 | 0.0748 | 0.0640 |
| 2004 | 0.0360 | 0.0161 | 0.0686 | 0.0509 | 0.0193 | 0.0350 | 0.0045 | 0.0094 | 0.1261 | 0.0120 | 0.0372 | 0.0141 | 0.0118 | 0.0234 | 0.0209 | 0.0742 | 0.0584 |
| 2005 | 0.0388 | 0.0189 | 0.0703 | 0.0484 | 0.0180 | 0.0313 | 0.0070 | 0.0107 | 0.1391 | 0.0150 | 0.0363 | 0.0129 | 0.0111 | 0.0184 | 0.0230 | 0.0794 | 0.0523 |
| 2006 | 0.0399 | 0.0224 | 0.0654 | 0.0484 | 0.0178 | 0.0313 | 0.0077 | 0.0100 | 0.1542 | 0.0159 | 0.0351 | 0.0139 | 0.0111 | 0.0183 | 0.0217 | 0.0762 | 0.0425 |
| 2007 | 0.0383 | 0.0257 | 0.0660 | 0.0429 | 0.0147 | 0.0301 | 0.0058 | 0.0117 | 0.1411 | 0.0172 | 0.0333 | 0.0144 | 0.0085 | 0.0143 | 0.0225 | 0.0748 | 0.0457 |

注：加*的1991年、1995年、1996年和1998年行业集聚度通过相邻年份移动平滑所得，其余年份为计算所得。X1为食品加工及制造业；X2为饮料制造业；X3为烟草加工业；X4为纺织业；X5为造纸及纸制品业；X6为石油加工及炼焦业；X7为化学原料及化学制品业；X8为医药制造业；X9为化学纤维制造业；X10为非金属矿物制品业；X11为黑色金属冶炼及压延加工业；X12为金属制品业；X13为机械制造业；X14为交通运输设备制造业；X15为电气机械及器材制造业；X16为电子及通信设备制造业；X17为仪器仪表及文化办公用机械制造业。

表 4.5　　　　　　　　　中国 17 个制造业的行业集聚度 $r_j$ 分类

| 1990 年 | | | 2007 年 | | |
|---|---|---|---|---|---|
| 分类 | 行业 | $r_j$ | 分类 | 行业 | $r_j$ |
| 高度集聚 $r_j \geq 0.04$ | X3 | 0.0566 | 高度集聚 $r_j \geq 0.04$ | X9 | 0.1411 |
| | | | | X16 | 0.0748 |
| | | | | X3 | 0.0660 |
| | | | | X17 | 0.0457 |
| | | | | X4 | 0.0429 |
| 中度集聚 $0.02 \leq r_j < 0.04$ | X6 | 0.0318 | 中度集聚 $0.02 \leq r_j < 0.04$ | X1 | 0.0383 |
| | X9 | 0.0270 | | X11 | 0.0333 |
| | X11 | 0.0258 | | X6 | 0.0301 |
| | | | | X2 | 0.0257 |
| | | | | X15 | 0.0225 |
| 低度集聚 $r_j < 0.02$ | X16 | 0.0172 | 低度集聚 $r_j < 0.02$ | X10 | 0.0172 |
| | X14 | 0.0166 | | X5 | 0.0147 |
| | X2 | 0.0135 | | X12 | 0.0144 |
| | X4 | 0.0105 | | X14 | 0.0143 |
| | X17 | 0.0104 | | X8 | 0.0117 |
| | X1 | 0.0091 | | X13 | 0.0085 |
| | X15 | 0.0091 | | X7 | 0.0058 |
| | X13 | 0.0085 | | | |
| | X5 | 0.0073 | | | |
| | X8 | 0.0062 | | | |
| | X10 | 0.0058 | | | |
| | X7 | 0.0037 | | | |
| | X12 | 0.0020 | | | |

　　第三，从行业集聚度变化的趋势来看，两种类型的行业集聚度上升较快，一类是传统行业如食品加工与制造、饮料制造业、纺织业；另一类是资本密集型和技术密集型的行业，如造纸及纸制品业、医药制造业、化学纤维制造业、电气机械及器材制造业、电子及通信设备制造业、仪器仪表及文化办公用机械制造业。而垄断型的烟草制造业和资源型的石油加工及炼焦业以及交通运输设备制造业的行业集聚度变化则不大。第一类行业产业集聚度变化非常大，结合前面的地区专业化计算结果仔细分析其原因，其实可以发现，食品加工及制造业在山东与内蒙古的区位熵是最高的，这两个地区，一个是我国农业产业化程度最高的地区，另一个是我国乳制品产业最发达的地区，这与当地的自然资源紧密相关。而纺织业则主要集中

在浙江与江苏两地，这两个地区是我国传统纺织业最发达的地区，在市场竞争中形成了较具规模效应的纺织产业集群，在全球都占有非常高的市场占有率。第二类行业也是近年来增长较快的行业，这类行业需要较大的资本投入和较多的技术人才投入，大多集聚在沿海发达区域。

第四，从产业集聚地的空间分布来看，每个行业规模最大的前几位地区大多分布在沿海地带，如江苏、广东、山东、浙江和上海这几个经济最发达的省市，汇聚了我国大部分的制造业，而中西部其他地区的分布则非常零散。伴随着我国行业集聚度的提高，则使我国三大区域之间经济差距两极分化。如果没有有效的区域经济政策，在产业集聚效应和扩散效应自动作用下，要想缩小区域经济差距则需要漫长的时间。

## 4.3　本章小结

本章对分行业与分地区维度对产业集聚的各种计算方法进行了回顾，在此基础上从地区的维度对 17 个制造业 1990～2007 年的地区相对专业化与相对多样化水平及从行业的角度对行业集聚度 EG 指数进行了计算与分析。通过研究发现，我国不同区域之间的产业集聚度存在极大差异，东部地区呈现多样化与专业化均衡发展特征，而中西部地区则具有相对较高的相对专业化水平，呈现产业结构单一化与非均衡化。而从行业集聚度变迁来看，我国各行业集聚度总体呈上升趋势，但行业差异较大。垄断型、自然资源依赖型和技术密集型行业集聚度相对较高，传统行业如食品加工与制造、饮料制造业、纺织业及资本密集型和技术密集型行业的集聚度上升较快。从产业集聚分布空间来看，绝大部分行业分布前几位地区都集中在东部地区。本章的产业集聚分析，揭示了 1990～2007 年我国制造业产业集聚变迁轨迹与内在规律，并为后续章节的产业集聚与 R&D 投入的知识溢出效应分析提供相应数据来源。

# 第 5 章

# 知识溢出效应衡量指标分析

## 5.1  知识溢出效应衡量指标选择

知识溢出效应的测定一直都是产业集聚或 R&D 投入研究中最难解决的问题，用什么指标来度量知识溢出效应一直以来都存在各种争议。总结起来，目前衡量知识溢出的指标主要有三个：全要素生产率、新产品产值和专利。全要素生产率（TFP）被广泛应用于知识溢出的经济增长效应分析，而新产品和专利侧重于分析知识溢出的创新效应。

全要素生产率（TFP）通常归因于技术进步，是扣除物质资本与劳动增长所带来的生产率增长之外的增长，是衡量经济增长质量的重要指标。一些有影响的国际机构在研究经济时，经常把全要素生产率的变动作为考察经济增长质量的重要内容。[①] 科绰号、赫尔普曼和霍夫迈斯特（Coe，Helpman and Hoffmaister，1997）在研究南北贸易的知识溢出问题时就利用 TFP 分析模型，通过 77 个发展中国家和 22 个发达国家的数据研究表明，发达国家的 R&D 资本投入对发展中国家存在明显的溢出效应。[②] 随着非参数的数据包络分析方法的发展与应用，费尔等（Fare，etc，1994）基于 DEA 的基础构建了 Malmquist 指数来测算全要素生产率的增长，此后这种

---

① 郑玉歆. 全要素生产率的再认识 [J]. 数量经济技术经济研究，2007（9）.

② Coe D, Helpman E, Hoffmaister A. *North South R&D Spillovers*. Economic Journal, Vol. 107, 1997, pp. 134 – 149.

方法被广泛应用。[①] Malmquist 指数方法通常把全要素生产率分解为纯技术效率和规模效率，假设纯技术效率是由于技术进步而引起，而规模效率则是由经济体的规模变化而引起。柴志贤和黄祖辉（2009）利用了 Malmquist 指数测算了中国 19 个二位数行业的 30 个省份的全要素生产率，并将集聚经济分解为专业化、多样化和竞争性三种效应，然后分析三种效应对中国工业生产率的增长的作用。相对而言，利用全要素生产率（TFP）来衡量知识溢出的效应具有三点优势：一是用于计算全要素生产率（TFP）的变量固定资本（$K$）和劳动力数量（$L$）及其他相应数据比较容易获得；二是全要素生产率（TFP）包含了除资本与劳动要素投入之外其他所有因素导致的经济增长与变化，信息相对比较全面；三是计算 TFP 的各种理论与方法相对比较成熟。全要素生产率（TFP）反映的是社会经济变化后的结果，而全要素生产率增长主要来源于两个部分：一部分是创新所带来的增长；另一部分是要素投入使用效率的提高。因此，全要素生产率（TFP）比较适合用于测定知识溢出的经济增长效应，并不适合用于测定知识溢出的创新效应。

新产品产值作为衡量知识溢出创新的代理变量，可以较好地反映出知识溢出的创新应用与转化成果，但在针对我国地区工业的实证研究中运用并不多见，主要是因为新产品产值指标在时间延续上和分行业的数据上并不齐全。

格里利谢斯最早建立的知识生产函数采用专利作为衡量知识溢出创新的代理变量，并引起了广泛的争议。"作为创新产出专利本身是一个有瑕疵的变量，因为并不是所有的创新都申请专利，因此专利的经济影响差别很大"（Griliches，1979）。[②] 但是选取专利作为创新的绩效指标还是有一定的优势，张昕和李廉水（2007）在选取专利申请数作为创新绩效指标时指出，"①专利数据比较容易获得并且和知识创新的关系密切。②发明专利申请量较少受到专利授权机构审查能力的约束，而专利授权量受到政府专

---

① Fare R, Grosskopf S, Norris M, and Zhang Z. *Productivity Growth，Technical Progress，and Efficiency Change in Industrialized Countries.* American Economic Review，Vol. 84，1994b，pp. 66 – 83.

② Griliches Z. *Issues in assessing the contribution of R&D to productivity growth.* Bell Journal of Economics. Vol. 10，1979，pp. 92 – 116.

利机构等人为因素的影响较大，使专利授权量因不确定性因素增大而容易
出现异常变动。因此认为专利申请量比专利授予量更能反映技术创新的真
实水平和地区创新绩效。③专利从申请到批准授权要经历较长的时间，专
利申请量比授权量更具时效性"。①

因此，基于全要素生产率（TFP）和专利的特点，本书在衡量产业集
聚与 R&D 投入的知识溢出效应时，分别采用专利申请量与全要素生产率
（TFP）作为代理变量，专利申请量用于衡量知识溢出的创新效应，全要素
生产率（TFP）用于衡量知识溢出的经济增长效应。

本章主要内容是对地区与行业的专利数据与全要素生产率（TFP）进行
计算与分析，这些数据将为后面章节研究所使用。数据主要来源于 1991 ~
2008 年的《中国统计年鉴》《中国工业经济统计年鉴》《中国科技统计年鉴》
《中国人口和就业统计年鉴》。由于西藏的数据不全且各项指标所占比例很小
而略去，重庆由于 1997 年才开始设立为直辖市，为保持数据一贯性和完整性
将与四川数据合并，这样我们样本数据为 29 个省份和 17 个制造业。

## 5.2　创新效应指标分析

### 5.2.1　地区专利分析

在地区专利数据中，我们只能获得每个省（市、区）的专利申请数与
专利授权数，并不能获得每一个制造行业分省域的专利数据。1990 ~ 2007
年，我国的专利申请总数从 1990 年的 36 585 项增加到 586 498 项，专利授
权总数从 1990 年的 19 304 项增加到 301 632 项。可见，随着我国 R&D 投
入增加与经济发展，我国的创新数量也在快速增长。但是，与我国区域经
济集聚与分布不平衡现象一样，我国的知识生产与创新也呈现出极度不平
衡现象。表 5.1 反映了 1990 ~ 2007 年我国各地区创新强度，以各地区每万

---

① 张昕，李廉水. 制造业集聚、知识溢出与区域创新绩效 [J]. 数量经济技术经济研究，
2007（8）.

表 5.1　1990~2007 年地区专利申请数

单位：件/万人

| 地区 | 1990年 | 1991*年 | 1992年 | 1993年 | 1994年 | 1995*年 | 1996*年 | 1997年 | 1998*年 | 1999年 | 2000年 | 2001年 | 2002年 | 2003年 | 2004年 | 2005年 | 2006年 | 2007年 |
|---|---|---|---|---|---|---|---|---|---|---|---|---|---|---|---|---|---|---|
| 北京 | 6.83 | 7.29 | 9.73 | 10.86 | 10.05 | 9.5 | 9.98 | 9.56 | 10.13 | 12.42 | 16.62 | 19.34 | 17.33 | 19.8 | 20.56 | 24.52 | 26.14 | 28.5 |
| 天津 | 2.07 | 2.84 | 3.64 | 3.95 | 3.14 | 3.37 | 3.59 | 3.13 | 3.48 | 4.79 | 6.86 | 7.51 | 13.3 | 16.23 | 19.92 | 27.31 | 30.94 | 36.39 |
| 河北 | 0.5 | 0.66 | 0.8 | 0.87 | 0.8 | 0.8 | 0.87 | 0.96 | 0.97 | 0.98 | 1.12 | 1.39 | 1.59 | 1.66 | 1.65 | 1.85 | 2.05 | 2.2 |
| 山西 | 0.49 | 0.59 | 0.71 | 0.75 | 0.71 | 0.63 | 0.64 | 0.69 | 0.75 | 0.79 | 1.04 | 1.04 | 1.15 | 1.19 | 1.32 | 1.34 | 1.87 | 2.15 |
| 内蒙古 | 0.38 | 0.45 | 0.52 | 0.62 | 0.72 | 0.63 | 0.82 | 0.89 | 0.78 | 0.95 | 1.12 | 1.07 | 1.19 | 1.39 | 1.43 | 1.4 | 1.83 | 1.86 |
| 辽宁 | 1.66 | 1.77 | 2.4 | 2.55 | 2.29 | 2.19 | 2.57 | 2.49 | 3.1 | 3.38 | 3.95 | 4.1 | 5.35 | 7.28 | 7.53 | 7.92 | 8.42 | 9.42 |
| 吉林 | 0.87 | 1.09 | 1.25 | 1.42 | 1.24 | 1.11 | 1.29 | 1.35 | 1.74 | 1.91 | 2.32 | 2.48 | 3.12 | 4.08 | 3.28 | 3.73 | 4.17 | 4.79 |
| 黑龙江 | 0.86 | 1.1 | 1.57 | 1.91 | 1.75 | 1.65 | 1.77 | 1.59 | 1.56 | 1.78 | 1.9 | 2.25 | 2.7 | 3.06 | 3.03 | 3.72 | 3.98 | 4.36 |
| 上海 | 1.94 | 2.23 | 2.71 | 3.16 | 3.04 | 3.2 | 4.13 | 4.05 | 5.1 | 6.8 | 16.84 | 18.45 | 26.89 | 29 | 25.2 | 38.25 | 41.61 | 53.85 |
| 江苏 | 0.76 | 0.99 | 1.17 | 1.13 | 1.07 | 1.08 | 1.33 | 1.43 | 1.6 | 1.97 | 2.31 | 2.9 | 3.73 | 5.09 | 6.33 | 8.98 | 13.2 | 21.21 |
| 浙江 | 0.88 | 1 | 1.23 | 1.28 | 1.3 | 1.5 | 1.91 | 2.32 | 2.67 | 3.07 | 3.82 | 4.63 | 6.09 | 7.25 | 8.18 | 13.49 | 15.54 | 19.07 |
| 安徽 | 0.17 | 0.24 | 0.31 | 0.35 | 0.3 | 0.32 | 0.38 | 0.42 | 0.45 | 0.52 | 0.56 | 0.6 | 0.68 | 0.78 | 0.85 | 1.01 | 1.32 | 1.69 |
| 福建 | 0.4 | 0.47 | 0.62 | 0.86 | 0.97 | 1.26 | 1.65 | 1.87 | 2.09 | 2.07 | 2.54 | 2.96 | 3.81 | 4.12 | 4.13 | 5.06 | 5.35 | 5.67 |
| 江西 | 0.33 | 0.44 | 0.51 | 0.54 | 0.52 | 0.49 | 0.58 | 0.63 | 0.64 | 0.71 | 0.8 | 0.92 | 1.04 | 1.23 | 1.32 | 1.34 | 1.47 | 1.62 |
| 山东 | 0.63 | 0.79 | 1.03 | 1.06 | 1.12 | 1 | 1.32 | 1.39 | 1.63 | 1.83 | 2.15 | 2.39 | 2.71 | 3.26 | 3.72 | 5.64 | 7.38 | 8.9 |

续表

| 地区 | 1990年 | 1991*年 | 1992年 | 1993年 | 1994年 | 1995*年 | 1996*年 | 1997年 | 1998*年 | 1999年 | 2000年 | 2001年 | 2002年 | 2003年 | 2004年 | 2005年 | 2006年 | 2007年 |
|---|---|---|---|---|---|---|---|---|---|---|---|---|---|---|---|---|---|---|
| 河南 | 0.28 | 0.37 | 0.46 | 0.52 | 0.49 | 0.51 | 0.61 | 0.59 | 0.63 | 0.66 | 0.69 | 0.74 | 0.8 | 0.95 | 1.13 | 1.59 | 2.02 | 2.58 |
| 湖北 | 0.5 | 0.52 | 0.72 | 0.76 | 0.74 | 0.74 | 0.82 | 0.84 | 1 | 1.15 | 1.39 | 1.76 | 2.01 | 2.61 | 3.08 | 4.31 | 5.36 | 6.29 |
| 湖南 | 0.69 | 0.79 | 1.02 | 0.96 | 0.87 | 0.75 | 0.84 | 0.85 | 0.92 | 0.97 | 1.19 | 1.25 | 1.4 | 1.72 | 2.14 | 2.4 | 2.77 | 3 |
| 广东 | 0.62 | 0.92 | 1.38 | 1.5 | 1.65 | 2.11 | 2.69 | 3.4 | 3.61 | 4.47 | 5.47 | 6.96 | 8.66 | 10.48 | 12.09 | 15.36 | 18.19 | 19.36 |
| 广西 | 0.31 | 0.38 | 0.43 | 0.54 | 0.55 | 0.52 | 0.57 | 0.56 | 0.53 | 0.65 | 0.7 | 0.72 | 0.75 | 0.86 | 0.83 | 0.88 | 1.02 | 1.26 |
| 海南 | 0.23 | 0.25 | 0.49 | 0.61 | 0.57 | 0.55 | 0.7 | 1.16 | 1.46 | 1.14 | 1.5 | 1.15 | 1.6 | 1.26 | 1.02 | 1.32 | 1.36 | 1.52 |
| 四川 | 0.49 | 0.55 | 0.75 | 0.55 | 0.55 | 0.09 | 0.6 | 0.63 | 0.72 | 0.81 | 1.03 | 1.17 | 1.51 | 1.97 | 2.01 | 2.66 | 3.04 | 3.94 |
| 贵州 | 0.16 | 0.22 | 0.25 | 0.25 | 0.3 | 0.52 | 0.41 | 0.41 | 0.41 | 0.4 | 0.48 | 0.46 | 0.61 | 0.59 | 0.69 | 1 | 1.19 | 1.21 |
| 云南 | 0.24 | 0.29 | 0.34 | 0.33 | 0.41 | 0.01 | 0.58 | 0.49 | 0.5 | 0.55 | 0.74 | 0.77 | 0.76 | 0.84 | 0.89 | 1.04 | 1.22 | 1.2 |
| 陕西 | 0.63 | 0.81 | 1.3 | 1.28 | 1.15 | 0.97 | 1 | 1 | 0.96 | 0.95 | 1.15 | 1.3 | 1.35 | 1.79 | 1.71 | 2.21 | 3.01 | 4.42 |
| 甘肃 | 0.24 | 0.3 | 0.41 | 0.48 | 0.47 | 0.47 | 0.51 | 0.47 | 0.51 | 0.49 | 0.68 | 0.62 | 0.62 | 0.74 | 0.69 | 1.31 | 1.07 | 1.17 |
| 青海 | 0.54 | 0.45 | 0.44 | 0.45 | 0.54 | 0.44 | 0.4 | 0.55 | 0.6 | 0.71 | 0.73 | 0.67 | 0.61 | 0.68 | 0.47 | 0.81 | 1.2 | 1.4 |
| 宁夏 | 0.54 | 0.66 | 0.77 | 0.77 | 0.7 | 0.69 | 0.71 | 0.68 | 0.69 | 0.97 | 1.24 | 1.48 | 1.79 | 1.52 | 1.34 | 1.72 | 2.2 | 2.71 |
| 新疆 | 0.4 | 0.63 | 0.78 | 0.81 | 0.94 | 0.92 | 1.06 | 1.16 | 1.44 | 1.31 | 1.62 | 1.58 | 1.77 | 2.04 | 2 | 2.42 | 2.88 | 2.83 |

注：加＊的1991年、1995年、1996年和1998年地区专利申请数通过相邻年份移动平滑所得，其余年份为计算所得。

人所拥有的专利申请数来表示。总体而言，1990~2007 年，我国各地区的创新程度都有所上升，但其增幅差异很大。我国专利创新主要集中在北京、天津、上海、江苏、浙江、广东等经济发达省市，而广大经济落后的中西部地区创新强度则非常低，反映区域创新程度与经济增长程度基本成比例。三大直辖市一直都是我国 R&D 机构与高校的密集地区，其创新强度一直都处于领先地位。尤其是上海，随着经济的高速发展成为我国创新强度最高的地区。而江苏、浙江与广东则由于其强大的经济实力与发展速度，也成为知识生产与创新的第一阵地。

## 5.2.2　行业专利分析

对于制造业的行业专利数据，各种统计年鉴中只有大中型企业的专利数据，因此我们采用各制造业大中型企业的专利数据来替代各行业数据，时间跨度为 1999~2007 年。总之，1999~2007 年我国制造业的行业创新程度也有了飞速增长。1999 年，制造业的专利申请总数为 7 884 项，到了 2007 年就增加到了 69 009 项，专利授权数从 1999 年的 5 879 项增加到 2007 年的 29 176 项。

表 5.2 给出了各行业创新强度，用各行业的每万人就业人数所拥有的专利数来表示。首先，各行业的创新强度差异非常大，技术密集型行业如医药制造业、电子及通信设备制造业、仪器仪表及文化办公用机械制造业创新强度最高，这也与近十年来信息技术与医药行业高速发展相符合。其次，装备制造业如机械制造业、交通运输设备制造业、电气机械及器材制造业以及烟草加工业的创新强度也比较高。而一些劳动密集型与资本型的行业创新强度相对较低。

表 5.2　　　　　　　1999~2007 年中国 17 个制造业的专利申请数　　　　单位：件/万人

| 行业 | 1999 年 | 2000 年 | 2001 年 | 2002 年 | 2003 年 | 2004 年 | 2005 年 | 2006 年 | 2007 年 |
|---|---|---|---|---|---|---|---|---|---|
| X1 | 1.01 | 2.49 | 2.79 | 2.44 | 0.6 | 4.41 | 0.48 | 4.72 | 3.63 |
| X2 | 3.11 | 3.75 | 5.94 | 6.77 | 0.99 | 11.57 | 7.42 | 9.05 | 9.19 |
| X3 | 0.46 | 1.39 | 2.3 | 3.06 | 0.05 | 5.78 | 11.64 | 9 | 18.48 |

续表

| 行业 | 1999 年 | 2000 年 | 2001 年 | 2002 年 | 2003 年 | 2004 年 | 2005 年 | 2006 年 | 2007 年 |
|------|---------|---------|---------|---------|---------|---------|---------|---------|---------|
| X4 | 0.18 | 0.21 | 0.73 | 1.2 | 0.25 | 1.22 | 0.33 | 3.2 | 7.45 |
| X5 | 0.42 | 0.64 | 0.49 | 0.48 | 0.04 | 0.84 | 0.15 | 1.19 | 1.92 |
| X6 | 2.08 | 3.17 | 3.82 | 4.23 | 1.58 | 5.72 | 3.39 | 3.15 | 2.53 |
| X7 | 0.74 | 2.21 | 2.44 | 2.48 | 0.91 | 4.92 | 2.34 | 7.01 | 7.55 |
| X8 | 2.83 | 5.49 | 7.14 | 9.48 | 5.11 | 14.83 | 6.96 | 18.29 | 22.25 |
| X9 | 0.78 | 1.4 | 1.19 | 0.93 | 1.05 | 3.27 | 1.36 | 7.05 | 9.98 |
| X10 | 0.68 | 1.04 | 1.19 | 1.05 | 0.63 | 2.94 | 0.69 | 4.28 | 4.86 |
| X11 | 1.33 | 1.57 | 1.86 | 2.72 | 0.85 | 3.32 | 3.43 | 6.2 | 9.15 |
| X12 | 0.85 | 1.32 | 1.96 | 2.29 | 0.4 | 5.12 | 0.71 | 6.4 | 7.27 |
| X13 | 1.6 | 3.31 | 3.48 | 4.02 | 1.46 | 8.33 | 4.23 | 12.73 | 15.38 |
| X14 | 1.15 | 1.77 | 3.73 | 7.03 | 1.25 | 14.21 | 8.16 | 22.09 | 27.73 |
| X15 | 7.47 | 9.66 | 11.64 | 18.36 | 3.43 | 23.96 | 1.76 | 21.72 | 27.2 |
| X16 | 4.74 | 6.92 | 10.89 | 16.95 | 2.7 | 21.87 | 9.14 | 39.37 | 47.45 |
| X17 | 2.46 | 4.52 | 7.39 | 10.61 | 1.28 | 13.42 | 3.27 | 13.56 | 17.87 |

注：X1 为食品加工及制造业；X2 为饮料制造业；X3 为烟草加工业；X4 为纺织业；X5 为造纸及纸制品业；X6 为石油加工及炼焦业；X7 为化学原料及化学制品业；X8 为医药制造业；X9 为化学纤维制造业；X10 为非金属矿物制品业；X11 为黑色金属冶炼及压延加工业；X12 为金属制品业；X13 为机械制造业；X14 为交通运输设备制造业；X15 为电气机械及器材制造业；X16 为电子及通信设备制造业；X17 为仪器仪表及文化办公用机械制造业。

# 5.3 经济增长效应指标分析

## 5.3.1 全要素生产率 (TFP) 计算方法简介

全要素生产率是扣除要素投入之外的其他因素所带来的产出增长，主要原因是技术的发展。巴特斯和科埃利（Battese and Coelli, 1998）认为，全要素生产率的测算主要有基于生产函数的索罗余值法、指数法、数据包络分析方法（DEA）以及随机前沿函数分析法（SFA）。其中，第一、第四种方法为参数方法，需要事先设定具体的函数形式，函数形式设定不当极大影响了结果的准确性；第二、第三种方法为非参数方法，不需要事先设定具体的函数形式。[1] 随着非参数方法的不断发展，大量学者开始广泛运用非参数方法来计算全要素生产率，如库玛（Kumar，2006）运用 DEA 测算了印度的 15 个主要地区制造业的 TFP，[2] 弗兰克和萧（Frank S. T and Hsiao，2005）应用 Malmquist 指数方法对韩国和中国台湾的传统、基础及高技术三类制造业的全要素生产率进行了比较分析，[3] 我国学者郑京海和胡鞍钢（2005）利用 DEA 方法研究了 1980～1994 年的机械、纺织、轻工业和重工业的全要素生产率。[4]

数据包络分析（DEA）是由美国查恩斯（A. Charnes）和库珀（W. W. Cooper）等于 1978 年首先提出的一种能够处理多输入、多输出的多目标决策方法（CCR），后来经过不断发展，变形出了 BCC、FG 和 ST 等多种模型，它的优点在于可以将非线性的效率评价问题通过等价转换为线性优化问题，从而可以使用线性规划工具求解不同决策单元的相对效率评价值。因为不需要给出具体的函数形式以及可以多输出，大大简化了问题的处理，极大提高数据处理规模。

费尔等（1994）等基于 DEA 的基础构建了 Malmquist 指数用于测算全要素生产率的增长。根据费尔等（1994），假设在每一个时期 $t = 1，\cdots，T$ 的生产前沿面描述为：

$$S^t = \{(x^t，y^t)：x^t \text{ 的投入能够生产出 } y^t \text{ 的产出}\} \qquad (5.1)$$

式（5.1）中，$x^t$ 为投入向量；$y^t$ 为产出向量；$s^t$ 表示技术水平。第 $t$ 期的样本观测点与生产前沿面的产出距离函数定义为：

$$D_0^t(x^t, y^t) = \inf\{\theta：(x^t, y^t/\theta) \in s^t\} = (\sup\{(x^t, \theta y^t) \in s^t\})^{-1} \qquad (5.2)$$

进一步地，费尔等将两期的产出距离函数比值定义为 Malmquist 指数，其表达式为：

①　Battese G. E and Coelli. *Prediction of Firm – Level Technical Efficiencies With a Generalised Frontier Production Function and Panel Data*. Journal of Econometrics, Vol. 38, 1988, pp. 387 – 399.

②　Surender, Kumar. A. *Decomposition of total Productivity Growth：A Regional Analysis of Indian Industrial Manufacturing Growth*. International of Productivity and Performance Management, Vol. 55 (3), 2006, pp. 311 – 324.

③　Frank S. T. Hsiao. *Korean and Taiwanese Productivity Performance：Comparisons at Matched Manufacturing Level*. Journal of Productivity Analysis, Vol. 23, 2005, pp. 85 – 107.

④　郑京海，胡鞍钢. 中国改革时期省际的增长变化 [J]. 经济学（季刊），2005 (2).

$$M_0(x^{t+1},y^{t+1};x^t,y^t) = \left[ \left( \frac{D_0^t(x^{t+1},y^{t+1})}{D_0^t(x^t,y^t)} \right) \left( \frac{D_0^{t+1}(x^{t+1},y^{t+1})}{D_0^t(x^t,y^t)} \right) \right]^{1/2} \quad (5.3)$$

式（5.3）可以进一步分解为：

$$M_0(x^{t+1},y^{t+1};x^t,y^t) = \frac{D_0^{t+1}(x^{t+1},y^{t+1})}{D_0^t(x^t,y^t)} \times \left[ \left( \frac{D_0^t(x^{t+1},y^{t+1})}{D_0^{t+1}(x^{t+1},y^{t+1})} \right) \left( \frac{D_0^t(x^t,y^t)}{D_0^{t+1}(x^t,y^t)} \right) \right]^{1/2}$$

$$= TEC(x^{t+1},y^{t+1};x^t,y^t) \times TC(x^{t+1},y^{t+1};x^t,y^t) \quad (5.4)$$

其中，$D_0^t(x^{t+1},y^{t+1})$ 表示使用第（$t+1$）期的投入使用第 $t$ 期的技术时的产出相对于第 $t$ 期生产前沿面的产出距离函数；$D_0^{t+1}(x^t,y^t)$ 表示第 $t$ 期的投入使用第（$t+1$）期的技术时的产出相对于第（$t+1$）期生产前沿面的产出距离函数；$D_0^t(x^t,y^t)$ 表示使用第 $t$ 期的投入使用第 $t$ 期的技术时的产出相对于第 $t$ 期生产前沿面的产出距离函数；$D_0^{t+1}(x^{t+1},y^{t+1})$ 表示第（$t+1$）期的投入使用第（$t+1$）期的技术时的产出相对于第（$t+1$）期生产前沿面的产出距离函数。

式（5.4）中第一项度量了从 $t$ 期到（$t+1$）期以规模报酬不变，且要素自由处置条件下的相对技术效率的变化（technical efficiency change，TEC），同时测度样本向生产前沿面的追赶效应（catch-up effect）。第二项几何平均数则度量了技术前沿面的移动（technical change，TC），即技术进步变化指数。全要素生产率的变化（TFP）则可以表示为：

$$TFP = TEC \times TC \quad (5.5)$$

技术效率变化指数（TEC）可以进一步进行分解，分解成为规模效率变化指数 $SECH(x^{t+1},y^{t+1};x^t,y^t)$、纯技术效率变化指数 $PECH(x^{t+1},y^{t+1};x^t,y^t)$ 和要素可处置度指数 $EFFCH(x^{t+1},y^{t+1};x^t,y^t)$。这样，Malmquist 指数就可以分解为：

$$M_0(x^{t+1},y^{t+1};x^t,y^t) = PECH(x^{t+1},y^{t+1};x^t,y^t) \times SECH(x^{t+1},y^{t+1};x^t,y^t)$$

$$\times EFFCH(x^{t+1},y^{t+1},x^t,y^t) \times TC(x^{t+1},y^{t+1};x^t,y^t) \quad (5.6)$$

即：$TFP = PECH \times SECH \times EFFCH \times TC$

## 5.3.2　地区制造业全要素生产率（TFP）分析

根据第 4 章所选的 17 个制造业，将分地区的 17 个制造业的工业总产值、年末固定资产净值和就业人数进行加总。然后运用 DEAP2.1 软件进行计算。限于篇幅，我们给出了部分结果。

表 5.3  1990～2007 年 29 个省（区、市）制造业全要素
生产率年度平均变化率

| 年度 | EFFCH | TC | PECH | SECH | TFP |
|---|---|---|---|---|---|
| 1990～1991 | 1.041 | 1.026 | 1.037 | 1.004 | 1.068 |
| 1991～1992 | 0.966 | 1.094 | 0.986 | 0.98 | 1.057 |
| 1992～1993 | 1.018 | 1.102 | 0.985 | 1.033 | 1.122 |
| 1993～1994 | 0.951 | 1.107 | 0.975 | 0.976 | 1.053 |
| 1994～1995 | 1.016 | 0.889 | 1.028 | 0.988 | 0.903 |
| 1995～1996 | 1.001 | 0.852 | 0.998 | 1.002 | 0.853 |
| 1996～1997 | 0.955 | 0.978 | 0.965 | 0.989 | 0.934 |
| 1997～1998 | 0.991 | 1.006 | 0.995 | 0.996 | 0.997 |
| 1998～1999 | 0.965 | 1.077 | 0.972 | 0.992 | 1.039 |
| 1999～2000 | 1.013 | 1.155 | 1.012 | 1.001 | 1.17 |
| 2000～2001 | 1.049 | 1.18 | 1.031 | 1.018 | 1.238 |
| 2001～2002 | 0.939 | 1.057 | 0.953 | 0.985 | 0.993 |
| 2002～2003 | 0.975 | 1.205 | 0.96 | 1.015 | 1.175 |
| 2003～2004 | 1.097 | 1.07 | 1.107 | 0.991 | 1.174 |
| 2004～2005 | 1.015 | 1.073 | 1.029 | 0.986 | 1.089 |
| 2005～2006 | 1.03 | 1.111 | 1.026 | 1.004 | 1.145 |
| 2006～2007 | 1.05 | 1.085 | 1.066 | 0.984 | 1.139 |
| mean | 1.003 | 1.059 | 1.007 | 0.997 | 1.062 |

从制造业的全要素生产率年度平均变化率来看，1990～1994 年、1998～2001 年、2002～2007 年的年平均增长率都大于 1，反映这段时期我国经济增长率比较快，而 1994～1998 年这段时间的全要素生产率增长率都小于 1，这段时期也正是我国国有企业改革与调整期，存在大量国有工人下岗

与产业结构调整期，见表5.4。

表5.4反映了我国1990~2007年29个省（区、市）的制造业全要素生产率及构成部分的年均变化。总体而言，我国各地区的制造业在1990~2007年的全要素生产率具有较高的增长率，TFP 均值达到了1.062。北京、天津、辽宁、上海、广东、海南、新疆等地区的全要素生产率都比较高，大部分中西部地区的全要素生产率都比较低于均值。有意思的是浙江、江苏这样经济发达省（市、区）的全要素生产率也低于全国均值，这可与两地拥有大量劳动密集型产业有关系。表5.5给出了1990~2007年各地区历年的全要素生产率（TFP）。

表5.4　　　　　　1990~2007 年 29 个省（区、市）制造业全要素生产率及构成

| 地区 | EFFCH | TC | PECH | SECH | TFP | 地区 | EFFCH | TC | PECH | SECH | TFP |
|---|---|---|---|---|---|---|---|---|---|---|---|
| 北京 | 1.000 | 1.085 | 1.001 | 0.999 | 1.085 | 河南 | 1.016 | 1.051 | 1.016 | 1.000 | 1.068 |
| 天津 | 1.010 | 1.085 | 1.008 | 1.002 | 1.095 | 湖北 | 0.996 | 1.044 | 0.996 | 1.000 | 1.039 |
| 河北 | 1.010 | 1.047 | 1.014 | 0.996 | 1.058 | 湖南 | 1.005 | 1.036 | 1.007 | 0.998 | 1.041 |
| 山西 | 0.993 | 1.043 | 0.992 | 1.000 | 1.035 | 广东 | 1.003 | 1.085 | 1.003 | 1.000 | 1.088 |
| 内蒙古 | 1.020 | 1.057 | 1.023 | 0.998 | 1.078 | 广西 | 1.003 | 1.047 | 1.007 | 0.995 | 1.049 |
| 辽宁 | 1.010 | 1.070 | 1.007 | 1.003 | 1.080 | 海南 | 1.021 | 1.148 | 1.000 | 1.021 | 1.173 |
| 吉林 | 1.000 | 1.073 | 0.999 | 1.001 | 1.073 | 四川 | 1.008 | 1.037 | 1.006 | 1.002 | 1.045 |
| 黑龙江 | 1.014 | 1.046 | 1.017 | 0.997 | 1.060 | 贵州 | 0.998 | 1.041 | 1.012 | 0.986 | 1.039 |
| 上海 | 0.997 | 1.092 | 1.000 | 0.997 | 1.088 | 云南 | 0.980 | 1.096 | 0.983 | 0.997 | 1.075 |
| 江苏 | 1.000 | 1.043 | 1.000 | 1.000 | 1.043 | 陕西 | 1.013 | 1.038 | 1.019 | 0.995 | 1.052 |
| 浙江 | 0.988 | 1.043 | 0.991 | 0.998 | 1.031 | 甘肃 | 1.008 | 1.054 | 1.017 | 0.991 | 1.062 |
| 安徽 | 0.990 | 1.038 | 0.989 | 1.000 | 1.027 | 青海 | 0.985 | 1.047 | 1.028 | 0.958 | 1.031 |
| 福建 | 1.007 | 1.060 | 1.007 | 1.000 | 1.067 | 宁夏 | 0.998 | 1.049 | 1.023 | 0.976 | 1.047 |
| 江西 | 1.004 | 1.034 | 1.009 | 0.995 | 1.038 | 新疆 | 1.011 | 1.086 | 1.010 | 1.001 | 1.097 |
| 山东 | 1.011 | 1.045 | 1.011 | 1.000 | 1.057 | 均值 | 1.003 | 1.059 | 1.007 | 0.997 | 1.062 |

表 5.5

1990～2007 年地区全要素生产率（TFP）

| 地区 | 1990年 | 1991*年 | 1992年 | 1993年 | 1994年 | 1995*年 | 1996*年 | 1997年 | 1998*年 | 1999年 | 2000年 | 2001年 | 2002年 | 2003年 | 2004年 | 2005年 | 2006年 | 2007年 |
|------|------|------|------|------|------|------|------|------|------|------|------|------|------|------|------|------|------|------|
| 北京 | 1 | 1.107 | 1.073 | 0.896 | 1.327 | 0.869 | 0.768 | 0.887 | 1.173 | 1.281 | 1.355 | 1.239 | 1.039 | 1.262 | 1.162 | 1.093 | 1.098 | 1.043 |
| 天津 | 1 | 1.07 | 1.068 | 1.139 | 1 | 0.87 | 0.772 | 0.897 | 1.236 | 1.429 | 1.222 | 1.207 | 1.052 | 1.253 | 1.273 | 1.048 | 1.219 | 1.074 |
| 河北 | 1 | 1.037 | 1.041 | 1.086 | 1.021 | 0.98 | 0.95 | 0.97 | 0.964 | 0.95 | 1.076 | 1.167 | 0.954 | 1.264 | 1.289 | 1.113 | 1.059 | 1.139 |
| 山西 | 1 | 1.028 | 1.03 | 1.212 | 1.106 | 0.808 | 0.78 | 0.912 | 0.949 | 0.94 | 1.291 | 1.036 | 0.88 | 1.323 | 1.225 | 0.908 | 1.193 | 1.19 |
| 内蒙古 | 1 | 1.064 | 1.058 | 1.088 | 0.927 | 0.983 | 0.945 | 0.968 | 0.927 | 1.005 | 1.155 | 1.357 | 0.973 | 1.166 | 1.391 | 1.2 | 1.117 | 1.14 |
| 辽宁 | 1 | 1.072 | 1.031 | 1.146 | 1.025 | 0.886 | 0.793 | 0.897 | 0.976 | 1.186 | 1.288 | 1.204 | 1.065 | 1.286 | 1.227 | 1.128 | 1.169 | 1.139 |
| 吉林 | 1 | 1.061 | 1.062 | 1.023 | 1.067 | 0.908 | 0.825 | 0.912 | 1.052 | 1.157 | 1.328 | 1.466 | 1.014 | 1.253 | 1.115 | 1.04 | 1.16 | 0.967 |
| 黑龙江 | 1 | 1.043 | 1.042 | 1.037 | 1.069 | 0.957 | 0.929 | 0.969 | 0.856 | 0.892 | 1.285 | 1.093 | 1.1 | 1.17 | 1.219 | 0.969 | 1.363 | 1.17 |
| 上海 | 1 | 1.054 | 1.041 | 1.176 | 1.079 | 0.891 | 0.835 | 0.929 | 1.028 | 1.556 | 1.213 | 1.191 | 1.093 | 1.276 | 1.065 | 0.935 | 1.287 | 1.058 |
| 江苏 | 1 | 1.119 | 1.103 | 1.122 | 1.129 | 0.877 | 0.806 | 0.912 | 1.004 | 0.988 | 1.113 | 1.199 | 0.954 | 1.173 | 1.073 | 1.104 | 1.055 | 1.097 |
| 浙江 | 1 | 1.068 | 1.063 | 1.074 | 1.098 | 0.838 | 0.803 | 0.904 | 1.05 | 1.054 | 1.196 | 1.154 | 0.982 | 1.061 | 1.056 | 1.173 | 0.981 | 1.066 |
| 安徽 | 1 | 1.042 | 1.049 | 1.128 | 1.133 | 0.955 | 0.937 | 0.979 | 0.792 | 0.738 | 1.103 | 1.195 | 0.991 | 1.112 | 1.197 | 1.117 | 1.108 | 1.018 |
| 福建 | 1 | 1.071 | 1.072 | 1.262 | 0.972 | 0.961 | 0.903 | 0.952 | 1.054 | 1.122 | 1.096 | 1.167 | 1.143 | 1.119 | 1.083 | 1.084 | 1.055 | 1.081 |
| 江西 | 1 | 1.057 | 1.053 | 1.114 | 1.088 | 0.824 | 0.741 | 0.901 | 0.924 | 0.909 | 1.262 | 1.119 | 0.958 | 1.188 | 1.168 | 0.754 | 1.689 | 1.264 |

续表

| 地区 | 1990年 | 1991*年 | 1992年 | 1993年 | 1994年 | 1995*年 | 1996*年 | 1997*年 | 1998*年 | 1999年 | 2000年 | 2001年 | 2002年 | 2003年 | 2004年 | 2005年 | 2006年 | 2007年 |
|---|---|---|---|---|---|---|---|---|---|---|---|---|---|---|---|---|---|---|
| 山东 | 1 | 1.083 | 1.052 | 1.15 | 1.154 | 0.925 | 0.864 | 0.936 | 1.022 | 1.002 | 1.105 | 1.304 | 0.935 | 1.133 | 1.107 | 1.162 | 1.032 | 1.089 |
| 河南 | 1 | 0.99 | 1.007 | 1.143 | 1.137 | 0.803 | 0.778 | 0.904 | 1.199 | 1.205 | 1.053 | 1.246 | 0.949 | 1.189 | 1.15 | 1.219 | 1.132 | 1.23 |
| 湖北 | 1 | 1.059 | 1.061 | 1.165 | 1.133 | 0.904 | 0.907 | 0.956 | 0.906 | 0.899 | 1.113 | 1.122 | 1.057 | 1.079 | 1.144 | 1.106 | 1.057 | 1.07 |
| 湖南 | 1 | 1.033 | 1.033 | 1.131 | 1.018 | 0.886 | 0.843 | 0.942 | 0.887 | 0.873 | 1.112 | 1.289 | 1.008 | 1.092 | 1.178 | 1.061 | 1.227 | 1.22 |
| 广东 | 1 | 1.205 | 1.138 | 1.077 | 1.027 | 0.992 | 0.976 | 0.991 | 1.148 | 1.18 | 1.141 | 1.186 | 1.061 | 1.179 | 1.083 | 1.082 | 0.998 | 1.075 |
| 广西 | 1 | 1.099 | 1.077 | 1.189 | 1.042 | 0.864 | 0.759 | 0.881 | 0.956 | 0.974 | 1.045 | 1.206 | 1.107 | 1.189 | 1.177 | 1.137 | 1.18 | 1.098 |
| 海南 | 1 | 1.153 | 1.117 | 1.665 | 0.828 | 1.067 | 1.173 | 1.065 | 1.211 | 1.222 | 1.135 | 1.259 | 1.01 | 1.376 | 0.998 | 1.019 | 1.328 | 1.599 |
| 四川 | 1 | 1.059 | 1.056 | 1.05 | 1.084 | 0.889 | 0.829 | 0.936 | 0.958 | 0.942 | 1.149 | 1.283 | 0.953 | 1.125 | 1.162 | 1.136 | 1.143 | 1.116 |
| 贵州 | 1 | 1.043 | 1.044 | 1.01 | 0.957 | 0.923 | 0.917 | 0.964 | 0.985 | 0.975 | 1.061 | 1.253 | 0.937 | 1.092 | 1.185 | 1.051 | 1.09 | 1.249 |
| 云南 | 1 | 1.078 | 1.055 | 1.185 | 1.162 | 0.888 | 0.812 | 0.915 | 1.054 | 1.15 | 1.081 | 1.245 | 1.074 | 1.094 | 1.285 | 1.113 | 1.067 | 1.126 |
| 陕西 | 1 | 1.044 | 1.046 | 1.15 | 1.024 | 0.888 | 0.852 | 0.936 | 0.961 | 0.952 | 1.091 | 1.269 | 0.909 | 1.086 | 1.3 | 1.078 | 1.215 | 1.217 |
| 甘肃 | 1 | 1.051 | 1.027 | 1.162 | 0.998 | 0.93 | 0.865 | 0.931 | 0.869 | 0.906 | 1.264 | 1.238 | 1.013 | 1.069 | 1.313 | 1.453 | 0.853 | 1.372 |
| 青海 | 1 | 1.081 | 1.092 | 0.995 | 1.03 | 0.853 | 0.768 | 0.886 | 0.959 | 0.943 | 1.119 | 1.405 | 0.866 | 1.124 | 1.034 | 1.179 | 1.241 | 1.143 |
| 宁夏 | 1 | 1.025 | 1.023 | 1.096 | 0.976 | 0.891 | 0.847 | 0.942 | 0.937 | 0.987 | 1.198 | 1.627 | 0.738 | 1.244 | 1.255 | 1.095 | 1.063 | 1.137 |
| 新疆 | 1 | 1.091 | 1.06 | 1.038 | 1.035 | 0.941 | 0.874 | 0.935 | 1.042 | 1.097 | 1.376 | 1.315 | 1.08 | 1.166 | 1.25 | 1.201 | 1.283 | 1.014 |

注：加 * 的 1991 年、1995 年、1996 年和 1998 年地区全要素生产率通过相邻年份移动平滑所得，其余年份为计算所得。

### 5.3.3　行业全要素生产率分析

表 5.6 给出了 17 个制造业总的全要素生产率及其分解，从 TFP 值来看，制造业全要素增长可划分为三个阶段，较高的年份有 1990～1994 年和 1998～2007 年，这两段时间都属于我国经济发展较快时期，中间的 1994～1998 年比较低，这段时间由于国有企业改革等因素影响制造业发展也受到严重影响，这与地区全要素生产率变化相吻合。

表 5.6　　　1990～2007 年 17 个制造业的全要素年度增长率及构成

| 年度 | EFFCH | TC | PECH | SECH | TFP |
|---|---|---|---|---|---|
| 1990～1991 | 1.244 | 0.853 | 1.076 | 1.157 | 1.062 |
| 1991～1992 | 1.183 | 0.888 | 1.017 | 1.162 | 1.05 |
| 1992～1993 | 1 | 1.095 | 0.878 | 1.14 | 1.095 |
| 1993～1994 | 0.887 | 1.256 | 0.929 | 0.954 | 1.114 |
| 1994～1995 | 1.046 | 0.887 | 1.022 | 1.024 | 0.928 |
| 1995～1996 | 1.048 | 0.846 | 1.008 | 1.04 | 0.887 |
| 1996～1997 | 1.012 | 0.943 | 0.994 | 1.018 | 0.954 |
| 1997～1998 | 1.018 | 0.979 | 0.998 | 1.02 | 0.997 |
| 1998～1999 | 0.968 | 1.045 | 0.976 | 0.992 | 1.011 |
| 1999～2000 | 1.033 | 1.123 | 0.963 | 1.073 | 1.16 |
| 2000～2001 | 0.965 | 1.257 | 0.976 | 0.988 | 1.212 |
| 2001～2002 | 0.948 | 1.075 | 0.929 | 1.021 | 1.02 |
| 2002～2003 | 0.961 | 1.221 | 0.957 | 1.005 | 1.174 |
| 2003～2004 | 1.009 | 1.121 | 1.012 | 0.997 | 1.131 |
| 2004～2005 | 1.052 | 1.055 | 1.049 | 1.004 | 1.11 |
| 2005～2006 | 0.962 | 1.152 | 0.965 | 0.996 | 1.108 |
| 2006～2007 | 0.989 | 1.138 | 1.119 | 0.884 | 1.125 |
| mean | 1.016 | 1.047 | 0.991 | 1.026 | 1.063 |

表 5.7 给出了 1990～2007 年 17 个制造业分行业的全要素增长率及其分解情况。从行业 TFP 来看，全要素生产率均值为 1.063，高于均值的行业有饮料制造业、石油加工及炼焦业、化学原料及化学制品业、化学纤维制造业、黑色金属冶炼及压延加工业、交通运输设备制造业、电子及通信设备制造业、仪器仪表及文化办公用机械制造业，具有较高的创新水平与增长效应，其他行业均低于均值。这表明资本型与技术密集型行业具有较高的全要素生产率，而劳动密集型及其他行业则较低。表 5.8 和表 5.9 给出 1990～2007 年中国 17 个制造业历年的全要素生产率水平。

表 5.7　　　　　　1990～2007 年 17 个制造业的全要素平均增长率

| 行业 | EFFCH | TC | PECH | SECH | TFP |
|---|---|---|---|---|---|
| X1 | 1.007 | 1.041 | 0.97 | 1.039 | 1.048 |
| X2 | 1.016 | 1.047 | 0.987 | 1.03 | 1.064 |
| X3 | 1 | 1.059 | 1 | 1 | 1.059 |
| X4 | 0.977 | 1.04 | 0.955 | 1.023 | 1.017 |
| X5 | 0.993 | 1.04 | 0.968 | 1.026 | 1.032 |
| X6 | 1.072 | 1.087 | 1.014 | 1.057 | 1.166 |
| X7 | 1.022 | 1.05 | 0.979 | 1.044 | 1.073 |
| X8 | 0.98 | 1.039 | 0.973 | 1.007 | 1.019 |
| X9 | 1.021 | 1.064 | 1.004 | 1.016 | 1.086 |
| X10 | 1.015 | 1.025 | 0.987 | 1.028 | 1.04 |
| X11 | 1.045 | 1.037 | 1 | 1.045 | 1.083 |
| X12 | 0.998 | 1.039 | 0.984 | 1.014 | 1.037 |
| X13 | 1.016 | 1.041 | 1 | 1.016 | 1.058 |
| X14 | 1.063 | 1.048 | 1.027 | 1.035 | 1.114 |
| X15 | 1.007 | 1.043 | 0.981 | 1.027 | 1.05 |
| X16 | 1.012 | 1.052 | 1.015 | 0.998 | 1.065 |
| X17 | 1.033 | 1.041 | 1 | 1.033 | 1.075 |
| mean | 1.016 | 1.047 | 0.991 | 1.026 | 1.063 |

表 5.8 1990～2007 中国 17 个制造业的分行业全要素生产率（TFP）

| 年份 | X1 | X2 | X3 | X4 | X5 | X6 | X7 | X8 | X9 | X10 | X11 | X12 | X13 | X14 | X15 | X16 | X17 |
|---|---|---|---|---|---|---|---|---|---|---|---|---|---|---|---|---|---|
| 1990 | 1 | 1 | 1 | 1 | 1 | 1 | 1 | 1 | 1 | 1 | 1 | 1 | 1 | 1 | 1 | 1 | 1 |
| 1991* | 1.002 | 1.002 | 0.979 | 1.195 | 0.961 | 0.924 | 0.977 | 0.994 | 0.98 | 1.083 | 1.11 | 1.095 | 1.161 | 1.083 | 1.139 | 1.049 | 1.138 |
| 1992 | 1.036 | 1.029 | 1.02 | 1.172 | 0.938 | 0.951 | 1.015 | 0.979 | 1.056 | 1.061 | 1.098 | 1.117 | 1.099 | 1.091 | 1.151 | 1.168 | 1.141 |
| 1993 | 0.919 | 0.939 | 0.944 | 1.145 | 0.951 | 0.938 | 0.978 | 1.029 | 1.053 | 1.083 | 1.187 | 1.268 | 1.152 | 1.156 | 1.07 | 1.139 | 1.135 |
| 1994 | 0.988 | 0.99 | 0.991 | 1.22 | 0.893 | 0.809 | 0.904 | 0.902 | 0.882 | 1.16 | 1.078 | 1.083 | 1.054 | 1.146 | 1.121 | 1.076 | 1.093 |
| 1995* | 0.993 | 0.994 | 0.899 | 1.112 | 0.931 | 0.906 | 0.954 | 0.933 | 0.946 | 1.075 | 1.114 | 1.118 | 1.153 | 1.097 | 1.113 | 1.123 | 1.157 |
| 1996* | 1.358 | 1.389 | 1.434 | 1.025 | 1.011 | 0.98 | 1.011 | 1.036 | 1.083 | 1.7 | 1.097 | 1.14 | 1.193 | 1.184 | 1.171 | 1.154 | 1.081 |
| 1997 | 0.973 | 0.976 | 1.023 | 1.177 | 0.939 | 0.926 | 0.977 | 0.988 | 1.047 | 1.19 | 5.727 | 0.219 | 1.227 | 1.259 | 1.116 | 1.092 | 1.173 |
| 1998* | 0.968 | 0.978 | 0.897 | 1.036 | 0.968 | 0.921 | 0.971 | 1.002 | 0.99 | 1.081 | 1.043 | 1.025 | 1.071 | 1.016 | 1.141 | 1.083 | 1.164 |
| 1999 | 1.026 | 1.022 | 0.962 | 1.129 | 1 | 0.959 | 0.966 | 1.05 | 1.111 | 1.338 | 0.935 | 1.12 | 1.333 | 1.111 | 1.162 | 1.157 | 1.183 |
| 2000 | 1.119 | 1.092 | 1.209 | 1.011 | 0.885 | 0.828 | 0.921 | 0.91 | 0.921 | 1.072 | 1.109 | 1.101 | 1.108 | 1.084 | 1.112 | 1.124 | 1.181 |
| 2001 | 1.053 | 1.039 | 1.444 | 0.994 | 0.857 | 0.759 | 0.879 | 0.984 | 1.033 | 1.144 | 1.254 | 1.134 | 1.376 | 1.438 | 1.111 | 1.022 | 1.169 |
| 2002 | 1.061 | 1.047 | 1.124 | 1.017 | 0.879 | 0.809 | 0.915 | 1.021 | 1.018 | 1.098 | 1.057 | 1.126 | 1.148 | 1.077 | 1.113 | 1.098 | 1.093 |
| 2003 | 1.144 | 1.114 | 1.177 | 1.123 | 0.859 | 0.779 | 0.9 | 0.969 | 0.979 | 1.1 | 1.135 | 1.183 | 1.135 | 1.197 | 1.093 | 1.1 | 1.116 |
| 2004 | 1.363 | 1.202 | 1.449 | 1.302 | 0.873 | 0.838 | 0.944 | 0.981 | 0.98 | 1.136 | 1.159 | 1.201 | 1.251 | 1.112 | 1.044 | 1.167 | 1.136 |
| 2005 | 1.031 | 1.023 | 1.069 | 1.035 | 0.903 | 0.871 | 0.938 | 1.021 | 1.011 | 1.168 | 1.103 | 1.067 | 1.182 | 1.161 | 1.074 | 1.132 | 1.118 |
| 2006 | 0.968 | 0.978 | 1.079 | 1.224 | 1.034 | 1.053 | 1.032 | 1.103 | 1.081 | 1.131 | 1.103 | 1.113 | 1.159 | 0.984 | 1.045 | 1.062 | 0.99 |
| 2007 | 1.161 | 1.124 | 1.145 | 1.074 | 0.924 | 0.883 | 0.951 | 1.063 | 1.053 | 1.243 | 1.054 | 1.085 | 1.199 | 1.103 | 1.101 | 1.102 | 1.072 |

注：X1 为食品加工及制造业；X2 为饮料制造业；X3 为医药制造业；X4 为化学纤维制造业；X5 为造纸及纸制品业；X6 为石油加工及炼焦业；X7 为化学原料及化学制品业；X8 为烟草加工业；X9 为纺织业；X10 为非金属矿物制品业；X11 为黑色金属冶炼及压延加工业；X12 为金属制品业；X13 为机械制造业；X14 为交通运输设备制造业；X15 为电气机械及器材制造业；X16 为电子及通信设备制造业；X17 为仪器仪表及文化办公用机械制造业。加 * 的1991 年、1995 年、1996 年和1998 年中国 17 个制造业的分行业全要素生产率通过相邻年份移动平滑所得，其余年份为计算所得。

# 5.4   本 章 小 结

本章对知识溢出效应衡量指标进行了理论分析，确定分别以专利与全要素生产率作为知识溢出创新效应与经济增长效应的代理变量，并分地区和分行业对我国专利创新强度和全要素增长率水平进行了分析。总体而言，我国各地区与各行业的知识溢出的创新水平与经济增长效应差异非常大。从区域来看，东部经济发达地区的专利创新水平与全要素生产率水平相对较高，中西部地区相对较低。从行业来看，技术密集型的创新水平较高，技术密集型与资本型的全要素生产率水平相对较高，其他行业相对较低。本章主要目的是通过知识溢出效应衡量的代理指标分析，分析各地区与各行业的知识溢出效应差异，并为后面章节分析提供相应数据。

# 第6章

# 产业集聚、R&D 投入与知识溢出
# 效应的格兰杰因果关系分析

## 6.1  格兰杰检验原理及数据说明

### 6.1.1  格兰杰检验原理

为了验证产业集聚、R&D 投入与知识溢出之间的相互关系，本章借助格兰杰因果关系检验方法进行分析。格兰杰（Ganger）于 1969 年提出了检验变量之间因果关系的方法，其基本原理就是 $x$ 是否引起 $y$ 主要看现在的 $y$ 能够在多大程度上被过去的 $x$ 解释，加入 $x$ 的滞后值是否使解释度提高。格兰杰因果关系检验的实质是检验一个变量的滞后值是否可以引入其他变量方程中，一个变量如果受到其他变量的滞后影响，则称它们具有格兰杰因果关系。在一个二元 $p$ 阶的 VAR 模型中：

$$\begin{pmatrix} y_t \\ x_t \end{pmatrix} = \begin{pmatrix} a_{10} \\ a_{20} \end{pmatrix} + \begin{pmatrix} a_{11}^{(1)} & a_{12}^{(1)} \\ a_{21}^{(1)} & a_{22}^{(1)} \end{pmatrix} \begin{pmatrix} y_{t-1} \\ x_{t-1} \end{pmatrix} + \cdots + \begin{pmatrix} a_{11}^{p} & a_{12}^{p} \\ a_{21}^{p} & a_{22}^{p} \end{pmatrix} \begin{pmatrix} y_{t-p} \\ x_{t-p} \end{pmatrix} + \begin{pmatrix} \varepsilon_{1t} \\ \varepsilon_{2t} \end{pmatrix}$$

$$(6.1)$$

当且仅当系数矩阵中的系数 $a_{12}^{(q)}$ 全部为 0 时，变量 $x$ 不能格兰杰引起 $y$，等价于变量 $x$ 外生于变量 $y$。这时，判断格兰杰原因的直接方法是利用 F－检验下述联合检验：

$H_0$：$a_{12}^q = 0$，$q = 1$，$2$，$\cdots$，$p$

$H_1$：至少存在一个 $q$ 使得 $a_{12}^{(q)} \neq 0$

其统计量为：

$$S_1 = \frac{(RSS_0 - RSS_1)/p}{RSS_1/(T - 2p - 1)} : F(p, T - 2p - 1) \qquad (6.2)$$

服从 $F$ 分布。其中，$RSS_1$ 是式（6.1）中 $y$ 方程的残差平方和；$RSS_0$ 是不含 $x$ 的滞后变量（即 $a_{12}^q = 0, q = 1,2,\cdots,p$）。如果 $S_1$ 大于 $F$ 的临界值，则拒绝原假设；否则接受原假设：$x$ 不能格兰杰引起 $y$。[①]

格兰杰因果关系检验的任何一种检验结果与滞后长度 $p$ 的选择有关，并对处理序列非平稳性的方法选择结果及其敏感。"$x$ 不能格兰杰引起 $y$"并不一定意味着 $y$ 是 $x$ 的效果或结果。格兰杰因果检验度量是对 $y$ 进行预测时 $x$ 的前期信息对均方误差的减少是否有贡献，并以此作为因果关系检验的判断基础。格兰杰因果关系检验在一定程度上反映了不同变量之间的相互因果关系。根据格兰杰因果关系检验方法，我们对产业集聚、R&D 投入与知识溢出效应之间的关系进行检验。

## 6.1.2 数据说明

本书所使用的 R&D 数据，主要来自 1991～2008 年历年的《中国科技统计年鉴》，R&D 投入主要包括 R&D 人员投入和 R&D 经费投入两个方面，并分别从分地区 R&D 投入和分行业 R&D 投入进行说明。

对于分地区的 R&D 投入的科技活动人员及经费数据，本书采用的是各地区的科学研究与开发机构、高等学校和大中型工业企业的科技活动人员及研究与实验发展经费支出的总和。

分行业的数据，我们主要采用大中型企业的科技活动人员和 R&D 经费来代替对应行业的 R&D 投入，也即假设行业的 R&D 投入主要由大中型企业来完成，其他中小企业没有 R&D 投入。对于 R&D 的经费投入，都经

---

① 高铁梅. 计量经济分析方法与建模 – Eviews 应用及实例 [M]. 北京：清华大学出版社，2006.

过物价指数平整。

$RD_{it}$ 表示 $i$ 地区 $t$ 年的 R&D 资本存量，用以衡量 R&D 经费投入。R&D 经费投入为研究与开发机构、大中型企业和高等学校的经费总投入总和。由于各地区 R&D 经费投入年度差别很大，并且当年的投入不一定是当年所耗费，有可能形成固定资本逐年消耗，而当年的产出是往年 R&D 投入累积的结果，因此我们采用资本存量值。目前，我国各种统计年鉴中并没有给出各地区的 R&D 资本存量值，因此需要对 R&D 资本存量进行估计。测算资本存量的基本方法是由戈德史密斯（Goldsmith，1951）所开创并广泛使用的永续盘存法，基本公式为：$K_{it} = I_{it}/p_{it} + (1 - \delta_t)K_{i,t-1}$。$K_{it}$ 和 $K_{i,t-1}$ 表示 $i$ 地区 $t$ 年和 $t-1$ 年的资本存量，$I_{it}$ 表示 $i$ 地区 $t$ 年的投资，$p_{it}$ 表示 $i$ 地区 $t$ 年的固定资产投资价格指数，$\delta_t$ 表示 $t$ 年的折旧率，根据张军 $\delta_t$ 取 9.6%。初始年份 1990 年的 R&D 资本存量根据格里利谢斯（Griliches，1980）给出的公式进行计算，这个公式为：

$$RD_{i0} = R_{i0}/(g_i + \delta) \qquad (6.3)$$

式（6.3）中，$RD_{i0}$ 表示 $i$ 地区初始年份的 R&D 资本存量；$R_{i0}$ 表示 $i$ 地区初始年份的 R&D 投资经费；$g$ 表示 $i$ 地区的 R&D 投资年平均对数增长率。

本书对 29 个省（区、市）的 R&D 投入与产业集聚关系进行了格兰杰因果关系检验，以验证地区 R&D 投入与地区产业集聚的关系。地区 R&D 投入指标分为 R&D 经费投入强度指标与地区科技活动人员投入强度指标，产业集聚指标分为地区专业化和多样化，具体表示如下：

$ZL_i$：$i$ 地区人均专利申请数；

$T_i$：$i$ 地区制造业的全要素生产率；

$P_i$：$i$ 地区科技活动人员占地区就业人员比例；

$R_i$：$i$ 地区人均 R&D 资本投入，$R_i$ 等于 $RD_i$ 除以地区就业总人数；

$Z_i$：$i$ 地区相对专业化水平；

$D_i$：$i$ 地区相对多样化水平。

相应地，行业的产业集聚、R&D 投入的各项指标为：

$T_j$：$j$ 行业的全要素生产率；

$R_j$：$j$ 行业的 R&D 资本投入，采用大中型企业就业人员的人均 R&D 资本；

$P_j$：$j$ 行业的 R&D 人员投入，采用大中型企业 R&D 人员占行业总就业人员比例；

$EG_j$：$j$ 行业的产业集聚度，采用前面所计算的 EG 指数。

对各个变量分别取对数进行滞后 1~4 项的格兰杰因果关系检验，因为篇幅原因对大部分行业给出了滞后一项和二项的检验结果，个别行业给出了滞后三项或四项的结果。

# 6.2 产业集聚与 R&D 投入的格兰杰因果关系分析

## 6.2.1 地区产业集聚与 R&D 投入的格兰杰因果关系分析

### 1. 检验结果描述

LNZ 不是 LNP 的格兰杰原因的检验 P 值在 10% 以下的地区有北京、山西、内蒙古、辽宁、吉林、浙江、福建、湖北、湖南、广东、海南、四川、贵州、陕西、甘肃、新疆；P 值在 10%~15% 的地区有天津、河南。也即地区专业化程度的提高是引起上述地区科技活动人员强度增加的格兰杰原因。

LNP 不是 LNZ 的格兰杰原因的检验 P 值在 10% 以下的地区有河北、吉林、上海、山东、广东、云南、甘肃、青海；P 值在 10%~15% 的地区有山西、辽宁、安徽、四川。也即科技活动人员强度增加是引起上述地区专业化程度提高的格兰杰原因。

LND 不是 LNP 的格兰杰原因的检验 P 值在 10% 以下的地区有北京、辽宁、江苏、浙江、福建、湖北、广东、海南、四川、贵州、云南、甘肃、青海、宁夏、新疆；P 值在 10%~15% 的地区有山西、江西、湖南；也即地区产业多样化是引起上述地区科技活动人员强度增加的格兰杰原因。

LNP 不是 LND 的格兰杰原因的检验 P 值在 10% 以下的地区有河北、

辽宁、吉林、黑龙江、江苏、安徽、福建、江西、广东、四川、青海、宁夏；P值在10%～15%的地区有山东、云南。也即科技活动人员强度增加是引起地区产业多样化的格兰杰原因。

LNZ不是LNR的格兰杰原因检验P值在10%以下的地区有山西、内蒙古、吉林、浙江、福建、山东、湖北、广西、四川、贵州、云南、甘肃与青海；P值在10%～15%的地区有江西、陕西。也即地区产业专业化是引起上述地区R&D经费投入强度增加的格兰杰原因。

LNR不是LNZ的格兰杰原因检验P值在10%以下的地区有北京、辽宁、上海、安徽、福建、河南、湖北、广东、陕西、甘肃、宁夏、新疆。也即R&D经费投入强度是引起上述地区产业专业化的格兰杰原因。

LND不是LNR的格兰杰原因检验P值在10%以下的地区山西、内蒙古、辽宁、浙江、福建、江西、河南、广东、广西、贵州、陕西、甘肃、宁夏；P值在10%～15%的地区有湖北、云南。也即多样化是引起上述地区R&D经费投入强度增加的格兰杰原因。

LNR不是LND的格兰杰原因检验P值在10%以下的地区北京、天津、辽宁、吉林、黑龙江、江苏、安徽、福建、江西、湖北、湖南、广东、广西、陕西、云南、青海、宁夏和新疆；P值在10%～15%的地区有四川和贵州。也即R&D经费投入强度增加是引起上述地区产业多样化的格兰杰原因，如表6.1所示。

**表6.1　　　产业集聚与R&D投入的格兰杰因果关系检验**

| 北京 | | | | 天津 | | | |
|---|---|---|---|---|---|---|---|
| 因果关系假设 | 滞后阶数 | F统计值 | P值 | 因果关系假设 | 滞后阶数 | F统计值 | P值 |
| LNZ不是LNP的格兰杰原因 | 1 | 9.33 | 0.00 | LNZ不是LNP的格兰杰原因 | 4 | 2.70 | 0.15 |
| LNP不是LNZ的格兰杰原因 | 1 | 0.86 | 0.45 | LNP不是LNZ的格兰杰原因 | 4 | 0.41 | 0.80 |
| LND不是LNP的格兰杰原因 | 1 | 10.3 | 0.00 | LND不是LNP的格兰杰原因 | 1 | 0.49 | 0.49 |
| LNP不是LND的格兰杰原因 | 1 | 0.86 | 0.45 | LNP不是LND的格兰杰原因 | 1 | 0.02 | 0.89 |
| LNZ不是LNR的格兰杰原因 | 1 | 0.87 | 0.44 | LNZ不是LNR的格兰杰原因 | 1 | 0.38 | 0.54 |
| LNR不是LNZ的格兰杰原因 | 1 | 3.10 | 0.08 | LNR不是LNZ的格兰杰原因 | 1 | 0.79 | 0.39 |
| LND不是LNR的格兰杰原因 | 1 | 1.45 | 0.28 | LND不是LNR的格兰杰原因 | 1 | 0.52 | 0.48 |
| LNR不是LND的格兰杰原因 | 1 | 10.9 | 0.00 | LNR不是LND的格兰杰原因 | 1 | 3.93 | 0.07 |

续表

| 河北 | | | | 山西 | | | |
|---|---|---|---|---|---|---|---|
| 因果关系假设 | 滞后阶数 | F统计值 | P值 | 因果关系假设 | 滞后阶数 | F统计值 | P值 |
| LNZ 不是 LNP 的格兰杰原因 | 2 | 1.56 | 0.57 | LNZ 不是 LNP 的格兰杰原因 | 3 | 3.79 | 0.06 |
| LNP 不是 LNZ 的格兰杰原因 | 2 | 5.83 | 0.03 | LNP 不是 LNZ 的格兰杰原因 | 3 | 2.72 | 0.11 |
| LND 不是 LNP 的格兰杰原因 | 2 | 1.57 | 0.25 | LND 不是 LNP 的格兰杰原因 | 1 | 2.52 | 0.13 |
| LNP 不是 LND 的格兰杰原因 | 2 | 3.63 | 0.06 | LNP 不是 LND 的格兰杰原因 | 1 | 0.40 | 0.53 |
| LNZ 不是 LNR 的格兰杰原因 | 2 | 0.98 | 0.33 | LNZ 不是 LNR 的格兰杰原因 | 1 | 16.9 | 0.00 |
| LNR 不是 LNZ 的格兰杰原因 | 2 | 0.31 | 0.59 | LNR 不是 LNZ 的格兰杰原因 | 1 | 0.00 | 0.95 |
| LND 不是 LNR 的格兰杰原因 | 2 | 1.60 | 0.25 | LND 不是 LNR 的格兰杰原因 | 1 | 4.12 | 0.06 |
| LNR 不是 LND 的格兰杰原因 | 2 | 1.32 | 0.31 | LNR 不是 LND 的格兰杰原因 | 1 | 0.28 | 0.60 |

| 内蒙古 | | | | 辽宁 | | | |
|---|---|---|---|---|---|---|---|
| 因果关系假设 | 滞后阶数 | F统计值 | P值 | 因果关系假设 | 滞后阶数 | F统计值 | P值 |
| LNZ 不是 LNP 的格兰杰原因 | 3 | 3.45 | 0.07 | LNZ 不是 LNP 的格兰杰原因 | 1 | 15.4 | 0.00 |
| LNP 不是 LNZ 的格兰杰原因 | 3 | 0.68 | 0.59 | LNP 不是 LNZ 的格兰杰原因 | 3 | 2.52 | 0.13 |
| LND 不是 LNP 的格兰杰原因 | 1 | 0.55 | 0.47 | LND 不是 LNP 的格兰杰原因 | 1 | 3.00 | 0.10 |
| LNP 不是 LND 的格兰杰原因 | 1 | 1.61 | 0.22 | LNP 不是 LND 的格兰杰原因 | 3 | 6.90 | 0.01 |
| LNZ 不是 LNR 的格兰杰原因 | 1 | 13.4 | 0.00 | LNZ 不是 LNR 的格兰杰原因 | 3 | 0.96 | 0.34 |
| LNR 不是 LNZ 的格兰杰原因 | 1 | 0.85 | 0.37 | LNR 不是 LNZ 的格兰杰原因 | 1 | 10.4 | 0.01 |
| LND 不是 LNR 的格兰杰原因 | 2 | 9.28 | 0.01 | LND 不是 LNR 的格兰杰原因 | 3 | 6.38 | 0.02 |
| LNR 不是 LND 的格兰杰原因 | 2 | 4.29 | 0.67 | LNR 不是 LND 的格兰杰原因 | 1 | 3.33 | 0.09 |

| 吉林 | | | | 黑龙江 | | | |
|---|---|---|---|---|---|---|---|
| 因果关系假设 | 滞后阶数 | F统计值 | P值 | 因果关系假设 | 滞后阶数 | F统计值 | P值 |
| LNZ 不是 LNP 的格兰杰原因 | 3 | 2.88 | 0.10 | LNZ 不是 LNP 的格兰杰原因 | 3 | 2.16 | 0.17 |
| LNP 不是 LNZ 的格兰杰原因 | 3 | 4.86 | 0.03 | LNP 不是 LNZ 的格兰杰原因 | 3 | 0.42 | 0.74 |
| LND 不是 LNP 的格兰杰原因 | 3 | 0.14 | 0.93 | LND 不是 LNP 的格兰杰原因 | 3 | 0.44 | 0.73 |
| LNP 不是 LND 的格兰杰原因 | 3 | 3.10 | 0.09 | LNP 不是 LND 的格兰杰原因 | 3 | 5.88 | 0.02 |
| LNZ 不是 LNR 的格兰杰原因 | 4 | 7.32 | 0.03 | LNZ 不是 LNR 的格兰杰原因 | 3 | 1.60 | 0.27 |
| LNR 不是 LNZ 的格兰杰原因 | 4 | 0.88 | 0.54 | LNR 不是 LNZ 的格兰杰原因 | 3 | 0.96 | 0.46 |
| LND 不是 LNR 的格兰杰原因 | 1 | 2.31 | 0.15 | LND 不是 LNR 的格兰杰原因 | 1 | 0.05 | 0.82 |
| LNR 不是 LND 的格兰杰原因 | 1 | 3.80 | 0.07 | LNR 不是 LND 的格兰杰原因 | 1 | 4.76 | 0.05 |

续表

| 上海 | | | | 江苏 | | | |
|---|---|---|---|---|---|---|---|
| 因果关系假设 | 滞后阶数 | F统计值 | P值 | 因果关系假设 | 滞后阶数 | F统计值 | P值 |
| LNZ 不是 LNP 的格兰杰原因 | 1 | 0.16 | 0.70 | LNZ 不是 LNP 的格兰杰原因 | 1 | 0.71 | 0.41 |
| LNP 不是 LNZ 的格兰杰原因 | 1 | 5.08 | 0.04 | LNP 不是 LNZ 的格兰杰原因 | 1 | 0.42 | 0.53 |
| LND 不是 LNP 的格兰杰原因 | 1 | 2.05 | 0.17 | LND 不是 LNP 的格兰杰原因 | 1 | 3.01 | 0.10 |
| LNP 不是 LND 的格兰杰原因 | 1 | 0.13 | 0.72 | LNP 不是 LND 的格兰杰原因 | 1 | 3.73 | 0.07 |
| LNZ 不是 LNR 的格兰杰原因 | 1 | 0.04 | 0.85 | LNZ 不是 LNR 的格兰杰原因 | 1 | 0.45 | 0.51 |
| LNR 不是 LNZ 的格兰杰原因 | 1 | 4.67 | 0.05 | LNR 不是 LNZ 的格兰杰原因 | 1 | 2.16 | 0.16 |
| LND 不是 LNR 的格兰杰原因 | 1 | 0.30 | 0.59 | LND 不是 LNR 的格兰杰原因 | 1 | 2.19 | 0.16 |
| LNR 不是 LND 的格兰杰原因 | 1 | 0.98 | 0.34 | LNR 不是 LND 的格兰杰原因 | 1 | 12.1 | 0.00 |

| 浙江 | | | | 安徽 | | | |
|---|---|---|---|---|---|---|---|
| 因果关系假设 | 滞后阶数 | F统计值 | P值 | 因果关系假设 | 滞后阶数 | F统计值 | P值 |
| LNZ 不是 LNP 的格兰杰原因 | 1 | 3.20 | 0.09 | LNZ 不是 LNP 的格兰杰原因 | 2 | 0.82 | 0.46 |
| LNP 不是 LNZ 的格兰杰原因 | 1 | 0.76 | 0.40 | LNP 不是 LNZ 的格兰杰原因 | 2 | 2.30 | 0.15 |
| LND 不是 LNP 的格兰杰原因 | 1 | 4.75 | 0.05 | LND 不是 LNP 的格兰杰原因 | 1 | 0.31 | 0.59 |
| LNP 不是 LND 的格兰杰原因 | 1 | 0.16 | 0.70 | LNP 不是 LND 的格兰杰原因 | 1 | 6.52 | 0.02 |
| LNZ 不是 LNR 的格兰杰原因 | 1 | 8.88 | 0.01 | LNZ 不是 LNR 的格兰杰原因 | 2 | 1.47 | 0.27 |
| LNR 不是 LNZ 的格兰杰原因 | 1 | 0.60 | 0.45 | LNR 不是 LNZ 的格兰杰原因 | 2 | 3.11 | 0.09 |
| LND 不是 LNR 的格兰杰原因 | 4 | 5.96 | 0.04 | LND 不是 LNR 的格兰杰原因 | 1 | 0.08 | 0.78 |
| LNR 不是 LND 的格兰杰原因 | 4 | 4.28 | 0.07 | LNR 不是 LND 的格兰杰原因 | 1 | 14.4 | 0.00 |

| 福建 | | | | 江西 | | | |
|---|---|---|---|---|---|---|---|
| 因果关系假设 | 滞后阶数 | F统计值 | P值 | 因果关系假设 | 滞后阶数 | F统计值 | P值 |
| LNZ 不是 LNP 的格兰杰原因 | 1 | 7.71 | 0.01 | LNZ 不是 LNP 的格兰杰原因 | 1 | 0.18 | 0.68 |
| LNP 不是 LNZ 的格兰杰原因 | 1 | 0.22 | 0.65 | LNP 不是 LNZ 的格兰杰原因 | 1 | 0.83 | 0.38 |
| LND 不是 LNP 的格兰杰原因 | 2 | 3.25 | 0.08 | LND 不是 LNP 的格兰杰原因 | 4 | 3.16 | 0.12 |
| LNP 不是 LND 的格兰杰原因 | 2 | 2.81 | 0.10 | LNP 不是 LND 的格兰杰原因 | 1 | 5.90 | 0.03 |
| LNZ 不是 LNR 的格兰杰原因 | 1 | 5.80 | 0.03 | LNZ 不是 LNR 的格兰杰原因 | 4 | 2.68 | 0.15 |
| LNR 不是 LNZ 的格兰杰原因 | 3 | 8.55 | 0.00 | LNR 不是 LNZ 的格兰杰原因 | 4 | 1.79 | 0.27 |
| LND 不是 LNR 的格兰杰原因 | 1 | 3.45 | 0.08 | LND 不是 LNR 的格兰杰原因 | 1 | 6.85 | 0.02 |
| LNR 不是 LND 的格兰杰原因 | 2 | 3.54 | 0.07 | LNR 不是 LND 的格兰杰原因 | 1 | 3.02 | 0.10 |

续表

| 山东 | | | | 河南 | | | |
|---|---|---|---|---|---|---|---|
| 因果关系假设 | 滞后阶数 | F 统计值 | P 值 | 因果关系假设 | 滞后阶数 | F 统计值 | P 值 |
| LNZ 不是 LNP 的格兰杰原因 | 3 | 0.64 | 0.61 | LNZ 不是 LNP 的格兰杰原因 | 2 | 2.57 | 0.12 |
| LNP 不是 LNZ 的格兰杰原因 | 3 | 4.11 | 0.05 | LNP 不是 LNZ 的格兰杰原因 | 2 | 0.13 | 0.86 |
| LND 不是 LNP 的格兰杰原因 | 1 | 0.03 | 0.85 | LND 不是 LNP 的格兰杰原因 | 2 | 0.26 | 0.78 |
| LNP 不是 LND 的格兰杰原因 | 1 | 2.68 | 0.12 | LNP 不是 LND 的格兰杰原因 | 2 | 2.19 | 0.16 |
| LNZ 不是 LNR 的格兰杰原因 | 3 | 3.16 | 0.09 | LNZ 不是 LNR 的格兰杰原因 | 2 | 1.30 | 0.31 |
| LNR 不是 LNZ 的格兰杰原因 | 3 | 2.23 | 0.16 | LNR 不是 LNZ 的格兰杰原因 | 2 | 3.12 | 0.08 |
| LND 不是 LNR 的格兰杰原因 | 3 | 1.35 | 0.28 | LND 不是 LNR 的格兰杰原因 | 2 | 4.52 | 0.04 |
| LNR 不是 LND 的格兰杰原因 | 3 | 0.20 | 0.40 | LNR 不是 LND 的格兰杰原因 | 2 | 1.22 | 0.33 |

| 湖北 | | | | 湖南 | | | |
|---|---|---|---|---|---|---|---|
| 因果关系假设 | 滞后阶数 | F 统计值 | P 值 | 因果关系假设 | 滞后阶数 | F 统计值 | P 值 |
| LNZ 不是 LNP 的格兰杰原因 | 1 | 4.61 | 0.05 | LNZ 不是 LNP 的格兰杰原因 | 1 | 3.80 | 0.07 |
| LNP 不是 LNZ 的格兰杰原因 | 1 | 0.15 | 0.70 | LNP 不是 LNZ 的格兰杰原因 | 1 | 0.00 | 0.95 |
| LND 不是 LNP 的格兰杰原因 | 1 | 7.56 | 0.02 | LND 不是 LNP 的格兰杰原因 | 1 | 2.57 | 0.13 |
| LNP 不是 LND 的格兰杰原因 | 1 | 0.00 | 0.97 | LNP 不是 LND 的格兰杰原因 | 1 | 2.25 | 0.16 |
| LNZ 不是 LNR 的格兰杰原因 | 2 | 3.75 | 0.06 | LNZ 不是 LNR 的格兰杰原因 | 1 | 1.56 | 0.23 |
| LNR 不是 LNZ 的格兰杰原因 | 2 | 3.96 | 0.05 | LNR 不是 LNZ 的格兰杰原因 | 1 | 1.98 | 0.18 |
| LND 不是 LNR 的格兰杰原因 | 2 | 2.60 | 0.12 | LND 不是 LNR 的格兰杰原因 | 1 | 1.06 | 0.32 |
| LNR 不是 LND 的格兰杰原因 | 2 | 5.48 | 0.02 | LNR 不是 LND 的格兰杰原因 | 1 | 4.25 | 0.06 |

| 广东 | | | | 广西 | | | |
|---|---|---|---|---|---|---|---|
| 因果关系假设 | 滞后阶数 | F 统计值 | P 值 | 因果关系假设 | 滞后阶数 | F 统计值 | P 值 |
| LNZ 不是 LNP 的格兰杰原因 | 1 | 7.96 | 0.01 | LNZ 不是 LNP 的格兰杰原因 | 2 | 1.29 | 0.31 |
| LNP 不是 LNZ 的格兰杰原因 | 1 | 6.46 | 0.02 | LNP 不是 LNZ 的格兰杰原因 | 2 | 2.13 | 0.17 |
| LND 不是 LNP 的格兰杰原因 | 3 | 4.48 | 0.04 | LND 不是 LNP 的格兰杰原因 | 2 | 0.10 | 0.76 |
| LNP 不是 LND 的格兰杰原因 | 3 | 4.08 | 0.05 | LNP 不是 LND 的格兰杰原因 | 2 | 0.05 | 0.83 |
| LNZ 不是 LNR 的格兰杰原因 | 1 | 0.88 | 0.36 | LNZ 不是 LNR 的格兰杰原因 | 2 | 4.63 | 0.03 |
| LNR 不是 LNZ 的格兰杰原因 | 1 | 16.4 | 0.00 | LNR 不是 LNZ 的格兰杰原因 | 2 | 0.37 | 0.70 |
| LND 不是 LNR 的格兰杰原因 | 1 | 8.95 | 0.01 | LND 不是 LNR 的格兰杰原因 | 2 | 3.40 | 0.07 |
| LNR 不是 LND 的格兰杰原因 | 1 | 3.45 | 0.08 | LNR 不是 LND 的格兰杰原因 | 2 | 3.90 | 0.05 |

续表

| 海南 | | | | 四川 | | | |
|---|---|---|---|---|---|---|---|
| 因果关系假设 | 滞后阶数 | F统计值 | P值 | 因果关系假设 | 滞后阶数 | F统计值 | P值 |
| LNZ 不是 LNP 的格兰杰原因 | 2 | 2.80 | 0.10 | LNZ 不是 LNP 的格兰杰原因 | 1 | 4.97 | 0.04 |
| LNP 不是 LNZ 的格兰杰原因 | 2 | 1.13 | 0.36 | LNP 不是 LNZ 的格兰杰原因 | 1 | 2.94 | 0.11 |
| LND 不是 LNP 的格兰杰原因 | 3 | 3.15 | 0.09 | LND 不是 LNP 的格兰杰原因 | 1 | 5.77 | 0.03 |
| LNP 不是 LND 的格兰杰原因 | 3 | 0.93 | 0.47 | LNP 不是 LND 的格兰杰原因 | 1 | 3.28 | 0.09 |
| LNZ 不是 LNR 的格兰杰原因 | 1 | 0.76 | 0.40 | LNZ 不是 LNR 的格兰杰原因 | 1 | 7.28 | 0.02 |
| LNR 不是 LNZ 的格兰杰原因 | 1 | 0.19 | 0.67 | LNR 不是 LNZ 的格兰杰原因 | 1 | 1.01 | 0.33 |
| LND 不是 LNR 的格兰杰原因 | 1 | 0.03 | 0.97 | LND 不是 LNR 的格兰杰原因 | 1 | 0.53 | 0.48 |
| LNR 不是 LND 的格兰杰原因 | 1 | 1.24 | 0.86 | LNR 不是 LND 的格兰杰原因 | 1 | 2.82 | 0.12 |

| 贵州 | | | | 云南 | | | |
|---|---|---|---|---|---|---|---|
| 因果关系假设 | 滞后阶数 | F统计值 | P值 | 因果关系假设 | 滞后阶数 | F统计值 | P值 |
| LNZ 不是 LNP 的格兰杰原因 | 1 | 8.97 | 0.01 | LNZ 不是 LNP 的格兰杰原因 | 4 | 1.12 | 0.44 |
| LNP 不是 LNZ 的格兰杰原因 | 1 | 0.06 | 0.80 | LNP 不是 LNZ 的格兰杰原因 | 4 | 10.68 | 0.01 |
| LND 不是 LNP 的格兰杰原因 | 1 | 15.8 | 0.00 | LND 不是 LNP 的格兰杰原因 | 1 | 4.94 | 0.04 |
| LNP 不是 LND 的格兰杰原因 | 1 | 1.99 | 0.18 | LNP 不是 LND 的格兰杰原因 | 1 | 2.28 | 0.15 |
| LNZ 不是 LNR 的格兰杰原因 | 1 | 3.34 | 0.09 | LNZ 不是 LNR 的格兰杰原因 | 4 | 5.40 | 0.05 |
| LNR 不是 LNZ 的格兰杰原因 | 1 | 0.41 | 0.53 | LNR 不是 LNZ 的格兰杰原因 | 4 | 1.70 | 0.29 |
| LND 不是 LNR 的格兰杰原因 | 1 | 9.86 | 0.01 | LND 不是 LNR 的格兰杰原因 | 4 | 2.92 | 0.13 |
| LNR 不是 LND 的格兰杰原因 | 1 | 2.80 | 0.11 | LNR 不是 LND 的格兰杰原因 | 4 | 3.50 | 0.10 |

| 青海 | | | | 宁夏 | | | |
|---|---|---|---|---|---|---|---|
| 因果关系假设 | 滞后阶数 | F统计值 | P值 | 因果关系假设 | 滞后阶数 | F统计值 | P值 |
| LNZ 不是 LNP 的格兰杰原因 | 1 | 0.07 | 0.80 | LNZ 不是 LNP 的格兰杰原因 | 1 | 0.42 | 0.53 |
| LNP 不是 LNZ 的格兰杰原因 | 1 | 4.26 | 0.06 | LNP 不是 LNZ 的格兰杰原因 | 1 | 0.41 | 0.53 |
| LND 不是 LNP 的格兰杰原因 | 1 | 4.42 | 0.05 | LND 不是 LNP 的格兰杰原因 | 4 | 4.54 | 0.04 |
| LNP 不是 LND 的格兰杰原因 | 1 | 3.65 | 0.08 | LNP 不是 LND 的格兰杰原因 | 4 | 3.42 | 0.07 |
| LNZ 不是 LNR 的格兰杰原因 | 3 | 3.76 | 0.06 | LNZ 不是 LNR 的格兰杰原因 | 2 | 0.77 | 0.48 |
| LNR 不是 LNZ 的格兰杰原因 | 3 | 0.03 | 0.99 | LNR 不是 LNZ 的格兰杰原因 | 2 | 4.09 | 0.05 |
| LND 不是 LNR 的格兰杰原因 | 3 | 1.18 | 0.38 | LND 不是 LNR 的格兰杰原因 | 4 | 8.22 | 0.01 |
| LNR 不是 LND 的格兰杰原因 | 3 | 4.24 | 0.05 | LNR 不是 LND 的格兰杰原因 | 4 | 10.96 | 0.00 |

续表

| 新疆 | | | | | | | |
| --- | --- | --- | --- | --- | --- | --- | --- |
| 因果关系假设 | 滞后阶数 | F统计值 | P值 | 因果关系假设 | 滞后阶数 | F统计值 | P值 |
| LNZ 不是 LNP 的格兰杰原因 | 1 | 19.3 | 0.00 | LNZ 不是 LNR 的格兰杰原因 | 3 | 0.80 | 0.53 |
| LNP 不是 LNZ 的格兰杰原因 | 1 | 0.62 | 0.46 | LNR 不是 LNZ 的格兰杰原因 | 3 | 5.84 | 0.02 |
| LND 不是 LNP 的格兰杰原因 | 1 | 16.3 | 0.00 | LND 不是 LNR 的格兰杰原因 | 1 | 0.00 | 0.97 |
| LNP 不是 LND 的格兰杰原因 | 1 | 0.60 | 0.45 | LNR 不是 LND 的格兰杰原因 | 1 | 4.47 | 0.05 |

## 2. 检验结论

第一，综合起来看，我国地区的 R&D 投入与地区产业集聚变动存在较强的格兰杰因果关系，但是因地区差异而异。越是经济发达区域，如北京、上海、广东、江苏等发达地区，产业集聚与 R&D 投入之间存在较强的格兰杰互为因果关系。这些地区不仅是中国经济最发达的地区，也是会聚中国科技 R&D 科技活动人员和 R&D 经费投入最多的地区，发达的经济和产业集聚效应吸引了大量 R&D 人员和经费投入，而 R&D 投入又促进这些发达地区产业化的进一步集聚，R&D 与产业集聚之间形成了互为良性的因果关系，两者之间发展呈螺旋式上升状态。

第二，相对而言，产业集聚效应更容易引发 R&D 人员投入增加，R&D 人员投入引起产业集聚效应相对较弱；相对 R&D 人员投入，R&D 经费投入对产业集聚形成影响更为明显。所以，在产业集聚效和 R&D 投入互动关系中，地方产业更应该首先通过产业集聚形成集聚效应与增加 R&D 投入来吸收 R&D 人员集聚，然后通过 R&D 投入的知识溢出效应，进一步形成产业集聚，推动地区产业发展。

第三，在产业集聚效应中，多样化产业集聚与 R&D 投入存在更强的格兰杰因果关系，无论东部地区还是中西部地区，都是多样化产业集聚和 R&D 投入互为因果关系的地区。而专业化产业集聚与 R&D 投入存在互为格兰杰因果关系的地区相对较弱。这也证明，在区域产业集聚中，多样化的产业集聚更容易引发 R&D 投入增加，形成 Jocobs 溢出效应。

## 6.2.2 行业集聚度与 R&D 投入的格兰杰因果关系分析

### 1. 检验结果描述

LNR 不是 LNEG 的格兰杰原因的检验 P 值在 10% 以下的行业有纺织业、造纸及纸制品、化学工业、医药工业、化学纤维、建筑材料，以及其他非金属矿物制品、黑色金属冶炼及压延加工业、金属制品、电气机械及器材制造、仪器仪表。格兰杰检验结果表明，行业 R&D 经费投入是引起产业集聚的格兰杰原因。

LNP 不是 LNEG 的格兰杰原因的检验 P 值在 10% 以下的行业有食品制造、饮料制造业、化学工业、化学纤维、交通运输设备、电气机械及器材制造、电子及通信设备制造、仪器仪表。格兰杰检验结果表明，行业 R&D 人员投入是引起产业集聚的格兰杰原因。

在格兰杰检验结果中，LNR 或 LNP 不是 LNEG 的格兰杰原因的检验 P 值在 10% 以下的行业有食品制造、饮料制造业、纺织业、造纸及纸制品、医药工业、化学工业、化学纤维、建筑材料及其他非金属矿物制品、黑色金属冶炼及压延加工业、金属制品、电气机械及器材制造、交通运输设备、仪器仪表、电子及通信设备制造共 14 个行业。

LNEG 不是 LNER 的格兰杰原因的检验 P 值在 10% 以下的行业有饮料制造业、纺织业、化学工业、医药工业、黑色金属冶炼及压延加工业、机械工业、交通运输设备、电子及通信设备制造。格兰杰检验结果表明，上述 8 个行业的产业集聚是引起行业 R&D 经费投入增加的格兰杰原因。

LNEG 不是 LNP 的格兰杰原因的检验 P 值在 10% 以下的行业有食品制造、化学工业、机械工业。格兰杰检验结果表明，行业 R&D 人员投入是引起产业集聚的格兰杰原因。

在格兰杰检验结果中，LNEG 不是 LNER 或 LNP 的格兰杰原因的检验 P 值在 10% 以下的行业有食品制造、纺织业、饮料制造业、化学工业、医药工业、黑色金属冶炼及压延加工业、机械工业、交通运输设备、电子及通信设备制造共 9 个行业。

在格兰杰检验结果中，LNR 与 LNEG 互为格兰杰原因的行业有纺织业、化学工业、医药工业、黑色金属冶炼及压延加工业；LNP 和 LNEG 的互为格兰杰原因的行业有食品制造、化学工业。而烟草工业和石油加工工业检验中，无论是 R&D 人员投入还是经费投入都与产业集聚不存在互为格兰杰因果检验关系，如表 6.2 所示。

表 6.2　　　　行业集聚度与 R&D 投入的格兰杰因果关系检验

| 食品制造 | | | | 饮料制造 | | | |
|---|---|---|---|---|---|---|---|
| 因果关系假设 | 滞后阶数 | F 统计值 | P 值 | 因果关系假设 | 滞后阶数 | F 统计值 | P 值 |
| LNR 不是 LNEG 的格兰杰原因 | 1 | 0.96 | 0.34 | LNR 不是 LNEG 的格兰杰原因 | 1 | 2.21 | 0.16 |
| LNEG 不是 LNR 的格兰杰原因 | 1 | 0.08 | 0.78 | LNEG 不是 LNR 的格兰杰原因 | 1 | 0.77 | 0.39 |
| LNP 不是 LNEG 的格兰杰原因 | 1 | 3.86 | 0.07 | LNP 不是 LNEG 的格兰杰原因 | 1 | 0.99 | 0.34 |
| LNEG 不是 LNP 的格兰杰原因 | 1 | 1.94 | 0.18 | LNEG 不是 LNP 的格兰杰原因 | 1 | 0.04 | 0.84 |
| LNR 不是 LNEG 的格兰杰原因 | 2 | 1.75 | 0.22 | LNR 不是 LNEG 的格兰杰原因 | 3 | 1.79 | 0.22 |
| LNEG 不是 LNR 的格兰杰原因 | 2 | 1.15 | 0.35 | LNEG 不是 LNR 的格兰杰原因 | 3 | 8.21 | 0.01 |
| LNP 不是 LNEG 的格兰杰原因 | 2 | 2.14 | 0.16 | LNP 不是 LNEG 的格兰杰原因 | 3 | 3.02 | 0.09 |
| LNEG 不是 LNP 的格兰杰原因 | 2 | 4.33 | 0.04 | LNEG 不是 LNP 的格兰杰原因 | 3 | 0.20 | 0.90 |
| 烟草加工 | | | | 纺织业 | | | |
| 因果关系假设 | 滞后阶数 | F 统计值 | P 值 | 因果关系假设 | 滞后阶数 | F 统计值 | P 值 |
| LNR 不是 LNEG 的格兰杰原因 | 1 | 2.71 | 0.12 | LNR 不是 LNEG 的格兰杰原因 | 1 | 3.43 | 0.09 |
| LNEG 不是 LNR 的格兰杰原因 | 1 | 2.23 | 0.16 | LNEG 不是 LNR 的格兰杰原因 | 1 | 0.03 | 0.87 |
| LNP 不是 LNEG 的格兰杰原因 | 1 | 1.73 | 0.21 | LNP 不是 LNEG 的格兰杰原因 | 1 | 2.33 | 0.15 |
| LNEG 不是 LNP 的格兰杰原因 | 1 | 0.94 | 0.35 | LNEG 不是 LNP 的格兰杰原因 | 1 | 0.18 | 0.68 |
| LNR 不是 LNEG 的格兰杰原因 | 2 | 0.32 | 0.74 | LNR 不是 LNEG 的格兰杰原因 | 3 | 1.97 | 0.19 |
| LNEG 不是 LNR 的格兰杰原因 | 2 | 0.88 | 0.44 | LNEG 不是 LNR 的格兰杰原因 | 3 | 4.21 | 0.05 |
| LNP 不是 LNEG 的格兰杰原因 | 2 | 0.15 | 0.86 | LNP 不是 LNEG 的格兰杰原因 | 3 | 1.02 | 0.43 |
| LNEG 不是 LNP 的格兰杰原因 | 2 | 1.08 | 0.37 | LNEG 不是 LNP 的格兰杰原因 | 3 | 0.37 | 0.78 |

续表

| 造纸及纸制品 | | | | 石油加工 | | | |
|---|---|---|---|---|---|---|---|
| 因果关系假设 | 滞后阶数 | F统计值 | P值 | 因果关系假设 | 滞后阶数 | F统计值 | P值 |
| LNR 不是 LNEG 的格兰杰原因 | 1 | 1.99 | 0.18 | LNR 不是 LNEG 的格兰杰原因 | 1 | 0.16 | 0.70 |
| LNEG 不是 LNR 的格兰杰原因 | 1 | 0.07 | 0.79 | LNEG 不是 LNR 的格兰杰原因 | 1 | 0.00 | 0.99 |
| LNP 不是 LNEG 的格兰杰原因 | 1 | 1.70 | 0.21 | LNP 不是 LNEG 的格兰杰原因 | 1 | 0.01 | 0.94 |
| LNEG 不是 LNP 的格兰杰原因 | 1 | 0.00 | 0.95 | LNEG 不是 LNP 的格兰杰原因 | 1 | 0.07 | 0.80 |
| LNR 不是 LNEG 的格兰杰原因 | 2 | 4.18 | 0.04 | LNR 不是 LNEG 的格兰杰原因 | 2 | 1.57 | 0.25 |
| LNEG 不是 LNR 的格兰杰原因 | 2 | 0.38 | 0.69 | LNEG 不是 LNR 的格兰杰原因 | 2 | 0.08 | 0.92 |
| LNP 不是 LNEG 的格兰杰原因 | 2 | 1.12 | 0.36 | LNP 不是 LNEG 的格兰杰原因 | 2 | 0.16 | 0.86 |
| LNEG 不是 LNP 的格兰杰原因 | 2 | 1.57 | 0.25 | LNEG 不是 LNP 的格兰杰原因 | 2 | 0.10 | 0.91 |

| 化学工业 | | | | 医药工业 | | | |
|---|---|---|---|---|---|---|---|
| 因果关系假设 | 滞后阶数 | F统计值 | P值 | 因果关系假设 | 滞后阶数 | F统计值 | P值 |
| LNR 不是 LNEG 的格兰杰原因 | 1 | 3.30 | 0.09 | LNR 不是 LNEG 的格兰杰原因 | 1 | 2.67 | 0.12 |
| LNEG 不是 LNR 的格兰杰原因 | 1 | 0.10 | 0.76 | LNEG 不是 LNR 的格兰杰原因 | 1 | 0.72 | 0.41 |
| LNP 不是 LNEG 的格兰杰原因 | 1 | 6.96 | 0.02 | LNP 不是 LNEG 的格兰杰原因 | 1 | 1.33 | 0.27 |
| LNEG 不是 LNP 的格兰杰原因 | 1 | 1.35 | 0.26 | LNEG 不是 LNP 的格兰杰原因 | 1 | 0.55 | 0.47 |
| LNR 不是 LNEG 的格兰杰原因 | 2 | 2.26 | 0.15 | LNR 不是 LNEG 的格兰杰原因 | 3 | 3.76 | 0.06 |
| LNEG 不是 LNR 的格兰杰原因 | 2 | 5.33 | 0.02 | LNEG 不是 LNR 的格兰杰原因 | 3 | 11.5 | 0.00 |
| LNP 不是 LNEG 的格兰杰原因 | 2 | 3.91 | 0.05 | LNP 不是 LNEG 的格兰杰原因 | 3 | 1.56 | 0.27 |
| LNEG 不是 LNP 的格兰杰原因 | 2 | 3.23 | 0.08 | LNEG 不是 LNP 的格兰杰原因 | 3 | 1.09 | 0.41 |

| 化学纤维 | | | | 建筑材料及其他非金属矿物制品 | | | |
|---|---|---|---|---|---|---|---|
| 因果关系假设 | 滞后阶数 | F统计值 | P值 | 因果关系假设 | 滞后阶数 | F统计值 | P值 |
| LNR 不是 LNEG 的格兰杰原因 | 1 | 4.75 | 0.05 | LNR 不是 LNEG 的格兰杰原因 | 1 | 0.50 | 0.49 |
| LNEG 不是 LNR 的格兰杰原因 | 1 | 0.32 | 0.58 | LNEG 不是 LNR 的格兰杰原因 | 1 | 2.33 | 0.15 |
| LNP 不是 LNEG 的格兰杰原因 | 1 | 5.23 | 0.04 | LNP 不是 LNEG 的格兰杰原因 | 1 | 0.29 | 0.60 |
| LNEG 不是 LNP 的格兰杰原因 | 1 | 0.08 | 0.78 | LNEG 不是 LNP 的格兰杰原因 | 1 | 1.85 | 0.20 |
| LNR 不是 LNEG 的格兰杰原因 | 2 | 1.14 | 0.36 | LNR 不是 LNEG 的格兰杰原因 | 2 | 3.76 | 0.06 |
| LNEG 不是 LNR 的格兰杰原因 | 2 | 0.28 | 0.76 | LNEG 不是 LNR 的格兰杰原因 | 2 | 1.55 | 0.25 |
| LNP 不是 LNEG 的格兰杰原因 | 2 | 4.33 | 0.04 | LNP 不是 LNEG 的格兰杰原因 | 2 | 0.45 | 0.65 |
| LNEG 不是 LNP 的格兰杰原因 | 2 | 2.03 | 0.18 | LNEG 不是 LNP 的格兰杰原因 | 2 | 0.72 | 0.51 |

续表

| 黑色金属冶炼及压延加工业 | | | | 金属制品 | | | |
|---|---|---|---|---|---|---|---|
| 因果关系假设 | 滞后阶数 | F统计值 | P值 | 因果关系假设 | 滞后阶数 | F统计值 | P值 |
| LNZ 不是 LNP 的格兰杰原因 | 1 | 1.75 | 0.21 | LNZ 不是 LNP 的格兰杰原因 | 1 | 9.04 | 0.01 |
| LNP 不是 LNZ 的格兰杰原因 | 1 | 3.86 | 0.07 | LNP 不是 LNZ 的格兰杰原因 | 1 | 0.89 | 0.36 |
| LND 不是 LNP 的格兰杰原因 | 1 | 0.98 | 0.34 | LND 不是 LNP 的格兰杰原因 | 1 | 1.88 | 0.19 |
| LNP 不是 LND 的格兰杰原因 | 1 | 2.64 | 0.13 | LNP 不是 LND 的格兰杰原因 | 1 | 0.54 | 0.47 |
| LNZ 不是 LNR 的格兰杰原因 | 2 | 3.83 | 0.05 | LNZ 不是 LNR 的格兰杰原因 | 2 | 2.02 | 0.18 |
| LNR 不是 LNZ 的格兰杰原因 | 2 | 1.59 | 0.25 | LNR 不是 LNZ 的格兰杰原因 | 2 | 0.55 | 0.59 |
| LND 不是 LNR 的格兰杰原因 | 2 | 1.55 | 0.25 | LND 不是 LNR 的格兰杰原因 | 2 | 0.59 | 0.57 |
| LNR 不是 LND 的格兰杰原因 | 2 | 0.74 | 0.50 | LNR 不是 LND 的格兰杰原因 | 2 | 0.34 | 0.72 |

| 机械工业 | | | | 交通运输设备 | | | |
|---|---|---|---|---|---|---|---|
| 因果关系假设 | 滞后阶数 | F统计值 | P值 | 因果关系假设 | 滞后阶数 | F统计值 | P值 |
| LNR 不是 LNEG 的格兰杰原因 | 1 | 0.07 | 0.79 | LNR 不是 LNEG 的格兰杰原因 | 1 | 0.93 | 0.35 |
| LNEG 不是 LNR 的格兰杰原因 | 1 | 3.60 | 0.08 | LNEG 不是 LNR 的格兰杰原因 | 1 | 0.79 | 0.39 |
| LNP 不是 LNEG 的格兰杰原因 | 1 | 1.92 | 0.19 | LNP 不是 LNEG 的格兰杰原因 | 1 | 2.90 | 0.11 |
| LNEG 不是 LNP 的格兰杰原因 | 1 | 2.82 | 0.12 | LNEG 不是 LNP 的格兰杰原因 | 1 | 0.68 | 0.42 |
| LNR 不是 LNEG 的格兰杰原因 | 2 | 0.08 | 0.92 | LNR 不是 LNEG 的格兰杰原因 | 2 | 2.71 | 0.12 |
| LNEG 不是 LNR 的格兰杰原因 | 2 | 3.45 | 0.07 | LNEG 不是 LNR 的格兰杰原因 | 2 | 4.80 | 0.03 |
| LNP 不是 LNEG 的格兰杰原因 | 2 | 0.40 | 0.68 | LNP 不是 LNEG 的格兰杰原因 | 2 | 3.44 | 0.07 |
| LNEG 不是 LNP 的格兰杰原因 | 2 | 4.14 | 0.05 | LNEG 不是 LNP 的格兰杰原因 | 2 | 0.58 | 0.65 |

| 电气机械及器材制造 | | | | 电子及通信设备制造 | | | |
|---|---|---|---|---|---|---|---|
| 因果关系假设 | 滞后阶数 | F统计值 | P值 | 因果关系假设 | 滞后阶数 | F统计值 | P值 |
| LNR 不是 LNEG 的格兰杰原因 | 1 | 7.32 | 0.02 | LNR 不是 LNEG 的格兰杰原因 | 1 | 0.48 | 0.63 |
| LNEG 不是 LNR 的格兰杰原因 | 1 | 0.50 | 0.49 | LNEG 不是 LNR 的格兰杰原因 | 1 | 2.85 | 0.10 |
| LNP 不是 LNEG 的格兰杰原因 | 1 | 0.14 | 0.71 | LNP 不是 LNEG 的格兰杰原因 | 1 | 0.63 | 0.55 |
| LNEG 不是 LNP 的格兰杰原因 | 1 | 2.03 | 0.18 | LNEG 不是 LNP 的格兰杰原因 | 1 | 0.79 | 0.48 |
| LNR 不是 LNEG 的格兰杰原因 | 2 | 1.13 | 0.36 | LNR 不是 LNEG 的格兰杰原因 | 3 | 1.61 | 0.26 |
| LNEG 不是 LNR 的格兰杰原因 | 2 | 0.56 | 0.59 | LNEG 不是 LNR 的格兰杰原因 | 3 | 8.69 | 0.01 |
| LNP 不是 LNEG 的格兰杰原因 | 2 | 6.81 | 0.01 | LNP 不是 LNEG 的格兰杰原因 | 3 | 3.21 | 0.08 |
| LNEG 不是 LNP 的格兰杰原因 | 2 | 1.59 | 0.25 | LNEG 不是 LNP 的格兰杰原因 | 3 | 2.64 | 0.12 |

续表

| 仪器仪表 | | | | | | | |
|---|---|---|---|---|---|---|---|
| 因果关系假设 | 滞后阶数 | F统计值 | P值 | 因果关系假设 | 滞后阶数 | F统计值 | P值 |
| LNR 不是 LNEG 的格兰杰原因 | 1 | 2.82 | 0.10 | LNR 不是 LNEG 的格兰杰原因 | 2 | 4.73 | 0.04 |
| LNEG 不是 LNR 的格兰杰原因 | 1 | 0.67 | 0.53 | LNEG 不是 LNR 的格兰杰原因 | 2 | 2.04 | 0.19 |
| LNP 不是 LNEG 的格兰杰原因 | 1 | 2.08 | 0.17 | LNP 不是 LNEG 的格兰杰原因 | 2 | 3.63 | 0.06 |
| LNEG 不是 LNP 的格兰杰原因 | 1 | 2.29 | 0.15 | LNEG 不是 LNP 的格兰杰原因 | 2 | 1.91 | 0.20 |

### 2. 检验结论

第一，大部分行业的 R&D 投入与产业集聚都存在一定的格兰杰因果关系，表明 R&D 与产业集聚存在某种因果关系，或 R&D 投入增加促进了行业集聚度的提高，或行业集聚度的提高导致了 R&D 投入的增加。但是，不同行业间的 R&D 投入与产业集聚之间的互动关系存在差别。

第二，除了烟草加工、石油加工和机械工业外，R&D 投入增加促进了大部分行业集聚度的提高，表明行业 R&D 投入是产业集聚重要动力。结合地区分析，1990~2007 年，我国各地区各行业的 R&D 投入分布不平衡趋势加大，从而导致不同地区行业创新绩效距离拉大，引发产业向具有 R&D 投入与产业集聚优势的地区集聚。

第三，产业集聚度的提高促进了部分行业 R&D 投入的增加，包括劳动密集型、资本密集型和技术密集型的行业的 R&D 投入的增加。产业集聚产生了集聚效应，有利于专业技术人才从产业非集聚地区向集聚地区流动，而集聚产生的竞争也会迫使企业增加相应的 R&D 投入，以保证在竞争中取胜。

第四，在行业中，R&D 投入对促进产业集聚的影响更大，而产业集聚促进 R&D 投入增加的影响相对较小；相对 R&D 人员投入，R&D 经费投入对促进产业集聚的影响更为重要。

第五，总体来看，市场竞争程度比较高的行业，R&D 投入和产业集聚之间就存在较强的格兰杰因果关系，如食品制造业和纺织业这样的劳动密集型行业和资本密集型行业如化学工业,也即产业集聚与 R&D 投入的存在互动机制。而高度垄断的行业如烟草制造业和石油加工行业,R&D 投入与产业集聚之间不存在格兰杰因果关系。这也证明,竞争有利于促进产业加大 R&D 投入和产生创新动力,而垄断则阻碍了 R&D 投入和创新动力的产生。

# 6.3 产业集聚与知识溢出效应的格兰杰因果关系分析

## 6.3.1 地区产业集聚与知识溢出效应的格兰杰因果关系分析

### 1. 检验结果描述

LNZ 不是 LNZL 的格兰杰原因的检验 P 值在 15% 以下的地区有天津、河北、内蒙古、辽宁、湖北、湖南、广东、广西、四川、贵州、云南、陕西、新疆;LND 不是 LNZL 的格兰杰原因检验 P 值在 15% 以下的地区有天津、河北、山西、吉林、黑龙江、上海、江苏、安徽、江西、河南、湖北、湖南、广东、海南、四川、云南、陕西、新疆。表明专业化或多样化集聚是上述地区专利创新变化的格兰杰原因。

LNZ 不是 LNT 的格兰杰原因的检验 P 值在 15% 以下的地区有北京、河北、山西、内蒙古、黑龙江、江苏、福建、山东、河南、湖南、贵州、云南、陕西、甘肃、宁夏;LND 不是 LNT 的格兰杰原因检验 P 值在 15% 以下的地区有内蒙古、黑龙江、上海、福建、河南、贵州、云南。表明专业化或多样化集聚是上述地区全要素生产率(TFP)变化的格兰杰原因。

LNZL 不是 LNZ 的格兰杰原因的检验 P 值在 15% 以下的地区有北京、内蒙古、吉林、上海、浙江、福建、江西、湖北、广东、甘肃;LNZL 不是 LND 的格兰杰原因检验 P 值在 15% 以下的地区有内蒙古、辽宁、浙江、安徽、福建、河南、广东、四川、云南、宁夏、新疆。表明专利创新是上述地区专业化或多样化集聚变化的格兰杰原因。

LNT是LNZ的格兰杰原因的检验P值在15%以下的地区有安徽、广东、广西、海南；LNT不是LND的格兰杰原因的检验P值在15%以下地区有上海、江苏、浙江、四川。表明全要素生产率（TFP）是上述地区专业化或多样化集聚变化的格兰杰原因，如表6.3所示。

表6.3　　　地区产业集聚与知识溢出效应的格兰杰因果关系分析

| 北京 | | | | 天津 | | | |
|---|---|---|---|---|---|---|---|
| 因果关系假设 | 滞后阶数 | F统计值 | P值 | 因果关系假设 | 滞后阶数 | F统计值 | P值 |
| LNZ 不是 LNZL 的格兰杰原因 | 4 | 1.51 | 0.32 | LNZ 不是 LNZL 的格兰杰原因 | 2 | 5.29 | 0.02 |
| LNZL 不是 LNZ 的格兰杰原因 | 4 | 4.08 | 0.08 | LNZL 不是 LNZ 的格兰杰原因 | 2 | 1.30 | 0.31 |
| LND 不是 LNZL 的格兰杰原因 | 4 | 0.81 | 0.57 | LND 不是 LNZL 的格兰杰原因 | 4 | 4.54 | 0.06 |
| LNZL 不是 LND 的格兰杰原因 | 4 | 2.13 | 0.21 | LNZL 不是 LND 的格兰杰原因 | 4 | 0.09 | 0.97 |
| LNZ 不是 LNT 的格兰杰原因 | 4 | 2.23 | 0.11 | LNZ 不是 LNT 的格兰杰原因 | 1 | 1.95 | 0.18 |
| LNT 不是 LNZ 的格兰杰原因 | 4 | 3.30 | 0.20 | LNT 不是 LNZ 的格兰杰原因 | 1 | 1.19 | 0.29 |
| LND 不是 LNT 的格兰杰原因 | 4 | 1.56 | 0.31 | LND 不是 LNT 的格兰杰原因 | 1 | 0.13 | 0.72 |
| LNT 不是 LND 的格兰杰原因 | 4 | 0.96 | 0.50 | LNT 不是 LND 的格兰杰原因 | 1 | 0.30 | 0.59 |
| 河北 | | | | 山西 | | | |
| 因果关系假设 | 滞后阶数 | F统计值 | P值 | 因果关系假设 | 滞后阶数 | F统计值 | P值 |
| LNZ 不是 LNZL 的格兰杰原因 | 2 | 6.87 | 0.01 | LNZ 不是 LNZL 的格兰杰原因 | 3 | 0.43 | 0.73 |
| LNZL 不是 LNZ 的格兰杰原因 | 2 | 1.13 | 0.35 | LNZL 不是 LNZ 的格兰杰原因 | 3 | 0.92 | 0.47 |
| LND 不是 LNZL 的格兰杰原因 | 2 | 34.62 | 0.00 | LND 不是 LNZL 的格兰杰原因 | 3 | 6.34 | 0.02 |
| LNZL 不是 LND 的格兰杰原因 | 2 | 1.11 | 0.36 | LNZL 不是 LND 的格兰杰原因 | 3 | 0.72 | 0.57 |
| LNZ 不是 LNT 的格兰杰原因 | 2 | 10.17 | 0.00 | LNZ 不是 LNT 的格兰杰原因 | 3 | 2.68 | 0.12 |
| LNT 不是 LNZ 的格兰杰原因 | 2 | 0.26 | 0.77 | LNT 不是 LNZ 的格兰杰原因 | 3 | 0.31 | 0.82 |
| LND 不是 LNT 的格兰杰原因 | 2 | 1.31 | 0.31 | LND 不是 LNT 的格兰杰原因 | 3 | 1.32 | 0.33 |
| LNT 不是 LND 的格兰杰原因 | 2 | 0.27 | 0.77 | LNT 不是 LND 的格兰杰原因 | 3 | 0.56 | 0.65 |

续表

| 内蒙古 | | | | 辽宁 | | | |
|---|---|---|---|---|---|---|---|
| 因果关系假设 | 滞后阶数 | F 统计值 | P 值 | 因果关系假设 | 滞后阶数 | F 统计值 | P 值 |
| LNZ 不是 LNZL 的格兰杰原因 | 4 | 13.29 | 0.01 | LNZ 不是 LNZL 的格兰杰原因 | 4 | 6.13 | 0.04 |
| LNZL 不是 LNZ 的格兰杰原因 | 4 | 2.82 | 0.14 | LNZL 不是 LNZ 的格兰杰原因 | 4 | 1.10 | 0.45 |
| LND 不是 LNZL 的格兰杰原因 | 4 | 0.63 | 0.66 | LND 不是 LNZL 的格兰杰原因 | 4 | 1.71 | 0.28 |
| LNZL 不是 LND 的格兰杰原因 | 4 | 2.83 | 0.14 | LNZL 不是 LND 的格兰杰原因 | 4 | 20.57 | 0.00 |
| LNZ 不是 LNT 的格兰杰原因 | 4 | 4.32 | 0.07 | LNZ 不是 LNT 的格兰杰原因 | 4 | 2.47 | 0.17 |
| LNT 不是 LNZ 的格兰杰原因 | 4 | 1.44 | 0.34 | LNT 不是 LNZ 的格兰杰原因 | 4 | 0.91 | 0.52 |
| LND 不是 LNT 的格兰杰原因 | 4 | 3.88 | 0.08 | LND 不是 LNT 的格兰杰原因 | 4 | 1.14 | 0.43 |
| LNT 不是 LND 的格兰杰原因 | 4 | 1.42 | 0.34 | LNT 不是 LND 的格兰杰原因 | 4 | 0.38 | 0.82 |

| 吉林 | | | | 黑龙江 | | | |
|---|---|---|---|---|---|---|---|
| 因果关系假设 | 滞后阶数 | F 统计值 | P 值 | 因果关系假设 | 滞后阶数 | F 统计值 | P 值 |
| LNZ 不是 LNZL 的格兰杰原因 | 2 | 2.66 | 0.16 | LNZ 不是 LNZL 的格兰杰原因 | 1 | 0.06 | 0.81 |
| LNZL 不是 LNZ 的格兰杰原因 | 2 | 18.25 | 0.00 | LNZL 不是 LNZ 的格兰杰原因 | 1 | 0.01 | 0.91 |
| LND 不是 LNZL 的格兰杰原因 | 2 | 3.38 | 0.07 | LND 不是 LNZL 的格兰杰原因 | 1 | 8.91 | 0.01 |
| LNZL 不是 LND 的格兰杰原因 | 2 | 0.77 | 0.49 | LNZL 不是 LND 的格兰杰原因 | 1 | 0.83 | 0.38 |
| LNZ 不是 LNT 的格兰杰原因 | 2 | 0.20 | 0.82 | LNZ 不是 LNT 的格兰杰原因 | 1 | 2.41 | 0.14 |
| LNT 不是 LNZ 的格兰杰原因 | 2 | 0.13 | 0.88 | LNT 不是 LNZ 的格兰杰原因 | 1 | 0.14 | 0.99 |
| LND 不是 LNT 的格兰杰原因 | 2 | 0.33 | 0.52 | LND 不是 LNT 的格兰杰原因 | 1 | 6.76 | 0.02 |
| LNT 不是 LND 的格兰杰原因 | 2 | 0.69 | 0.73 | LNT 不是 LND 的格兰杰原因 | 1 | 2.11 | 0.17 |

| 上海 | | | | 江苏 | | | |
|---|---|---|---|---|---|---|---|
| 因果关系假设 | 滞后阶数 | F 统计值 | P 值 | 因果关系假设 | 滞后阶数 | F 统计值 | P 值 |
| LNZ 不是 LNZL 的格兰杰原因 | 2 | 1.54 | 0.26 | LNZ 不是 LNZL 的格兰杰原因 | 1 | 0.06 | 0.81 |
| LNZL 不是 LNZ 的格兰杰原因 | 2 | 4.75 | 0.03 | LNZL 不是 LNZ 的格兰杰原因 | 1 | 0.01 | 0.91 |
| LND 不是 LNZL 的格兰杰原因 | 2 | 4.72 | 0.03 | LND 不是 LNZL 的格兰杰原因 | 1 | 8.91 | 0.01 |
| LNZL 不是 LND 的格兰杰原因 | 2 | 1.52 | 0.26 | LNZL 不是 LND 的格兰杰原因 | 1 | 0.83 | 0.38 |
| LNZ 不是 LNT 的格兰杰原因 | 3 | 0.79 | 0.53 | LNZ 不是 LNT 的格兰杰原因 | 1 | 2.42 | 0.14 |
| LNT 不是 LNZ 的格兰杰原因 | 3 | 1.44 | 0.30 | LNT 不是 LNZ 的格兰杰原因 | 1 | 0.00 | 0.99 |
| LND 不是 LNT 的格兰杰原因 | 3 | 3.51 | 0.07 | LND 不是 LNT 的格兰杰原因 | 1 | 6.76 | 0.17 |
| LNT 不是 LND 的格兰杰原因 | 3 | 2.60 | 0.12 | LNT 不是 LND 的格兰杰原因 | 1 | 2.11 | 0.02 |

续表

| 浙江 | | | | 安徽 | | | |
|---|---|---|---|---|---|---|---|
| 因果关系假设 | 滞后阶数 | F统计值 | P值 | 因果关系假设 | 滞后阶数 | F统计值 | P值 |
| LNZ 不是 LNZL 的格兰杰原因 | 1 | 0.14 | 0.71 | LNZ 不是 LNZL 的格兰杰原因 | 1 | 1.38 | 0.26 |
| LNZL 不是 LNZ 的格兰杰原因 | 1 | 3.42 | 0.09 | LNZL 不是 LNZ 的格兰杰原因 | 1 | 0.59 | 0.45 |
| LND 不是 LNZL 的格兰杰原因 | 1 | 0.02 | 0.89 | LND 不是 LNZL 的格兰杰原因 | 1 | 11.2 | 0.00 |
| LNZL 不是 LND 的格兰杰原因 | 1 | 3.14 | 0.10 | LNZL 不是 LND 的格兰杰原因 | 1 | 7.58 | 0.02 |
| LNZ 不是 LNT 的格兰杰原因 | 1 | 0.10 | 0.76 | LNZ 不是 LNT 的格兰杰原因 | 1 | 3.46 | 0.46 |
| LNT 不是 LNZ 的格兰杰原因 | 1 | 0.38 | 0.55 | LNT 不是 LNZ 的格兰杰原因 | 1 | 0.58 | 0.08 |
| LND 不是 LNT 的格兰杰原因 | 1 | 0.02 | 0.89 | LND 不是 LNT 的格兰杰原因 | 1 | 0.05 | 0.82 |
| LNT 不是 LND 的格兰杰原因 | 1 | 2.86 | 0.11 | LNT 不是 LND 的格兰杰原因 | 1 | 0.05 | 0.54 |

| 福建 | | | | 江西 | | | |
|---|---|---|---|---|---|---|---|
| 因果关系假设 | 滞后阶数 | F统计值 | P值 | 因果关系假设 | 滞后阶数 | F统计值 | P值 |
| LNZ 不是 LNZL 的格兰杰原因 | 1 | 0.01 | 0.94 | LNZ 不是 LNZL 的格兰杰原因 | 3 | 0.61 | 0.62 |
| LNZL 不是 LNZ 的格兰杰原因 | 1 | 6.23 | 0.03 | LNZL 不是 LNZ 的格兰杰原因 | 3 | 3.30 | 0.08 |
| LND 不是 LNZL 的格兰杰原因 | 1 | 1.39 | 0.26 | LND 不是 LNZL 的格兰杰原因 | 3 | 3.78 | 0.06 |
| LNZL 不是 LND 的格兰杰原因 | 1 | 2.46 | 0.14 | LNZL 不是 LND 的格兰杰原因 | 3 | 0.52 | 0.68 |
| LNZ 不是 LNT 的格兰杰原因 | 1 | 3.24 | 0.09 | LNZ 不是 LNT 的格兰杰原因 | 3 | 0.75 | 0.55 |
| LNT 不是 LNZ 的格兰杰原因 | 1 | 0.71 | 0.41 | LNT 不是 LNZ 的格兰杰原因 | 3 | 1.28 | 0.34 |
| LND 不是 LNT 的格兰杰原因 | 1 | 3.22 | 0.09 | LND 不是 LNT 的格兰杰原因 | 3 | 1.18 | 0.38 |
| LNT 不是 LND 的格兰杰原因 | 1 | 0.58 | 0.46 | LNT 不是 LND 的格兰杰原因 | 3 | 1.17 | 0.38 |

| 山东 | | | | 河南 | | | |
|---|---|---|---|---|---|---|---|
| 因果关系假设 | 滞后阶数 | F统计值 | P值 | 因果关系假设 | 滞后阶数 | F统计值 | P值 |
| LNZ 不是 LNZL 的格兰杰原因 | 1 | 0.40 | 0.54 | LNZ 不是 LNZL 的格兰杰原因 | 2 | 0.44 | 0.66 |
| LNZL 不是 LNZ 的格兰杰原因 | 1 | 0.33 | 0.57 | LNZL 不是 LNZ 的格兰杰原因 | 2 | 1.26 | 0.32 |
| LND 不是 LNZL 的格兰杰原因 | 1 | 0.00 | 0.97 | LND 不是 LNZL 的格兰杰原因 | 2 | 10.32 | 0.00 |
| LNZL 不是 LND 的格兰杰原因 | 1 | 0.00 | 0.96 | LNZL 不是 LND 的格兰杰原因 | 2 | 4.90 | 0.03 |
| LNZ 不是 LNT 的格兰杰原因 | 1 | 3.16 | 0.10 | LNZ 不是 LNT 的格兰杰原因 | 2 | 4.66 | 0.03 |
| LNT 不是 LNZ 的格兰杰原因 | 1 | 0.08 | 0.78 | LNT 不是 LNZ 的格兰杰原因 | 2 | 0.30 | 0.75 |
| LND 不是 LNT 的格兰杰原因 | 1 | 1.42 | 0.25 | LND 不是 LNT 的格兰杰原因 | 2 | 2.78 | 0.11 |
| LNT 不是 LND 的格兰杰原因 | 1 | 0.80 | 0.39 | LNT 不是 LND 的格兰杰原因 | 2 | 1.00 | 0.40 |

续表

| 湖北 | | | | 湖南 | | | |
|---|---|---|---|---|---|---|---|
| 因果关系假设 | 滞后阶数 | F 统计值 | P 值 | 因果关系假设 | 滞后阶数 | F 统计值 | P 值 |
| LNZ 不是 LNZL 的格兰杰原因 | 3 | 3.83 | 0.06 | LNZ 不是 LNZL 的格兰杰原因 | 4 | 5.04 | 0.05 |
| LNZL 不是 LNZ 的格兰杰原因 | 3 | 3.42 | 0.07 | LNZL 不是 LNZ 的格兰杰原因 | 4 | 0.44 | 0.78 |
| LND 不是 LNZL 的格兰杰原因 | 3 | 4.69 | 0.04 | LND 不是 LNZL 的格兰杰原因 | 4 | 4.40 | 0.07 |
| LNZL 不是 LND 的格兰杰原因 | 3 | 1.33 | 0.33 | LNZL 不是 LND 的格兰杰原因 | 4 | 0.29 | 0.87 |
| LNZ 不是 LNT 的格兰杰原因 | 3 | 0.86 | 0.50 | LNZ 不是 LNT 的格兰杰原因 | 4 | 4.31 | 0.07 |
| LNT 不是 LNZ 的格兰杰原因 | 3 | 1.12 | 0.40 | LNT 不是 LNZ 的格兰杰原因 | 4 | 0.29 | 0.87 |
| LND 不是 LNT 的格兰杰原因 | 3 | 0.47 | 0.71 | LND 不是 LNT 的格兰杰原因 | 4 | 1.33 | 0.37 |
| LNT 不是 LND 的格兰杰原因 | 3 | 0.04 | 0.99 | LNT 不是 LND 的格兰杰原因 | 4 | 0.83 | 0.56 |
| 广东 | | | | 广西 | | | |
| 因果关系假设 | 滞后阶数 | F 统计值 | P 值 | 因果关系假设 | 滞后阶数 | F 统计值 | P 值 |
| LNZ 不是 LNZL 的格兰杰原因 | 1 | 4.73 | 0.05 | LNZ 不是 LNZL 的格兰杰原因 | 2 | 5.69 | 0.02 |
| LNZL 不是 LNZ 的格兰杰原因 | 1 | 14.46 | 0.00 | LNZL 不是 LNZ 的格兰杰原因 | 2 | 1.25 | 0.32 |
| LND 不是 LNZL 的格兰杰原因 | 1 | 4.14 | 0.06 | LND 不是 LNZL 的格兰杰原因 | 2 | 0.91 | 0.43 |
| LNZL 不是 LND 的格兰杰原因 | 1 | 4.30 | 0.06 | LNZL 不是 LND 的格兰杰原因 | 2 | 1.32 | 0.31 |
| LNZ 不是 LNT 的格兰杰原因 | 1 | 6.04 | 0.74 | LNZ 不是 LNT 的格兰杰原因 | 2 | 1.53 | 0.26 |
| LNT 不是 LNZ 的格兰杰原因 | 1 | 0.12 | 0.03 | LNT 不是 LNZ 的格兰杰原因 | 2 | 2.30 | 0.15 |
| LND 不是 LNT 的格兰杰原因 | 1 | 0.01 | 0.93 | LND 不是 LNT 的格兰杰原因 | 2 | 0.48 | 0.32 |
| LNT 不是 LND 的格兰杰原因 | 1 | 0.03 | 0.87 | LNT 不是 LND 的格兰杰原因 | 2 | 1.28 | 0.63 |
| 海南 | | | | 四川 | | | |
| 因果关系假设 | 滞后阶数 | F 统计值 | P 值 | 因果关系假设 | 滞后阶数 | F 统计值 | P 值 |
| LNZ 不是 LNZL 的格兰杰原因 | 3 | 1.04 | 0.43 | LNZ 不是 LNZL 的格兰杰原因 | 1 | 6.50 | 0.02 |
| LNZL 不是 LNZ 的格兰杰原因 | 3 | 2.00 | 0.19 | LNZL 不是 LNZ 的格兰杰原因 | 1 | 2.11 | 0.17 |
| LND 不是 LNZL 的格兰杰原因 | 3 | 3.90 | 0.06 | LND 不是 LNZL 的格兰杰原因 | 1 | 5.52 | 0.03 |
| LNZL 不是 LND 的格兰杰原因 | 3 | 0.29 | 0.83 | LNZL 不是 LND 的格兰杰原因 | 1 | 9.48 | 0.01 |
| LNZ 不是 LNT 的格兰杰原因 | 3 | 0.33 | 0.80 | LNZ 不是 LNT 的格兰杰原因 | 1 | 1.63 | 0.22 |
| LNT 不是 LNZ 的格兰杰原因 | 3 | 10.27 | 0.00 | LNT 不是 LNZ 的格兰杰原因 | 1 | 0.55 | 0.47 |
| LND 不是 LNT 的格兰杰原因 | 3 | 0.95 | 0.46 | LND 不是 LNT 的格兰杰原因 | 1 | 1.66 | 0.22 |
| LNT 不是 LND 的格兰杰原因 | 3 | 0.35 | 0.79 | LNT 不是 LND 的格兰杰原因 | 1 | 5.34 | 0.04 |

续表

| 贵州 | | | | 云南 | | | |
| --- | --- | --- | --- | --- | --- | --- | --- |
| 因果关系假设 | 滞后阶数 | F 统计值 | P 值 | 因果关系假设 | 滞后阶数 | F 统计值 | P 值 |
| LNZ 不是 LNZL 的格兰杰原因 | 3 | 4.47 | 0.04 | LNZ 不是 LNZL 的格兰杰原因 | 3 | 5.91 | 0.02 |
| LNZL 不是 LNZ 的格兰杰原因 | 3 | 1.78 | 0.23 | LNZL 不是 LNZ 的格兰杰原因 | 3 | 0.32 | 0.81 |
| LND 不是 LNZL 的格兰杰原因 | 3 | 1.92 | 0.21 | LND 不是 LNZL 的格兰杰原因 | 3 | 16.22 | 0.00 |
| LNZL 不是 LND 的格兰杰原因 | 3 | 2.25 | 0.16 | LNZL 不是 LND 的格兰杰原因 | 3 | 2.24 | 0.15 |
| LNZ 不是 LNT 的格兰杰原因 | 3 | 2.86 | 0.10 | LNZ 不是 LNT 的格兰杰原因 | 3 | 3.61 | 0.06 |
| LNT 不是 LNZ 的格兰杰原因 | 3 | 1.27 | 0.35 | LNT 不是 LNZ 的格兰杰原因 | 3 | 0.77 | 0.54 |
| LND 不是 LNT 的格兰杰原因 | 3 | 2.65 | 0.12 | LND 不是 LNT 的格兰杰原因 | 3 | 2.35 | 0.15 |
| LNT 不是 LND 的格兰杰原因 | 3 | 0.65 | 0.60 | LNT 不是 LND 的格兰杰原因 | 3 | 0.23 | 0.87 |

| 陕西 | | | | 甘肃 | | | |
| --- | --- | --- | --- | --- | --- | --- | --- |
| 因果关系假设 | 滞后阶数 | F 统计值 | P 值 | 因果关系假设 | 滞后阶数 | F 统计值 | P 值 |
| LNZ 不是 LNZL 的格兰杰原因 | 1 | 3.36 | 0.09 | LNZ 不是 LNZL 的格兰杰原因 | 4 | 0.52 | 0.73 |
| LNZL 不是 LNZ 的格兰杰原因 | 1 | 0.03 | 0.86 | LNZL 不是 LNZ 的格兰杰原因 | 4 | 12.39 | 0.01 |
| LND 不是 LNZL 的格兰杰原因 | 1 | 15.0 | 0.00 | LND 不是 LNZL 的格兰杰原因 | 4 | 2.35 | 0.19 |
| LNZL 不是 LND 的格兰杰原因 | 1 | 0.74 | 0.40 | LNZL 不是 LND 的格兰杰原因 | 4 | 1.85 | 0.26 |
| LNZ 不是 LNT 的格兰杰原因 | 1 | 5.29 | 0.04 | LNZ 不是 LNT 的格兰杰原因 | 4 | 3.16 | 0.12 |
| LNT 不是 LNZ 的格兰杰原因 | 1 | 0.77 | 0.39 | LNT 不是 LNZ 的格兰杰原因 | 4 | 0.13 | 0.97 |
| LND 不是 LNT 的格兰杰原因 | 1 | 3.31 | 0.09 | LND 不是 LNT 的格兰杰原因 | 4 | 0.85 | 0.55 |
| LNT 不是 LND 的格兰杰原因 | 1 | 0.25 | 0.62 | LNT 不是 LND 的格兰杰原因 | 4 | 2.17 | 0.21 |

| 青海 | | | | 宁夏 | | | |
| --- | --- | --- | --- | --- | --- | --- | --- |
| 因果关系假设 | 滞后阶数 | F 统计值 | P 值 | 因果关系假设 | 滞后阶数 | F 统计值 | P 值 |
| LNZ 不是 LNZL 的格兰杰原因 | 2 | 1.12 | 0.36 | LNZ 不是 LNZL 的格兰杰原因 | 1 | 0.00 | 0.96 |
| LNZL 不是 LNZ 的格兰杰原因 | 2 | 0.32 | 0.73 | LNZL 不是 LNZ 的格兰杰原因 | 1 | 0.01 | 0.91 |
| LND 不是 LNZL 的格兰杰原因 | 2 | 0.50 | 0.62 | LND 不是 LNZL 的格兰杰原因 | 1 | 0.05 | 0.83 |
| LNZL 不是 LND 的格兰杰原因 | 2 | 0.58 | 0.58 | LNZL 不是 LND 的格兰杰原因 | 1 | 3.19 | 0.10 |
| LNZ 不是 LNT 的格兰杰原因 | 2 | 0.42 | 0.66 | LNZ 不是 LNT 的格兰杰原因 | 1 | 4.49 | 0.05 |
| LNT 不是 LNZ 的格兰杰原因 | 2 | 1.38 | 0.29 | LNT 不是 LNZ 的格兰杰原因 | 1 | 0.07 | 0.80 |
| LND 不是 LNT 的格兰杰原因 | 2 | 0.60 | 0.56 | LND 不是 LNT 的格兰杰原因 | 1 | 0.57 | 0.46 |
| LNT 不是 LND 的格兰杰原因 | 2 | 0.12 | 0.89 | LNT 不是 LND 的格兰杰原因 | 1 | 0.00 | 0.95 |

续表

| 新疆 | | | | | | | |
|---|---|---|---|---|---|---|---|
| 因果关系假设 | 滞后阶数 | F统计值 | P值 | 因果关系假设 | 滞后阶数 | F统计值 | P值 |
| LNZ 不是 LNZL 的格兰杰原因 | 1 | 7.91 | 0.01 | LNZ 不是 LNT 的格兰杰原因 | 1 | 0.39 | 0.54 |
| LNZL 不是 LNZ 的格兰杰原因 | 1 | 0.40 | 0.54 | LNT 不是 LNZ 的格兰杰原因 | 1 | 0.82 | 0.38 |
| LND 不是 LNZL 的格兰杰原因 | 1 | 4.12 | 0.06 | LND 不是 LNT 的格兰杰原因 | 1 | 0.69 | 0.42 |
| LNZL 不是 LND 的格兰杰原因 | 1 | 2.97 | 0.11 | LNT 不是 LND 的格兰杰原因 | 1 | 0.35 | 0.56 |

**2. 检验结论**

（1）专业化或多样化集聚是我国绝大部分地区专利创新变化的格兰杰原因。专业化集聚变化对专利创新影响较为明显的多为中西部地区；多样化集聚变化对专利创新影响则包括了东、中、西三大区域的大部分省份，也即多样化集聚变化对专利创新的影响更为明显。

（2）专业化集聚或多样化集聚变化是我国部分地区的全要素生产率（TFP）变化的格兰杰原因。相对多样化集聚，专业化集聚对全要素生产率（TFP）影响更为明显。

（3）专利创新反过来也影响区域专业化集聚与多样化集聚变化。专利创新对东部地区的专业化集聚变化影响相对较大，中西部地区仅个别地区体现专利创新是专业化集聚变化的格兰杰原因。

（4）全要素生产率变化对专业化或多样化集聚变化影响相对较少，仅个别地区体现全要素生产率变化是专业化集聚变化的格兰杰原因。

（5）总体而言，发达地区尤其是广东、上海、江苏、浙江等经济发达省市的产业集聚与知识溢出效应体现较为显著的互为格兰杰因果关系，而大部分中西部地区则相对较弱。

## 6.3.2 行业集聚度与知识溢出效应的格兰杰因果关系检验

**1. 检验结果描述**

对于行业，由于分行业专利数据统计年份起始于 1993 年，之后 1994

年、1995年中断，1996年后开始连续，所以我们只对行业集聚度与行业全要素生产率（TFP）进行格兰杰因果关系检验。

LNEG不是LNT的格兰杰原因的检验P值在15%以下的行业有食品制造、饮料制造、石油加工、化学工业、机械工业、电气机械及器材制造、电子及通信设备制造和仪器仪表；LNT不是LNEG的格兰杰原因的检验P值在15%以下的行业有石油加工和金属制品，如表6.4所示。

表6.4　　　　　　　　行业集聚度与知识溢出效应的格兰杰因果关系检验

| 食品制造 | | | | 饮料制造 | | | |
|---|---|---|---|---|---|---|---|
| 因果关系假设 | 滞后阶数 | F统计值 | P值 | 因果关系假设 | 滞后阶数 | F统计值 | P值 |
| LNEG不是LNT的格兰杰原因 | 2 | 2.00 | 0.18 | LNEG不是LNT的格兰杰原因 | 1 | 2.29 | 0.15 |
| LNT不是LNEG的格兰杰原因 | 2 | 0.11 | 0.90 | LNT不是LNEG的格兰杰原因 | 1 | 0.05 | 0.83 |
| LNEG不是LNT的格兰杰原因 | 3 | 2.34 | 0.15 | LNEG不是LNT的格兰杰原因 | 2 | 0.91 | 0.43 |
| LNT不是LNEG的格兰杰原因 | 3 | 0.86 | 0.49 | LNT不是LNEG的格兰杰原因 | 2 | 0.05 | 0.95 |

| 烟草加工 | | | | 纺织业 | | | |
|---|---|---|---|---|---|---|---|
| 因果关系假设 | 滞后阶数 | F统计值 | P值 | 因果关系假设 | 滞后阶数 | F统计值 | P值 |
| LNEG不是LNT的格兰杰原因 | 1 | 0.73 | 0.41 | LNEG不是LNT的格兰杰原因 | 1 | 0.45 | 0.51 |
| LNT不是LNEG的格兰杰原因 | 1 | 1.49 | 0.24 | LNT不是LNEG的格兰杰原因 | 1 | 0.17 | 0.68 |
| LNEG不是LNT的格兰杰原因 | 4 | 1.71 | 0.28 | LNEG不是LNT的格兰杰原因 | 2 | 0.69 | 0.52 |
| LNT不是LNEG的格兰杰原因 | 4 | 0.74 | 0.60 | LNT不是LNEG的格兰杰原因 | 2 | 0.01 | 0.99 |

| 造纸及纸制品 | | | | 石油加工 | | | |
|---|---|---|---|---|---|---|---|
| 因果关系假设 | 滞后阶数 | F统计值 | P值 | 因果关系假设 | 滞后阶数 | F统计值 | P值 |
| LNEG不是LNT的格兰杰原因 | 1 | 0.04 | 0.85 | LNEG不是LNT的格兰杰原因 | 1 | 2.68 | 0.12 |
| LNT不是LNEG的格兰杰原因 | 1 | 1.62 | 0.22 | LNT不是LNEG的格兰杰原因 | 1 | 8.52 | 0.01 |
| LNEG不是LNT的格兰杰原因 | 2 | 0.21 | 0.82 | LNEG不是LNT的格兰杰原因 | 2 | 1.45 | 0.28 |
| LNT不是LNEG的格兰杰原因 | 2 | 0.55 | 0.59 | LNT不是LNEG的格兰杰原因 | 2 | 3.13 | 0.08 |

| 化学工业 | | | | 医药工业 | | | |
|---|---|---|---|---|---|---|---|
| 因果关系假设 | 滞后阶数 | F统计值 | P值 | 因果关系假设 | 滞后阶数 | F统计值 | P值 |
| LNEG不是LNT的格兰杰原因 | 1 | 5.36 | 0.04 | LNEG不是LNT的格兰杰原因 | 1 | 0.88 | 0.36 |
| LNT不是LNEG的格兰杰原因 | 1 | 0.94 | 0.35 | LNT不是LNEG的格兰杰原因 | 1 | 1.40 | 0.26 |
| LNEG不是LNT的格兰杰原因 | 2 | 4.99 | 0.03 | LNEG不是LNT的格兰杰原因 | 2 | 0.60 | 0.57 |
| LNT不是LNEG的格兰杰原因 | 2 | 0.53 | 0.60 | LNT不是LNEG的格兰杰原因 | 2 | 0.78 | 0.48 |

续表

| 化学纤维 | | | | 建筑材料及其他非金属矿物制品 | | | |
|---|---|---|---|---|---|---|---|
| 因果关系假设 | 滞后阶数 | F统计值 | P值 | 因果关系假设 | 滞后阶数 | F统计值 | P值 |
| LNEG 不是 LNT 的格兰杰原因 | 1 | 1.53 | 0.24 | LNEG 不是 LNT 的格兰杰原因 | 1 | 0.56 | 0.47 |
| LNT 不是 LNEG 的格兰杰原因 | 1 | 0.88 | 0.36 | LNT 不是 LNEG 的格兰杰原因 | 1 | 0.06 | 0.80 |
| LNEG 不是 LNT 的格兰杰原因 | 2 | 2.08 | 0.18 | LNEG 不是 LNT 的格兰杰原因 | 2 | 0.24 | 0.79 |
| LNT 不是 LNEG 的格兰杰原因 | 2 | 0.33 | 0.81 | LNT 不是 LNEG 的格兰杰原因 | 2 | 0.49 | 0.63 |

| 黑色金属冶炼及压延加工业 | | | | 金属制品 | | | |
|---|---|---|---|---|---|---|---|
| 因果关系假设 | 滞后阶数 | F统计值 | P值 | 因果关系假设 | 滞后阶数 | F统计值 | P值 |
| LNEG 不是 LNT 的格兰杰原因 | 1 | 0.05 | 0.82 | LNEG 不是 LNT 的格兰杰原因 | 3 | 0.36 | 0.78 |
| LNT 不是 LNEG 的格兰杰原因 | 1 | 0.45 | 0.52 | LNT 不是 LNEG 的格兰杰原因 | 3 | 28.2 | 0.00 |
| LNEG 不是 LNT 的格兰杰原因 | 2 | 0.09 | 0.91 | LNEG 不是 LNT 的格兰杰原因 | 4 | 0.27 | 0.88 |
| LNT 不是 LNEG 的格兰杰原因 | 2 | 0.75 | 0.49 | LNT 不是 LNEG 的格兰杰原因 | 4 | 20.1 | 0.00 |

| 机械工业 | | | | 交通运输设备 | | | |
|---|---|---|---|---|---|---|---|
| 因果关系假设 | 滞后阶数 | F统计值 | P值 | 因果关系假设 | 滞后阶数 | F统计值 | P值 |
| LNEG 不是 LNT 的格兰杰原因 | 1 | 12.5 | 0.00 | LNEG 不是 LNT 的格兰杰原因 | 1 | 0.08 | 0.79 |
| LNT 不是 LNEG 的格兰杰原因 | 1 | 0.02 | 0.89 | LNT 不是 LNEG 的格兰杰原因 | 1 | 0.27 | 0.61 |
| LNEG 不是 LNT 的格兰杰原因 | 2 | 5.32 | 0.02 | LNEG 不是 LNT 的格兰杰原因 | 2 | 1.51 | 0.26 |
| LNT 不是 LNEG 的格兰杰原因 | 2 | 0.07 | 0.93 | LNT 不是 LNEG 的格兰杰原因 | 2 | 0.33 | 0.72 |

| 电气机械及器材制造 | | | | 电子及通信设备制造 | | | |
|---|---|---|---|---|---|---|---|
| 因果关系假设 | 滞后阶数 | F统计值 | P值 | 因果关系假设 | 滞后阶数 | F统计值 | P值 |
| LNEG 不是 LNT 的格兰杰原因 | 1 | 5.09 | 0.04 | LNEG 不是 LNT 的格兰杰原因 | 1 | 0.22 | 0.64 |
| LNT 不是 LNEG 的格兰杰原因 | 1 | 1.43 | 0.25 | LNT 不是 LNEG 的格兰杰原因 | 1 | 11.4 | 0.00 |
| LNEG 不是 LNT 的格兰杰原因 | 2 | 0.98 | 0.41 | LNEG 不是 LNT 的格兰杰原因 | 2 | 2.86 | 0.10 |
| LNT 不是 LNEG 的格兰杰原因 | 2 | 1.16 | 0.35 | LNT 不是 LNEG 的格兰杰原因 | 2 | 1.67 | 0.23 |

| 仪器仪表 | | | | | | | |
|---|---|---|---|---|---|---|---|
| 因果关系假设 | 滞后阶数 | F统计值 | P值 | 因果关系假设 | 滞后阶数 | F统计值 | P值 |
| LNEG 不是 LNT 的格兰杰原因 | 1 | 2.29 | 0.15 | LNEG 不是 LNT 的格兰杰原因 | 2 | 0.83 | 0.46 |
| LNT 不是 LNEG 的格兰杰原因 | 1 | 4.26 | 0.06 | LNT 不是 LNEG 的格兰杰原因 | 2 | 1.00 | 0.40 |

### 2. 检验结论

行业集聚度变化是引起行业全要素生产率变化的格兰杰原因的行业包括了传统的食品制造与加工行业和饮料行业，这类产业集聚度提高引起了行业全要素生产率的增长比较显著。同时，资本品行业如化学工业、机械工业、电气机械及器材制造及高技术行业如电子及通信设备制造和仪器仪表的产业集聚度变化对全要素生产率的影响也较为显著。

## 6.4 R&D 投入与知识溢出效应的 格兰杰因果关系分析

### 6.4.1 地区 R&D 投入与知识溢出效应的格兰杰因果 关系分析

#### 1. 检验结果描述

LNP 不是 LNZL 的格兰杰原因的检验 P 值在 15% 以下的地区有北京、河北、山西、辽宁、江苏、安徽、江西、河南、广西、四川、贵州、云南、陕西、甘肃、宁夏；LNR 不是 LNZL 的格兰杰原因检验 P 值在 15% 以下的地区有天津、河北、山西、内蒙古、黑龙江、上海、安徽、江西、山东、湖北、湖南、广东、海南、四川、贵州、云南、青海、宁夏。表明上述地区 R&D 投入是区域创新的格兰杰原因。

LNP 不是 LNT 的格兰杰原因的检验 P 值在 15% 以下的地区有河北、辽宁、黑龙江、广西、贵州、甘肃；LNR 不是 LNT 的格兰杰原因检验 P 值在 15% 以下的地区有黑龙江、浙江、河南、广东、贵州。表明上述地区 R&D 投入是区域经济增长的格兰杰原因。

LNZL 不是 LNP 的格兰杰原因的检验 P 值在 15% 以下的地区有天津、河北、上海、江苏、浙江、安徽、山东、河南、广东、贵州、甘肃、新疆；LNZL 不是 LNR 的格兰杰原因的检验 P 值在 15% 以下的地区有天津、江苏、安徽、山东、河南、湖南、广东、贵州、陕西、甘肃、新疆。表明上述地区专利创新效应是引起 R&D 投入增加的格兰杰原因。

LNT 不是 LNP 的格兰杰原因的检验 P 值在 15% 以下的地区有甘肃；LNT 不是 LNR 的格兰杰原因检验 P 值在 15% 以下的地区有河南。表明仅个别地区体现全要素生产率增长是 R&D 投入增加的格兰杰原因，如表 6.5 所示。

表 6.5　　　地区 R&D 投入与知识溢出效应的格兰杰因果关系检验

| 北京 | | | | 天津 | | | |
|---|---|---|---|---|---|---|---|
| 因果关系假设 | 滞后阶数 | F 统计值 | P 值 | 因果关系假设 | 滞后阶数 | F 统计值 | P 值 |
| LNP 不是 LNZL 的格兰杰原因 | 2 | 3.28 | 0.08 | LNP 不是 LNZL 的格兰杰原因 | 2 | 0.44 | 0.65 |
| LNZL 不是 LNP 的格兰杰原因 | 2 | 1.48 | 0.27 | LNZL 不是 LNP 的格兰杰原因 | 2 | 6.11 | 0.02 |
| LNR 不是 LNZL 的格兰杰原因 | 2 | 0.86 | 0.45 | LNR 不是 LNZL 的格兰杰原因 | 2 | 4.61 | 0.04 |
| LNZL 不是 LNR 的格兰杰原因 | 2 | 0.80 | 0.48 | LNZL 不是 LNR 的格兰杰原因 | 2 | 3.14 | 0.08 |
| LNP 不是 LNT 的格兰杰原因 | 2 | 0.26 | 0.75 | LNP 不是 LNT 的格兰杰原因 | 2 | 0.54 | 0.60 |
| LNT 不是 LNP 的格兰杰原因 | 2 | 0.30 | 0.77 | LNT 不是 LNP 的格兰杰原因 | 2 | 0.93 | 0.42 |
| LNR 不是 LNT 的格兰杰原因 | 2 | 1.00 | 0.40 | LNR 不是 LNT 的格兰杰原因 | 2 | 0.77 | 0.48 |
| LNT 不是 LNR 的格兰杰原因 | 2 | 1.34 | 0.30 | LNT 不是 LNR 的格兰杰原因 | 2 | 1.03 | 0.39 |

| 河北 | | | | 山西 | | | |
|---|---|---|---|---|---|---|---|
| 因果关系假设 | 滞后阶数 | F 统计值 | P 值 | 因果关系假设 | 滞后阶数 | F 统计值 | P 值 |
| LNP 不是 LNZL 的格兰杰原因 | 3 | 6.59 | 0.02 | LNP 不是 LNZL 的格兰杰原因 | 1 | 5.87 | 0.03 |
| LNZL 不是 LNP 的格兰杰原因 | 3 | 3.84 | 0.06 | LNZL 不是 LNP 的格兰杰原因 | 1 | 1.31 | 0.27 |
| LNR 不是 LNZL 的格兰杰原因 | 3 | 4.85 | 0.03 | LNR 不是 LNZL 的格兰杰原因 | 1 | 2.88 | 0.11 |
| LNZL 不是 LNR 的格兰杰原因 | 3 | 0.82 | 0.52 | LNZL 不是 LNR 的格兰杰原因 | 1 | 1.66 | 0.21 |
| LNP 不是 LNT 的格兰杰原因 | 3 | 1.25 | 0.07 | LNP 不是 LNT 的格兰杰原因 | 1 | 1.27 | 0.28 |
| LNT 不是 LNP 的格兰杰原因 | 3 | 3.49 | 0.35 | LNT 不是 LNP 的格兰杰原因 | 1 | 1.61 | 0.23 |
| LNR 不是 LNT 的格兰杰原因 | 3 | 0.65 | 0.60 | LNR 不是 LNT 的格兰杰原因 | 1 | 1.26 | 0.28 |
| LNT 不是 LNR 的格兰杰原因 | 3 | 1.34 | 0.33 | LNT 不是 LNR 的格兰杰原因 | 1 | 0.07 | 0.79 |

续表

| 内蒙古 因果关系假设 | 滞后阶数 | F统计值 | P值 | 辽宁 因果关系假设 | 滞后阶数 | F统计值 | P值 |
|---|---|---|---|---|---|---|---|
| LNP 不是 LNZL 的格兰杰原因 | 1 | 1.19 | 0.29 | LNP 不是 LNZL 的格兰杰原因 | 2 | 5.86 | 0.02 |
| LNZL 不是 LNP 的格兰杰原因 | 1 | 0.19 | 0.67 | LNZL 不是 LNP 的格兰杰原因 | 2 | 0.69 | 0.52 |
| LNR 不是 LNZL 的格兰杰原因 | 1 | 3.21 | 0.09 | LNR 不是 LNZL 的格兰杰原因 | 2 | 1.27 | 0.32 |
| LNZL 不是 LNR 的格兰杰原因 | 1 | 0.08 | 0.78 | LNZL 不是 LNR 的格兰杰原因 | 2 | 0.29 | 0.76 |
| LNP 不是 LNT 的格兰杰原因 | 1 | 1.48 | 0.24 | LNP 不是 LNT 的格兰杰原因 | 2 | 2.41 | 0.14 |
| LNT 不是 LNP 的格兰杰原因 | 1 | 1.54 | 0.23 | LNT 不是 LNP 的格兰杰原因 | 2 | 1.01 | 0.39 |
| LNR 不是 LNT 的格兰杰原因 | 1 | 1.15 | 0.30 | LNR 不是 LNT 的格兰杰原因 | 2 | 1.49 | 0.27 |
| LNT 不是 LNR 的格兰杰原因 | 1 | 0.04 | 0.84 | LNT 不是 LNR 的格兰杰原因 | 2 | 1.96 | 0.19 |

| 吉林 因果关系假设 | 滞后阶数 | F统计值 | P值 | 黑龙江 因果关系假设 | 滞后阶数 | F统计值 | P值 |
|---|---|---|---|---|---|---|---|
| LNP 不是 LNZL 的格兰杰原因 | 2 | 0.04 | 0.96 | LNP 不是 LNZL 的格兰杰原因 | 2 | 0.23 | 0.80 |
| LNZL 不是 LNP 的格兰杰原因 | 2 | 1.45 | 0.28 | LNZL 不是 LNP 的格兰杰原因 | 2 | 0.04 | 0.96 |
| LNR 不是 LNZL 的格兰杰原因 | 2 | 2.01 | 0.18 | LNR 不是 LNZL 的格兰杰原因 | 2 | 6.19 | 0.02 |
| LNZL 不是 LNR 的格兰杰原因 | 2 | 1.12 | 0.36 | LNZL 不是 LNR 的格兰杰原因 | 2 | 0.53 | 0.61 |
| LNP 不是 LNT 的格兰杰原因 | 2 | 0.07 | 0.46 | LNP 不是 LNT 的格兰杰原因 | 2 | 3.50 | 0.07 |
| LNT 不是 LNP 的格兰杰原因 | 2 | 0.84 | 0.94 | LNT 不是 LNP 的格兰杰原因 | 2 | 0.37 | 0.70 |
| LNR 不是 LNT 的格兰杰原因 | 2 | 1.00 | 0.74 | LNR 不是 LNT 的格兰杰原因 | 2 | 2.56 | 0.12 |
| LNT 不是 LNR 的格兰杰原因 | 2 | 0.31 | 0.40 | LNT 不是 LNR 的格兰杰原因 | 2 | 0.37 | 0.70 |

| 上海 因果关系假设 | 滞后阶数 | F统计值 | P值 | 江苏 因果关系假设 | 滞后阶数 | F统计值 | P值 |
|---|---|---|---|---|---|---|---|
| LNP 不是 LNZL 的格兰杰原因 | 2 | 0.91 | 0.43 | LNP 不是 LNZL 的格兰杰原因 | 1 | 3.35 | 0.09 |
| LNZL 不是 LNP 的格兰杰原因 | 2 | 2.29 | 0.15 | LNZL 不是 LNP 的格兰杰原因 | 1 | 24.2 | 0.00 |
| LNR 不是 LNZL 的格兰杰原因 | 2 | 4.43 | 0.04 | LNR 不是 LNZL 的格兰杰原因 | 1 | 0.01 | 0.93 |
| LNZL 不是 LNR 的格兰杰原因 | 2 | 0.48 | 0.63 | LNZL 不是 LNR 的格兰杰原因 | 1 | 3.79 | 0.07 |
| LNP 不是 LNT 的格兰杰原因 | 2 | 1.16 | 0.35 | LNP 不是 LNT 的格兰杰原因 | 1 | 0.14 | 0.71 |
| LNT 不是 LNP 的格兰杰原因 | 2 | 1.78 | 0.21 | LNT 不是 LNP 的格兰杰原因 | 1 | 0.04 | 0.84 |
| LNR 不是 LNT 的格兰杰原因 | 2 | 0.42 | 0.67 | LNR 不是 LNT 的格兰杰原因 | 1 | 0.28 | 0.60 |
| LNT 不是 LNR 的格兰杰原因 | 2 | 0.42 | 0.19 | LNT 不是 LNR 的格兰杰原因 | 1 | 0.76 | 0.40 |

续表

| 浙江 | | | | 安徽 | | | |
|---|---|---|---|---|---|---|---|
| 因果关系假设 | 滞后阶数 | F统计值 | P值 | 因果关系假设 | 滞后阶数 | F统计值 | P值 |
| LNP 不是 LNZL 的格兰杰原因 | 1 | 0.26 | 0.62 | LNP 不是 LNZL 的格兰杰原因 | 1 | 8.47 | 0.01 |
| LNZL 不是 LNP 的格兰杰原因 | 1 | 3.86 | 0.07 | LNZL 不是 LNP 的格兰杰原因 | 1 | 3.33 | 0.09 |
| LNR 不是 LNZL 的格兰杰原因 | 1 | 0.73 | 0.41 | LNR 不是 LNZL 的格兰杰原因 | 1 | 3.63 | 0.08 |
| LNZL 不是 LNR 的格兰杰原因 | 1 | 1.43 | 0.25 | LNZL 不是 LNR 的格兰杰原因 | 1 | 3.16 | 0.10 |
| LNP 不是 LNT 的格兰杰原因 | 1 | 0.00 | 0.98 | LNP 不是 LNT 的格兰杰原因 | 1 | 0.31 | 0.59 |
| LNT 不是 LNP 的格兰杰原因 | 1 | 1.09 | 0.31 | LNT 不是 LNP 的格兰杰原因 | 1 | 0.39 | 0.54 |
| LNR 不是 LNT 的格兰杰原因 | 1 | 0.34 | 0.11 | LNR 不是 LNT 的格兰杰原因 | 1 | 0.09 | 0.77 |
| LNT 不是 LNR 的格兰杰原因 | 1 | 2.83 | 0.57 | LNT 不是 LNR 的格兰杰原因 | 1 | 0.18 | 0.68 |

| 福建 | | | | 江西 | | | |
|---|---|---|---|---|---|---|---|
| 因果关系假设 | 滞后阶数 | F统计值 | P值 | 因果关系假设 | 滞后阶数 | F统计值 | P值 |
| LNP 不是 LNZL 的格兰杰原因 | 3 | 0.65 | 0.61 | LNP 不是 LNZL 的格兰杰原因 | 1 | 5.85 | 0.03 |
| LNZL 不是 LNP 的格兰杰原因 | 3 | 2.55 | 0.13 | LNZL 不是 LNP 的格兰杰原因 | 1 | 0.04 | 0.84 |
| LNR 不是 LNZL 的格兰杰原因 | 3 | 0.06 | 0.98 | LNR 不是 LNZL 的格兰杰原因 | 1 | 2.66 | 0.13 |
| LNZL 不是 LNR 的格兰杰原因 | 3 | 0.20 | 0.89 | LNZL 不是 LNR 的格兰杰原因 | 1 | 0.01 | 0.94 |
| LNP 不是 LNT 的格兰杰原因 | 3 | 0.38 | 0.77 | LNP 不是 LNT 的格兰杰原因 | 1 | 0.14 | 0.71 |
| LNT 不是 LNP 的格兰杰原因 | 3 | 0.13 | 0.94 | LNT 不是 LNP 的格兰杰原因 | 1 | 0.73 | 0.41 |
| LNR 不是 LNT 的格兰杰原因 | 3 | 5.06 | 0.24 | LNR 不是 LNT 的格兰杰原因 | 1 | 2.21 | 0.16 |
| LNT 不是 LNR 的格兰杰原因 | 3 | 1.72 | 0.03 | LNT 不是 LNR 的格兰杰原因 | 1 | 0.47 | 0.50 |

| 山东 | | | | 河南 | | | |
|---|---|---|---|---|---|---|---|
| 因果关系假设 | 滞后阶数 | F统计值 | P值 | 因果关系假设 | 滞后阶数 | F统计值 | P值 |
| LNP 不是 LNZL 的格兰杰原因 | 1 | 0.96 | 0.34 | LNP 不是 LNZL 的格兰杰原因 | 2 | 3.78 | 0.06 |
| LNZL 不是 LNP 的格兰杰原因 | 1 | 6.51 | 0.02 | LNZL 不是 LNP 的格兰杰原因 | 2 | 2.59 | 0.12 |
| LNR 不是 LNZL 的格兰杰原因 | 1 | 3.47 | 0.08 | LNR 不是 LNZL 的格兰杰原因 | 2 | 0.25 | 0.78 |
| LNZL 不是 LNR 的格兰杰原因 | 1 | 2.56 | 0.13 | LNZL 不是 LNR 的格兰杰原因 | 2 | 7.31 | 0.01 |
| LNP 不是 LNT 的格兰杰原因 | 1 | 0.03 | 0.86 | LNP 不是 LNT 的格兰杰原因 | 2 | 0.03 | 0.98 |
| LNT 不是 LNP 的格兰杰原因 | 1 | 1.27 | 0.28 | LNT 不是 LNP 的格兰杰原因 | 2 | 0.08 | 0.92 |
| LNR 不是 LNT 的格兰杰原因 | 1 | 0.51 | 0.49 | LNR 不是 LNT 的格兰杰原因 | 2 | 2.75 | 0.11 |
| LNT 不是 LNR 的格兰杰原因 | 1 | 1.65 | 0.22 | LNT 不是 LNR 的格兰杰原因 | 2 | 8.29 | 0.01 |

续表

| 湖北 | | | | 湖南 | | | |
| --- | --- | --- | --- | --- | --- | --- | --- |
| 因果关系假设 | 滞后阶数 | F 统计值 | P 值 | 因果关系假设 | 滞后阶数 | F 统计值 | P 值 |
| LNP 不是 LNZL 的格兰杰原因 | 3 | 1.01 | 0.44 | LNP 不是 LNZL 的格兰杰原因 | 3 | 1.02 | 0.44 |
| LNZL 不是 LNP 的格兰杰原因 | 3 | 1.09 | 0.41 | LNZL 不是 LNP 的格兰杰原因 | 3 | 0.19 | 0.90 |
| LNR 不是 LNZL 的格兰杰原因 | 3 | 2.91 | 0.10 | LNR 不是 LNZL 的格兰杰原因 | 3 | 6.07 | 0.02 |
| LNZL 不是 LNR 的格兰杰原因 | 3 | 1.99 | 0.19 | LNZL 不是 LNR 的格兰杰原因 | 3 | 4.55 | 0.04 |
| LNP 不是 LNT 的格兰杰原因 | 3 | 0.40 | 0.76 | LNP 不是 LNT 的格兰杰原因 | 3 | 1.56 | 0.27 |
| LNT 不是 LNP 的格兰杰原因 | 3 | 0.62 | 0.62 | LNT 不是 LNP 的格兰杰原因 | 3 | 0.94 | 0.47 |
| LNR 不是 LNT 的格兰杰原因 | 3 | 2.59 | 0.13 | LNR 不是 LNT 的格兰杰原因 | 3 | 1.56 | 0.27 |
| LNT 不是 LNR 的格兰杰原因 | 3 | 0.52 | 0.68 | LNT 不是 LNR 的格兰杰原因 | 3 | 0.64 | 0.61 |

| 广东 | | | | 广西 | | | |
| --- | --- | --- | --- | --- | --- | --- | --- |
| 因果关系假设 | 滞后阶数 | F 统计值 | P 值 | 因果关系假设 | 滞后阶数 | F 统计值 | P 值 |
| LNP 不是 LNZL 的格兰杰原因 | 2 | 1.72 | 0.22 | LNP 不是 LNZL 的格兰杰原因 | 3 | 5.83 | 0.02 |
| LNZL 不是 LNP 的格兰杰原因 | 2 | 2.31 | 0.14 | LNZL 不是 LNP 的格兰杰原因 | 3 | 1.41 | 0.31 |
| LNR 不是 LNZL 的格兰杰原因 | 2 | 7.69 | 0.01 | LNR 不是 LNZL 的格兰杰原因 | 3 | 0.47 | 0.71 |
| LNZL 不是 LNR 的格兰杰原因 | 2 | 3.64 | 0.06 | LNZL 不是 LNR 的格兰杰原因 | 3 | 0.93 | 0.47 |
| LNP 不是 LNT 的格兰杰原因 | 3 | 0.50 | 0.69 | LNP 不是 LNT 的格兰杰原因 | 3 | 4.10 | 0.05 |
| LNT 不是 LNP 的格兰杰原因 | 3 | 0.79 | 0.53 | LNT 不是 LNP 的格兰杰原因 | 3 | 0.47 | 0.71 |
| LNR 不是 LNT 的格兰杰原因 | 3 | 3.76 | 0.06 | LNR 不是 LNT 的格兰杰原因 | 3 | 1.27 | 0.35 |
| LNT 不是 LNR 的格兰杰原因 | 3 | 1.29 | 0.34 | LNT 不是 LNR 的格兰杰原因 | 3 | 1.61 | 0.26 |

| 海南 | | | | 四川 | | | |
| --- | --- | --- | --- | --- | --- | --- | --- |
| 因果关系假设 | 滞后阶数 | F 统计值 | P 值 | 因果关系假设 | 滞后阶数 | F 统计值 | P 值 |
| LNP 不是 LNZL 的格兰杰原因 | 1 | 0.01 | 0.93 | LNP 不是 LNZL 的格兰杰原因 | 3 | 4.17 | 0.05 |
| LNZL 不是 LNP 的格兰杰原因 | 1 | 1.43 | 0.25 | LNZL 不是 LNP 的格兰杰原因 | 3 | 0.05 | 0.98 |
| LNR 不是 LNZL 的格兰杰原因 | 1 | 5.46 | 0.03 | LNR 不是 LNZL 的格兰杰原因 | 3 | 37.53 | 0.00 |
| LNZL 不是 LNR 的格兰杰原因 | 1 | 0.09 | 0.76 | LNZL 不是 LNR 的格兰杰原因 | 3 | 1.34 | 0.33 |
| LNP 不是 LNT 的格兰杰原因 | 1 | 0.11 | 0.74 | LNP 不是 LNT 的格兰杰原因 | 3 | 0.90 | 0.48 |
| LNT 不是 LNP 的格兰杰原因 | 1 | 1.84 | 0.20 | LNT 不是 LNP 的格兰杰原因 | 3 | 0.46 | 0.72 |
| LNR 不是 LNT 的格兰杰原因 | 1 | 0.24 | 0.63 | LNR 不是 LNT 的格兰杰原因 | 3 | 1.57 | 0.27 |
| LNT 不是 LNR 的格兰杰原因 | 1 | 0.05 | 0.82 | LNT 不是 LNR 的格兰杰原因 | 3 | 0.89 | 0.49 |

续表

| 贵州 | | | | 云南 | | | |
|---|---|---|---|---|---|---|---|
| 因果关系假设 | 滞后阶数 | F 统计值 | P 值 | 因果关系假设 | 滞后阶数 | F 统计值 | P 值 |
| LNP 不是 LNZL 的格兰杰原因 | 1 | 3.69 | 0.08 | LNP 不是 LNZL 的格兰杰原因 | 1 | 3.44 | 0.08 |
| LNZL 不是 LNP 的格兰杰原因 | 1 | 4.28 | 0.06 | LNZL 不是 LNP 的格兰杰原因 | 1 | 0.21 | 0.65 |
| LNR 不是 LNZL 的格兰杰原因 | 1 | 4.14 | 0.06 | LNR 不是 LNZL 的格兰杰原因 | 1 | 4.26 | 0.06 |
| LNZL 不是 LNR 的格兰杰原因 | 1 | 8.93 | 0.01 | LNZL 不是 LNR 的格兰杰原因 | 1 | 0.20 | 0.66 |
| LNP 不是 LNT 的格兰杰原因 | 1 | 8.23 | 0.01 | LNP 不是 LNT 的格兰杰原因 | 1 | 0.87 | 0.37 |
| LNT 不是 LNP 的格兰杰原因 | 1 | 0.03 | 0.87 | LNT 不是 LNP 的格兰杰原因 | 1 | 0.32 | 0.58 |
| LNR 不是 LNT 的格兰杰原因 | 1 | 3.94 | 0.07 | LNR 不是 LNT 的格兰杰原因 | 1 | 0.28 | 0.61 |
| LNT 不是 LNR 的格兰杰原因 | 1 | 0.07 | 0.80 | LNT 不是 LNR 的格兰杰原因 | 1 | 0.07 | 0.80 |

| 陕西 | | | | 甘肃 | | | |
|---|---|---|---|---|---|---|---|
| 因果关系假设 | 滞后阶数 | F 统计值 | P 值 | 因果关系假设 | 滞后阶数 | F 统计值 | P 值 |
| LNP 不是 LNZL 的格兰杰原因 | 2 | 2.70 | 0.11 | LNP 不是 LNZL 的格兰杰原因 | 1 | 2.65 | 0.13 |
| LNZL 不是 LNP 的格兰杰原因 | 2 | 0.91 | 0.43 | LNZL 不是 LNP 的格兰杰原因 | 1 | 4.99 | 0.04 |
| LNR 不是 LNZL 的格兰杰原因 | 2 | 0.43 | 0.67 | LNR 不是 LNZL 的格兰杰原因 | 1 | 0.28 | 0.61 |
| LNZL 不是 LNR 的格兰杰原因 | 2 | 16.24 | 0.00 | LNZL 不是 LNR 的格兰杰原因 | 1 | 6.46 | 0.02 |
| LNP 不是 LNT 的格兰杰原因 | 2 | 0.46 | 0.64 | LNP 不是 LNT 的格兰杰原因 | 1 | 2.33 | 0.15 |
| LNT 不是 LNP 的格兰杰原因 | 2 | 1.64 | 0.24 | LNT 不是 LNP 的格兰杰原因 | 1 | 2.85 | 0.11 |
| LNR 不是 LNT 的格兰杰原因 | 2 | 0.68 | 0.53 | LNR 不是 LNT 的格兰杰原因 | 1 | 0.52 | 0.48 |
| LNT 不是 LNR 的格兰杰原因 | 2 | 0.68 | 0.53 | LNT 不是 LNR 的格兰杰原因 | 1 | 0.98 | 0.34 |

| 青海 | | | | 宁夏 | | | |
|---|---|---|---|---|---|---|---|
| 因果关系假设 | 滞后阶数 | F 统计值 | P 值 | 因果关系假设 | 滞后阶数 | F 统计值 | P 值 |
| LNP 不是 LNZL 的格兰杰原因 | 1 | 0.10 | 0.76 | LNP 不是 LNZL 的格兰杰原因 | 2 | 5.26 | 0.03 |
| LNZL 不是 LNP 的格兰杰原因 | 1 | 1.25 | 0.28 | LNZL 不是 LNP 的格兰杰原因 | 2 | 0.77 | 0.49 |
| LNR 不是 LNZL 的格兰杰原因 | 1 | 9.37 | 0.01 | LNR 不是 LNZL 的格兰杰原因 | 2 | 2.65 | 0.11 |
| LNZL 不是 LNR 的格兰杰原因 | 1 | 1.76 | 0.21 | LNZL 不是 LNR 的格兰杰原因 | 2 | 1.71 | 0.23 |
| LNP 不是 LNT 的格兰杰原因 | 1 | 1.92 | 0.19 | LNP 不是 LNT 的格兰杰原因 | 2 | 0.81 | 0.47 |
| LNT 不是 LNP 的格兰杰原因 | 1 | 0.59 | 0.46 | LNT 不是 LNP 的格兰杰原因 | 2 | 0.01 | 0.99 |
| LNR 不是 LNT 的格兰杰原因 | 1 | 1.30 | 0.27 | LNR 不是 LNT 的格兰杰原因 | 2 | 0.99 | 0.40 |
| LNT 不是 LNR 的格兰杰原因 | 1 | 0.24 | 0.63 | LNT 不是 LNR 的格兰杰原因 | 2 | 0.14 | 0.87 |

续表

| 新疆 | | | | | | | |
|---|---|---|---|---|---|---|---|
| 因果关系假设 | 滞后阶数 | F统计值 | P值 | 因果关系假设 | 滞后阶数 | F统计值 | P值 |
| LNP 不是 LNZL 的格兰杰原因 | 1 | 1.65 | 0.22 | LNP 不是 LNT 的格兰杰原因 | 1 | 0.24 | 0.63 |
| LNZL 不是 LNP 的格兰杰原因 | 1 | 7.39 | 0.02 | LNT 不是 LNP 的格兰杰原因 | 1 | 1.51 | 0.24 |
| LNR 不是 LNZL 的格兰杰原因 | 1 | 1.35 | 0.27 | LNR 不是 LNT 的格兰杰原因 | 1 | 0.84 | 0.37 |
| LNZL 不是 LNR 的格兰杰原因 | 1 | 4.49 | 0.05 | LNT 不是 LNR 的格兰杰原因 | 1 | 0.01 | 0.93 |

**2. 检验结论**

（1）从检验结果来看，R&D投入是我国大部分区域创新变化的格兰杰原因，表明R&D投入是区域创新的关键投入要素。相对R&D人员投入，R&D资本投入对区域创新影响面更广。

（2）R&D投入是全要素生产率变化的格兰杰原因的地区并不是很多，反映R&D投入对经济区域经济增长效应影响并不直接。

（3）区域创新效应能够导致R&D投入的增加，尤其是在天津、江苏、广东等地区，这种影响特别显著。但是全要素生产率对R&D投入增加几乎没有影响，这也反映出我国R&D投入并没有随着经济增长同步增长。

## 6.4.2 行业 R&D 投入与知识溢出效应格兰杰因果关系分析

**1. 检验结果描述**

LNP不是LNT的格兰杰原因的检验P值在15%以下的行业有食品制造、饮料制造、烟草加工、化学工业、医药工业、建筑材料及其他非金属矿物制品、黑色金属冶炼及压延加工业和金属制品；LNR不是LNT的格兰杰原因检验P值在15%以下的行业有食品制造、饮料制造、烟草加工、石油加工、化学工业、医药工业、化学纤维、建筑材料及其他非金属矿物制品、机械工业、电气机械及器材制造。表明上述行业的R&D投入是行业全要素生产率变化的格兰杰原因。

　　LNT 不是 LNP 的格兰杰原因的检验 P 值在 15% 以下的行业有食品制造、饮料制造、化学工业、建筑材料及其他非金属矿物制品、电子及通信设备制造；LNT 不是 LNR 的格兰杰原因检验 P 值在 15% 以下的行业有建筑材料及其他非金属矿物制品、仪器仪表。表明上述行业的全要素生产率是行业 R&D 投入变化的格兰杰原因，如表 6.6 所示。

表 6.6　　　行业 R&D 投入与知识溢出效应的格兰杰因果关系检验

| 食品制造 | | | | 饮料制造 | | | |
|---|---|---|---|---|---|---|---|
| 因果关系假设 | 滞后阶数 | F 统计值 | P 值 | 因果关系假设 | 滞后阶数 | F 统计值 | P 值 |
| LNP 不是 LNT 的格兰杰原因 | 2 | 7.89 | 0.01 | LNP 不是 LNT 的格兰杰原因 | 4 | 3.37 | 0.11 |
| LNT 不是 LNP 的格兰杰原因 | 2 | 1.24 | 0.33 | LNT 不是 LNP 的格兰杰原因 | 4 | 5.11 | 0.05 |
| LNR 不是 LNT 的格兰杰原因 | 2 | 3.64 | 0.06 | LNR 不是 LNT 的格兰杰原因 | 4 | 6.53 | 0.03 |
| LNT 不是 LNR 的格兰杰原因 | 2 | 0.07 | 0.94 | LNT 不是 LNR 的格兰杰原因 | 4 | 1.21 | 0.41 |
| 烟草加工 | | | | 纺织业 | | | |
| 因果关系假设 | 滞后阶数 | F 统计值 | P 值 | 因果关系假设 | 滞后阶数 | F 统计值 | P 值 |
| LNP 不是 LNT 的格兰杰原因 | 1 | 2.64 | 0.13 | LNP 不是 LNT 的格兰杰原因 | 1 | 1.75 | 0.21 |
| LNT 不是 LNP 的格兰杰原因 | 1 | 0.12 | 0.73 | LNT 不是 LNP 的格兰杰原因 | 1 | 0.64 | 0.43 |
| LNR 不是 LNT 的格兰杰原因 | 1 | 3.48 | 0.08 | LNR 不是 LNT 的格兰杰原因 | 1 | 1.24 | 0.28 |
| LNT 不是 LNR 的格兰杰原因 | 1 | 0.01 | 0.92 | LNT 不是 LNR 的格兰杰原因 | 1 | 0.09 | 0.76 |
| 造纸及纸制品 | | | | 石油加工 | | | |
| 因果关系假设 | 滞后阶数 | F 统计值 | P 值 | 因果关系假设 | 滞后阶数 | F 统计值 | P 值 |
| LNP 不是 LNT 的格兰杰原因 | 1 | 0.99 | 0.34 | LNP 不是 LNT 的格兰杰原因 | 2 | 0.68 | 0.53 |
| LNT 不是 LNP 的格兰杰原因 | 1 | 0.17 | 0.69 | LNT 不是 LNP 的格兰杰原因 | 2 | 0.27 | 0.77 |
| LNR 不是 LNT 的格兰杰原因 | 1 | 1.08 | 0.32 | LNR 不是 LNT 的格兰杰原因 | 2 | 4.31 | 0.04 |
| LNT 不是 LNR 的格兰杰原因 | 1 | 0.05 | 0.83 | LNT 不是 LNR 的格兰杰原因 | 2 | 0.39 | 0.69 |
| 化学工业 | | | | 医药工业 | | | |
| 因果关系假设 | 滞后阶数 | F 统计值 | P 值 | 因果关系假设 | 滞后阶数 | F 统计值 | P 值 |
| LNP 不是 LNT 的格兰杰原因 | 4 | 3.77 | 0.09 | LNP 不是 LNT 的格兰杰原因 | 4 | 3.26 | 0.11 |
| LNT 不是 LNP 的格兰杰原因 | 4 | 3.43 | 0.10 | LNT 不是 LNP 的格兰杰原因 | 4 | 1.24 | 0.40 |
| LNR 不是 LNT 的格兰杰原因 | 2 | 3.38 | 0.07 | LNR 不是 LNT 的格兰杰原因 | 2 | 4.43 | 0.04 |
| LNT 不是 LNR 的格兰杰原因 | 2 | 0.43 | 0.66 | LNT 不是 LNR 的格兰杰原因 | 2 | 0.24 | 0.79 |

续表

| 化学纤维 | | | | 建筑材料及其他非金属矿物制品 | | | |
|---|---|---|---|---|---|---|---|
| 因果关系假设 | 滞后阶数 | F统计值 | P值 | 因果关系假设 | 滞后阶数 | F统计值 | P值 |
| LNP 不是 LNT 的格兰杰原因 | 3 | 0.90 | 0.48 | LNP 不是 LNT 的格兰杰原因 | 4 | 9.48 | 0.01 |
| LNT 不是 LNP 的格兰杰原因 | 3 | 1.53 | 0.28 | LNT 不是 LNP 的格兰杰原因 | 4 | 15.6 | 0.01 |
| LNR 不是 LNT 的格兰杰原因 | 3 | 2.53 | 0.13 | LNR 不是 LNT 的格兰杰原因 | 4 | 10.1 | 0.01 |
| LNT 不是 LNR 的格兰杰原因 | 3 | 1.27 | 0.35 | LNT 不是 LNR 的格兰杰原因 | 4 | 21.2 | 0.00 |

| 黑色金属冶炼及压延加工业 | | | | 金属制品 | | | |
|---|---|---|---|---|---|---|---|
| 因果关系假设 | 滞后阶数 | F统计值 | P值 | 因果关系假设 | 滞后阶数 | F统计值 | P值 |
| LNP 不是 LNT 的格兰杰原因 | 3 | 13.4 | 0.00 | LNP 不是 LNT 的格兰杰原因 | 4 | 11.6 | 0.01 |
| LNT 不是 LNP 的格兰杰原因 | 3 | 0.15 | 0.93 | LNT 不是 LNP 的格兰杰原因 | 4 | 0.47 | 0.76 |
| LNR 不是 LNT 的格兰杰原因 | 3 | 0.18 | 0.91 | LNR 不是 LNT 的格兰杰原因 | 4 | 0.53 | 0.72 |
| LNT 不是 LNR 的格兰杰原因 | 3 | 0.30 | 0.83 | LNT 不是 LNR 的格兰杰原因 | 4 | 1.94 | 0.24 |

| 机械工业 | | | | 交通运输设备 | | | |
|---|---|---|---|---|---|---|---|
| 因果关系假设 | 滞后阶数 | F统计值 | P值 | 因果关系假设 | 滞后阶数 | F统计值 | P值 |
| LNP 不是 LNT 的格兰杰原因 | 1 | 1.62 | 0.22 | LNP 不是 LNT 的格兰杰原因 | 1 | 0.13 | 0.73 |
| LNT 不是 LNP 的格兰杰原因 | 1 | 1.93 | 0.19 | LNT 不是 LNP 的格兰杰原因 | 1 | 0.10 | 0.76 |
| LNR 不是 LNT 的格兰杰原因 | 1 | 4.86 | 0.04 | LNR 不是 LNT 的格兰杰原因 | 1 | 0.05 | 0.83 |
| LNT 不是 LNR 的格兰杰原因 | 1 | 0.47 | 0.50 | LNT 不是 LNR 的格兰杰原因 | 1 | 0.63 | 0.44 |

| 电气机械及器材制造 | | | | 电子及通信设备制造 | | | |
|---|---|---|---|---|---|---|---|
| 因果关系假设 | 滞后阶数 | F统计值 | P值 | 因果关系假设 | 滞后阶数 | F统计值 | P值 |
| LNP 不是 LNT 的格兰杰原因 | 1 | 1.09 | 0.31 | LNP 不是 LNT 的格兰杰原因 | 3 | 0.79 | 0.53 |
| LNT 不是 LNP 的格兰杰原因 | 1 | 0.80 | 0.39 | LNT 不是 LNP 的格兰杰原因 | 3 | 12.0 | 0.00 |
| LNR 不是 LNT 的格兰杰原因 | 1 | 3.66 | 0.08 | LNR 不是 LNT 的格兰杰原因 | 3 | 1.10 | 0.40 |
| LNT 不是 LNR 的格兰杰原因 | 1 | 4.01 | 0.07 | LNT 不是 LNR 的格兰杰原因 | 3 | 0.13 | 0.94 |

| 仪器仪表 | | | | | | | |
|---|---|---|---|---|---|---|---|
| 因果关系假设 | 滞后阶数 | F统计值 | P值 | 因果关系假设 | 滞后阶数 | F统计值 | P值 |
| LNP 不是 LNT 的格兰杰原因 | 1 | 1.08 | 0.32 | LNR 不是 LNT 的格兰杰原因 | 1 | 0.60 | 0.45 |
| LNT 不是 LNP 的格兰杰原因 | 1 | 0.04 | 0.85 | LNT 不是 LNR 的格兰杰原因 | 1 | 2.49 | 0.14 |

**2. 检验结论**

（1）R&D 投入对大部分行业而言都促进了行业全要素生产率的提高，无论是传统行业食品制造、饮料制造行业和烟草行业，还是资本密集型的化工类产业，R&D 人员投入与经费投入都是引起全要素生产率变化的格兰杰原因。

（2）行业全要素生产率的提高也是引起部分行业 R&D 变化的格兰杰原因，行业全要素生产率变化引起 R&D 人员变化行业有五个，而行业全要素生产率变化引起 R&D 经费变化行业只有两个。

（3）传统行业食品制造、饮料制造、建筑材料及其他非金属矿物制品以及化学工业的 R&D 投入与全要素生产率变化具有互为格兰杰因果关系。这显示我国传统行业食品制造与饮料行业近二十年的行业增长与 R&D 投入紧密关联，互为因果，循环促进。而一些高技术行业却并没有显示良性互动的格兰杰因果关系。

# 6.5 本章小结

本章运用格兰杰因果关系检验方法分别从分地区与分行业维度对我国制造业的产业集聚、R&D 投入与知识溢出效应之间的关系进行了检验。不同地区与行业之间的产业集聚、R&D 投入与知识溢出效应之间的关系纷繁复杂，各有异同，总结起来呈现如下特征。

第一，东部沿海发达地区，如广东、上海、江苏等地区产业集聚、R&D 投入与知识溢出效应之间存在较强的格兰杰互为因果关系，而中西部地区则相对较弱或只具有单向的格兰杰因果关系。相对专业化集聚，多样化产业集聚更容易格兰杰因果关系引起 R&D 投入变化；而相对 R&D 人员投入，R&D 经费投入更容易格兰杰因果关系引起产业集聚。

第二，产业集聚产生了知识溢出效应，发达地区更为显著。多样化集聚更容易引起区域专利创新变化，而专业化集聚则更容易引起影响区域制造业的全要素生产率的变化。知识溢出创新效应对产业集聚有一定影响，东部地区相对显著，中西部地区则较弱，而经济增长效应对产业集聚影响不明显。

第三，R&D 投入尤其是资本投入对我国区域创新影响较大，而对全要素生产率的影响则不直接。区域创新效应能够导致 R&D 投入的增加，在天津、江苏、广东等地区的影响特别显著，但是全要素生产率对 R&D 投入增加几乎没有影响，这也反映我国经济增长的同时 R&D 投入没有实现同步增长。

第四，我国大部分制造业产业集聚、R&D 投入与知识溢出之间存在一定的格兰杰因果关系，但是行业差别较大。总体而言，市场竞争程度比较高的行业，产业集聚、R&D 投入知识溢出效应之间就存在较强的格兰杰因果关系，如食品制造业、饮料制造、化学工业等。R&D 投入更容易促进行业集聚与行业全要素生产率增长，行业集聚度提高也引起了部分传统行业（食品制造、饮料制造）、资本密集型与技术密集型行业的全要素生产率增长，但是行业集聚度与全要素生产率变化引起 R&D 投入格兰杰变化则不明显。

# 第 7 章

## 产业集聚与 R&D 投入的
## 知识溢出效应分析

在第 6 章中，我们对产业集聚、R&D 投入与知识溢出效应之间的关系进行了格兰杰因果关系检验。从分地区与分行业来看，不同地区与不同行业之间关系差异性很大。总体而言，产业集聚与 R&D 投入使引起知识溢出效应的格兰杰原因更为显著，涉及地区与行业更为广泛，而知识溢出效应格兰杰引起产业集聚与 R&D 投入的地区与行业相对较少。因此，在这一章中，本书把知识溢出效应作为因变量，把产业集聚与 R&D 投入作为自变量，并结合其他知识溢出的影响因素，重点分析产业集聚与 R&D 投入对知识溢出效应的影响。在区域分析模型中，考虑到知识在不同区域间的空间溢出效应，我们建立空间面板数据模型；在行业分析模型中，由于行业间的相邻指数构建存在困难，我们则采用普通面板数据进行分析。

## 7.1 区域知识溢出效应分析

### 7.1.1 区域知识溢出效应分析模型

#### 1. 空间计量的基本模型

传统的横截面数据（cross-sectional data）和面板数据（panel data）处理方法中，常常假设不同地区之间的样本观测值存在空间的独立性和同质性，而忽略空间的相互作用和空间结构差异。在现实中，一个地区的样本数据观测值常常与其他地区的样本数据观测值存在某种空间依存关系，并且不同区域空间因为地理绝对位置与相对位置差异而存在异质性。安赛林（Anselin，1988）建立了空间自回归模型（Spatial Autoregressive Model，SAR）和空间误差模型（Spatial Error Model，SEM），通过在普通回归模型中对空间权重权重矩阵（W）进行修正，从而将不同地区间的相互关系引入到模型中，分析不同地区经济变量样本数据的空间相互关系。[1]

空间自回归模型基本模型为：

$$y = \rho(I_T \otimes W_N)y + X'\beta + \varepsilon \tag{7.1}$$

其中，$y$ 是 $N \times 1$ 列的被解释观察值向量；$X$ 是 $K$ 个外生变量观测值的 $N \times K$ 阶矩阵；$\beta$ 为 $K \times 1$ 阶变量系数矩阵，用以表示各自变量对因变量的影响；$\rho$ 为空间自回归系数，$\rho$ 取值在 $-1$ 和 $1$ 之间，用以衡量相邻区域之间的影响程度；$\varepsilon$ 为 $N \times 1$ 列的随机误差项；$W_N$ 是 $N \times N$ 的空间权重矩阵，是 $N$ 个区域之间的相互关系网络结构的一个矩阵。

安赛林的空间自回归模型基本思路与方法是：

首先，对模型 $y = X'\beta + \varepsilon$ 进行 OLS 估计，计算残差 $e_0 = y - \hat{\beta}_0 X$；

其次，对模型 $Wy = \beta_L X + \varepsilon_L$ 进行 OLS 估计，计算残差 $e_L = Wy - \hat{\beta}_L X$；

再次，由 $e_0$ 和 $e_L$ 值，通过最大似然函数来估计 $\rho$ 的估计值 $\hat{\rho}$：

$$L_C = -\left[(n/2)\ln(1/n)(e_0 - \rho e_L)'(e_0 - \rho e_L)\right] + \ln|I - \rho W| \tag{7.2}$$

最后，由 $\hat{\rho}$ 计算其他参数估计值：$\hat{\beta} = \hat{\beta}_0 - \hat{\rho}\beta_L$；$\hat{\sigma}_\varepsilon^2 = \dfrac{1}{n}(e_0 - \hat{\rho}e_L)/(e_0 - \rho e_L)$，则最大似然函数值为：

$$\log L = -\frac{N}{2}\ln(2\pi) - \frac{N}{2}\ln\hat{\sigma}_\varepsilon^2 + \ln|I - \rho W| - (1/2\hat{\sigma}_\varepsilon^2)(y - \hat{\rho}Wy$$
$$- \hat{\beta}X')'(y - \hat{\rho}Wy - \hat{\beta}X') \tag{7.3}$$

空间自回归模型主要通过计算 $\rho$ 来反映空间结构的相互影响关系，而空间误差模型的空间结构相互关系主要通过误差项 $\mu$ 的系数来体现，其基本模型为：

---

$$y = X'\beta + \mu; \ \mu = \lambda(I_T \otimes W_N)\mu + \varepsilon \tag{7.4}$$

其中，$y$、$X$、$\beta$、$W_N$ 含义同上。$\mu$ 是误差项；$\lambda$ 为空间自相关系数，取值在 $-1$ 和 $1$ 之间，用以衡量一个区域变化对相邻区域的溢出影响程度；$\varepsilon$ 为 $N \times 1$ 列的区域内随机误差项。SEA 模型的本质就是在线性模型的误差结构中融入了一个区域间溢出成分。

Anselin 的空间自回归模型基本思路与方法是：

首先，对模型 $y = X'\beta + \mu$ 进行 OLS 估计，得到 $\beta$ 的无偏估计值 $\widehat{\beta}$；

其次，计算残差：$e - y - \widehat{\beta}X'$；

再次，由 $e$ 值，通过最大似然函数 $L_c = -n(n/2)\ln[(1/n)(e - \lambda We)'$ $(e - \widehat{\lambda} We)] + \ln|I - \rho W|$ 计算 $\lambda$ 的估计值 $\widehat{\lambda}$；

最后，由 $\widehat{\lambda}$ 值计算其余参数值：$\sigma_\varepsilon^2 = \dfrac{1}{n}(e_0 - \widehat{\rho}\ e_L)'(e_0 - \rho e_L)$，则最大似然函数值为：

$$\log L = -\frac{N}{2}\ln(2\pi) - \frac{N}{2}\ln\ \widehat{\sigma}_\varepsilon^2 + \ln|I - \rho W| - (1/2\ \widehat{\sigma}_\varepsilon^2)e'(I - \lambda W)'$$
$$((I - \lambda W)e) \tag{7.5}$$

在空间自回归和空间误差模型中，空间权重矩阵的确定比较关键，最为常见和简单的就是采用 Rook 相邻原则，即两个地区拥有共同边界的为相邻。矩阵 $W_N$ 设定方式如下：主对角线上的元素值为 $0$，如果 $i$ 地区与 $j$ 地区相邻，则 $W_{ij} = 1$，否则 $W_{ij} = 0$。$W_N$ 设置好后需要经过标准化处理。

前面所述的空间滞后和空间误差模型所采用的截面数据，采用 OLS 方法进行估计，但是对于空间面板数据模型，OLS 方法并不适用。因为用 OLS 方法来估计空间误差模型虽然是无偏的，但不具有效性；用 OLS 方法估计空间滞后模型不仅是有偏的，而且不一致。因此，空间面板数据不能用 OLS 方法进行估计，而是采用极大似然估计法。

根据埃洛斯特（Elhorst，2003），空间面板数据滞后模型极大似然函数为：[1]

---

① Elhorst. J. P. Specification and Estimation of Spatial Panel Data Models [J]. International Regional Science Review, 2003, 26：244 –268.

$$\ln L = -\frac{NT}{2}\ln(2\pi\sigma^2) + T\sum_{i=1}^{N}\ln(1 - \rho w_i) - \frac{1}{2\sigma^2}\sum_{t=1}^{T}\varepsilon_t'\varepsilon_t \qquad (7.6)$$

空间面板数据误差模型（SEM）极大似然函数为：

$$\ln L = -\frac{NT}{2}\ln(2\pi\sigma^2) + T\sum_{i=1}^{N}\ln(1 - \lambda w_i) - \frac{1}{2\sigma^2}\sum_{t=1}^{T}\varepsilon_t'\varepsilon_t \qquad (7.7)$$

**2. 空间相关性检验和模型选择**

对于空间计量模型，首先必须进行空间的相关性检验，其次要借助相关检验确定合理的模型形式。空间相关性检验方法主要有空间相关性指数 *Moran's I* 检验和基于极大似然估计假设的 Wald、LR 和 LM 统计量检验，其原假设是：$H_0$：$\rho = 0$ 或 $\lambda = 0$。其中，最常见的是 *Moran's I* 检验，其表达式为：

$$Moran's\ I = \frac{\displaystyle\sum_{i=1}^{n}\sum_{j}^{n}W_{ij}(Y_i - \bar{Y})(Y_j - \bar{Y})}{S^2\displaystyle\sum_{i=1}^{n}\sum_{j=1}^{n}W_{ij}} \qquad (7.8)$$

其中，$S^2 = \dfrac{1}{n}\displaystyle\sum_{i=1}^{n}(Y - \bar{Y})^2$，$\bar{Y} = \dfrac{1}{n}\displaystyle\sum_{i=1}^{n}Y_i$，$Y_i$ 代表 $i$ 地区的观测值。*Moran's I* 指数在（-1，1），大于 0 表示地区之间样本变量之间存在空间正相关，小于 0 则表示地区之间样本变量之间存在空间负相关；等于 0 表示不存在空间相关性。

但是，*Moran's I*（*Moran* 1948）、LMerr（Burridge 1980）、LMsar、Lratios、Walds（Anselin 1988b）等空间相关性检验都是针对单个截面回归模型提出的，不能直接用于面板数据模型，这给空间面板数据模型估计带来了困难。何江、张馨之（2006），王火根、沈利升（2007）对此进行了改进，采用分块对角矩阵 $C = I_T \otimes W_N$ 替代 *Moran's I* 等统计量计算公式中的空间权重矩阵 $W$，这样就可以比较方便地把这些检验从单个截面回归模型扩展到面板数据模型。[1]

---

① 王火根，沈利生. 中国经济增长与能源空间面板分析 [J]. 数量经济技术经济研究，2007（12）.

在检验空间相关性检验后，需要对模型形式进行选择。选择合理模型形式的标准是：第一，在通过空间相关性检验的基础上，其输出结果必须有合理的经济解释力；第二，在通过空间相关性检验和合理解释的基础上，对 LMsar 和 LMerr 检验结果进行比较，如果 LMsar 比 LMerr 统计量更显著，那么恰当的模型是空间滞后模型，如果 LMerr 比 LMsar 统计量更显著，那么选择空间误差模型。安赛林和雷伊（Anselin and Rey，1991）利用蒙特卡罗方法证明了这种方法能够为空间计量模型选择提供很好的指导。

### 3. 区域知识溢出效应的计量模型

根据第 2 章的分析，知识溢出的主要影响有知识属性、空间距离、技术距离、社会距离以及学习能力。在第 2 章中，我们考虑的知识溢出包括隐性知识溢出与显性知识溢出，包括可度量的知识溢出与不可度量的知识溢出。本章研究的知识溢出，主要是指可用一定方法进行测度的知识溢出，知识的属性在现实中很难进行有效区分，因此在测度中本章不加考虑。而对于其他几个因素，我们分别采取相应代理变量进行分析。结合产业集聚与 R&D 投入，我们根据空间计量的基本模型，建立衡量区域知识溢出效应的计量模型为：

$$\ln Y_{it} = \rho W Y_{it} + \beta_1 \ln Z_{it} + \beta_2 \ln D_{it} + \beta_3 \ln RD_{it} + \beta_4 \ln RP_{it} + \beta_5 \ln H_{it}$$
$$+ \beta_6 \ln OPEN_{it} + \beta_7 \ln GAP_{it} + \mu_{ij} \qquad (7.9)$$

$$\ln Y_{it} = \beta_1 \ln Z_{it} + \beta_2 \ln D_{it} + \beta_3 \ln RD_{it} + \beta_4 \ln RP_{it} + \beta_5 \ln H_{it}$$
$$+ \beta_6 \ln OPEN_{it} + \beta_7 \ln GAP_{it} + \mu_{ij}$$

$$\mu_{it} = \lambda \mu_{it} + \nu \qquad (7.10)$$

模型（7.9）为空间滞后模型，模型（7.10）为空间误差（SEM）模型。

在模型中，$Y_{it}$ 代表专利申请数或全要素生产率。其中，专利申请数为 $i$ 地区 $t$ 年的人均专利申请数，全要素生产率用 Malmquist 指数方法计算得到。当 $Y_{it}$ 为专利申请数时，模型为产业集聚与 R&D 投入知识溢出的区域创新效应模型，当 $Y_{it}$ 为全要素生产率时，模型为产业集聚与 R&D 投入知识溢出的区域经济增长效应模型。专利申请数或全要素生产率（TFP）具体见第 5 章的计算结果。

$Z_{it}$表示 $i$ 地区 $t$ 年的专业化水平，用以衡量产业集聚的 MAR 溢出；$D_{it}$ 表示 $i$ 地区 $t$ 年的多样化水平，用以衡量产业集聚的 Jocobs 溢出；$Z_{it}$ 和 $D_{it}$ 计算方法与结果同见第 3 章，计算公式分别是 $Z_{it} = \max(S_{ij}/S_j)$ 和 $D_{it} = 1/\sum_j |S_{ij} - S_j|$。$RD_{it}$表示 $i$ 地区 $t$ 年的人均 R&D 资本存量，用以衡量 R&D 经费投入的知识溢出效应；$RP_{it}$ 为各地区研发人员投入，采用的是研发人员占各地区就业总人数的比例。$RD_{it}$ 与 $RP_{it}$ 具体计算也同第 3 章。

$H_{it}$ 是 $i$ 地区 $t$ 年的人力资本，用以衡量该地区的学习能力。一般而言，一个地区的学习能力与该地区人力资本存量与质量呈正相关，人力资本的质量与受教育的程度呈正相关，某地区的平均受教育程度越高，该地区的学习能力也就越强。$H_{it}$ 值采用亨德森（Henderson，2007）和吴建新（2007）等的计算方法，通过 Mincer 函数和人均受教育年限数据计算，计算公式为：

$$H_{it} = e^{f(x)} = e^{\frac{\theta}{1-\eta} \cdot x_{it}^{1-\eta}} \tag{7.11}$$

其中，$x$ 表示平均受教育年限，$\eta$ 的值取决于 Mincer 函数的弯曲度，按照比尔斯和克雷诺（Bils and Klenow，2000）对包括中国在内的 56 个国家的估计，$\eta$ 取 0.57，$\theta$ 取 0.32。① 劳动力受教育年限数据来自历年的《中国人口和就业统计年鉴》《中国统计年鉴》，各教育层次受教育年限为小学 6 年，初中 3 年，高中（中专）3 年，大学平均 4 年（大专、本科及以上）。

$OPEN_{it}$是 $i$ 地区 $t$ 年的贸易依存度，贸易依存度等于出口加进口除以 GDP 值，代表一个地区的社会开放程度，用以衡量不同地区的社会距离。衡量一个地区社会距离的变量一般采用三个指标：一是市场化程度；二是社会制度；三是地区开放程度。考虑到进出口尤其是进口商品与技术的知识溢出效应，我们采用贸易依存度来衡量社会距离。

$GAP_{it}$代表技术差距变量。国际贸易中技术溢出理论认为，国际技术外溢效果和溢出国与吸收国之间的技术差距相关。为检验 $GAP_{it}$ 的吸收效应，我们参照贝哈鲍比和施皮格尔（Benhabib and Spiegel，1994）的做法，使

---

① 吴建新. 技术、效率、资本积累与中国地区发展差异［J］. 数量经济技术经济研究，2009（11）.

用对技术边界的相对距离来度量技术差距，其公式为[①]：

$$GAP = \left[ \frac{\max_j A_j(t) - A_i(t)}{A_i(t)} \right] \qquad (7.12)$$

式中，$GAP$ 表示对技术边界的相对距离，$A_i(t)$ 是一个给定国家 $i$ 的现有技术水平，$\max_j A_j(t)$ 是世界上的技术边界。直接度量 $A_i(t)$ 是一个难题，根据恩格布雷希特（Engelbrecht，1997）和康（Kang，2002）的观点，如果假定在生产函数资本、人力资本和 TFP 的比例不随时间变化，则可用第 $i$ 个国家的人均 GDP 作为第 $i$ 个国家的不可度量的技术水平 $A_i(t)$。[②] 由于本书以我国的 29 个省（区、市）为研究样本，因此，相应地 $A_i(t)$ 用第 $i$ 个省（区、市）的人均 GDP 来衡量，$\max_j A_j(t)$ 为我国省区市中人均 GDP 最高的地区上海的人均 GDP。为避免上海地区技术距离值为零而不能取对数，我们规定上海地区的 $GAP$ 值为 0.1。

### 4. 样本选择与数据描述

对于地区模型，我们采用年度数据，为了检验区域产业集聚和 R&D 投入的知识溢出效应关系，同时考虑数据的可得性，我们的主要数据来源于 1991 ~ 2008 年的《中国统计年鉴》《中国工业经济统计年鉴》《中国科技统计年鉴》《中国人口和就业统计年鉴》。由于西藏的数据不全且各项指标所占比例很小而略去，重庆由于 1997 年才开始设立为直辖市，为保持数据一贯性和完整性将与四川数据合并，这样我们的地区样本数据为 29 个省份的面板数据。由于《中国工业统计年鉴》（1992、1996、1997、1999）未编撰，为保持时间延续性，故对缺失年份的产业专业化和多样化指标进行移动平均法进行估计补足。同时，为了减少异方差和比较，所有数据均取对数。模型计量软件为 MatlabR 2009b，Matlab 的空间计量经济学程序从 Econometrics 下载，主要由莱斯（Lesage）和埃洛斯特等人编写。

---

① Jess Benhabib and Mark Spiegel. *The Role of Human Capital in Economic Development*：*Evidence from Aggregate Cross-Country*，Journal of Monetary Economics. Vol. 34，1994，pp. 143 – 173.

② 葛小寒，陈凌. 国际 R&D 溢出的技术进步效应——基于吸收能力的实证研究 [J]. 数量经济技术经济研究，2009（7）.

## 7.1.2 区域知识溢出创新效应分析

在产业集聚与 R&D 投入知识溢出的创新效应模型中，模型（7.13）和模型（7.14）中的 $Y_{it}$ 为 $i$ 地区 $t$ 年的人均专利申请数，

$$\ln ZL_{it} = \rho WZL_{it} + \beta_1 \ln Z_{it} + \beta_2 \ln D_{it} + \beta_3 \ln RD_{it} + \beta_4 \ln RP_{it} + \beta_5 \ln H_{it}$$
$$+ \beta_6 \ln OPEN_{it} + \beta_7 \ln GAP_{it} + \mu_{ij} \tag{7.13}$$
$$\ln ZL_{it} = \beta_1 \ln Z_{it} + \beta_2 \ln D_{it} + \beta_3 \ln RD_{it} + \beta_4 \ln RP_{it} + \beta_5 \ln H_{it}$$
$$+ \beta_6 \ln OPEN_{it} + \beta_7 \ln GAP_{it} + \mu_{ij}$$
$$\mu_{it} = \lambda \mu_{it} + \nu \tag{7.14}$$

**1. 模型检验**

从检验结果来看，所有的检验概率都接近于 0，通过 1% 水平显著性检验，都否定原假设，因此可以认为回归误差项存在空间自相关。同时，从空间误差项检验 Lmerr 值和空间滞后项检验 Lmsar 值比较来看，Lmerr 值大于 Lmsar 值，因此选择空间误差估计方法（SEM）更为合理，如表 7.1 所示。

表 7.1　　　　　　1990～2007 年创新效应的空间相关性检验结果

| 检验方法 | 样本数 | 检验值 | 临界值 | 概率 |
|---|---|---|---|---|
| Moran | 522 | 5.95 | 1.96 | 0.00 |
| Lmsar | 522 | 35.25 | 6.635 | 0.00 |
| Lmerr | 522 | 44.10 | 17.611 | 0.00 |
| Lratios | 522 | 56.53 | 6.635 | 0.00 |
| Walds | 522 | 643.45 | 6.635 | 0.00 |

**2. 模型计算结果分析**

从表 7.2 中的 8 个模型估计结果来看，所有模型的拟合度水平都高达 80% 以上，除地区专业化变量外，其他变量参数在各模型中均较好地通过了显著性水平检验。从空间误差和空间滞后各个模型的比较来看，空间误差在各项检验指标值都优于空间滞后，这也验证了我们前面模型检验的结果。地区专业化程度参数除了在空间误差地区固定效应模型中通过 10% 的

显著性水平检验外，但没有通过 5% 的显著性水平检验，而且在其他模型中均没有通过 5% 的显著性水平检验，同时专业化程度变化对知识生产弹性为 −0.108，说明专业化程度变迁对知识生产存在非常弱的负弹性。同时，在所有模型中，空间误差地区固定效应模型的拟合度水平、空间自相关系数和对数似然值都是最高的，说明该模型较好地反映了各自变量与因变量之间的关系，是比较合理的模型。从该模型中，我们可以看出，地区产业多样化、R&D 投入、地区学习能力、地区开放度对区域空间知识生产与溢出都存在正弹性，而 R&D 人员投入、地区产业专业化和技术距离对区域空间知识生产与溢出都存在负弹性。而地区产业专业化对区域空间知识生产与溢出存在弱负相关性。

表 7.2　　　　　　　　　创新效应的空间 Panel Data 模型估计结果

| 模型参数 | SAR 模型 | | | | SEM 模型 | | | |
|---|---|---|---|---|---|---|---|---|
| | 无固定效应 | 地区固定 | 时间固定 | 地区时间固定 | 无固定效应 | 地区固定 | 时间固定 | 地区时间固定 |
| $\beta_1$ | 0.038 (0.73) | −0.052 (−0.84) | 0.048 (0.90) | −0.030 (−0.463) | −0.017 (−0.33) | −0.105 *** (−1.77) | 0.017 (0.30) | −0.065 (−1.01) |
| $\beta_2$ | 0.206 * (2.79) | 0.351 * (3.36) | 0.217 * (2.85) | 0.431 * (3.96) | 0.167 ** (2.15) | 0.261 * (2.56) | 0.197 ** (2.44) | 0.367 * (3.39) |
| $\beta_3$ | 0.635 * (11.17) | 1.108 * (13.82) | 0.696 * (12.77) | 1.09 * (17.86) | 0.580 * (9.79) | 1.14 * (17.62) | 0.731 * (12.92) | 1.158 * (19.74) |
| $\beta_4$ | −0.387 * (−5.948) | −0.258 * (−3.65) | −0.456 * (−7.54) | −0.300 * (−4.266) | −0.333 * (−4.89) | −0.187 * (−2.61) | −0.505 * (−8.03) | −0.259 * (−3.60) |
| $\beta_5$ | 3.804 * (5.72) | 2.004 * (3.35) | 3.694 * (5.767) | 2.032 * (3.42) | 3.625 * (5.63) | 2.292 * (3.99) | 4.019 * (6.24) | 2.198 * (3.76) |
| $\beta_6$ | 0.331 * (9.41) | 0.087 *** (1.93) | 0.317 * (9.07) | 0.092 ** (2.08) | 0.364 * (9.92) | 0.093 *** (1.86) | 0.337 * (9.15) | 0.092 *** (1.92) |
| $\beta_7$ | −0.068 (−1.413) | −0.280 * (−3.24) | −0.074 (−1.54) | −0.346 * (−4.15) | −0.065 (2.15) | −0.217 ** (−2.38) | −0.057 (−1.13) | −0.290 * (−3.24) |
| $\rho$ | 0.069 ** (1.77) | 0.056 (1.11) | 0.082 * (2.51) | 0.075 * (2.58) | 0.294 * (5.81) | | | |
| $\lambda$ | | | | | | 0.380 * (8.03) | 0.155 * (2.82) | 0.333 * (6.78) |
| $R^2$ | 0.844 | 0.924 | 0.831 | 0.915 | 0.845 | 0.931 | 0.823 | 0.918 |
| LOG-L | −309.22 | −121.13 | −338.78 | −159.19 | −312.87 | −106.23 | −343.50 | −147.50 |

注：*、** 和 *** 分别表示在 1%、5% 和 10% 显著性水平下显著，括号内为 T 统计量。

　　为了更全面合理地反映自变量对知识生产的影响，我们剔除地区专业化变量，对剩下的变量与专利生产之间的关系进行拟合检验。

　　从表 7.3 的估计结果来看，模型（1）、模型（5）和模型（7）的技术距离参数 $\beta_7$、模型（2）的自回归系数未能通过检验外，其他模型变量参数大部分都很好地通过了 10% 显著性水平检验，个别通过 10% 显著性水平检验，且拟合度水平平均高达 80% 以上，说明空间面板数据模型较好拟合了省际知识创新活动。空间滞后（SAR）模型的 $\rho$ 和空间误差（SEM）模型的 $\lambda$ 都大于 0，但 $\rho$ 均小于 0.1，而 $\lambda$ 值相对较大，说明知识生产与创新中存在显著的空间较弱的空间自回归和较强的空间自相关关系，也即知识生产与创新中存在较强区域间溢出效应。

表 7.3　　　　　　　　创新效应的空间 Panel Data 模型估计结果

| 模型参数 | SAR 模型 | | | | SEM 模型 | | | |
|---|---|---|---|---|---|---|---|---|
| | 无固定效应模型（1） | 地区固定模型（2） | 时间固定模型（3） | 地区时间固定模型（4） | 无固定效应模型（5） | 地区固定模型（6） | 时间固定模型（7） | 地区时间固定模型（8） |
| $\beta_2$ | 0.172 *<br>(3.01) | 0.381 *<br>(3.86) | 0.172 *<br>(2.92) | 0.446 *<br>(4.34) | 0.183 *<br>(2.98) | 0.312 *<br>(3.16) | 0.182 *<br>(2.88) | 0.397 *<br>(3.81) |
| $\beta_3$ | 0.642 *<br>(11.54) | 1.106 *<br>(13.80) | 0.703 *<br>(13.20) | 1.087 *<br>(17.83) | 0.580 *<br>(9.90) | 1.141 *<br>(17.63) | 0.733 *<br>(13.19) | 1.155 *<br>(19.69) |
| $\beta_4$ | − 0.396 *<br>( − 6.20) | − 0.262 *<br>( − 3.71) | − 0.463 *<br>( − 7.86) | − 0.300 *<br>( − 4.27) | − 0.333 *<br>( − 4.94) | − 0.208 *<br>( − 2.93) | − 0.508 *<br>( − 8.20) | − 0.266 *<br>( − 3.70) |
| $\beta_5$ | 3.701 *<br>(5.65) | 1.977 *<br>(3.31) | 3.529 *<br>(5.63) | 2.015 *<br>(3.39) | 3.682 *<br>(5.86) | 2.225 *<br>(3.87) | 3.97 *<br>(6.33) | 2.161 *<br>(3.70) |
| $\beta_6$ | 0.329 *<br>(9.36) | 0.086 ***<br>(1.91) | 0.314 *<br>(9.01) | 0.092 *<br>(2.08) | 0.364 *<br>(9.93) | 0.088 ***<br>(1.75) | 0.337 *<br>(9.15) | 0.092 ***<br>(1.91) |
| $\beta_7$ | − 0.072<br>( − 1.49) | − 0.282 *<br>( − 3.27) | − 0.079 ***<br>( − 1.65) | − 0.347 *<br>( − 4.15) | − 0.063<br>( − 1.27) | − 0.221 **<br>( − 2.42) | − 0.058<br>(0.25) | − 0.291 *<br>( − 3.25) |
| $\rho$ | 0.07 **<br>(1.750) | 0.057<br>(1.135) | 0.087 *<br>(2.68) | 0.077 *<br>(2.65) | | | | |
| $\lambda$ | | | | | 0.289 *<br>(5.70) | 0.370 *<br>(7.76) | 0.162 *<br>(2.96) | 0.328 *<br>(6.65) |
| $R^2$ | 0.843 | 0.924 | 0.832 | 0.915 | 0.845 | 0.930 | 0.823 | 0.918 |
| LOG-L | − 309.64 | − 121.37 | − 338.95 | − 159.32 | − 312.93 | − 107.79 | − 343.54 | − 148.02 |

　　注：*、** 和 *** 分别表示在 1%、5% 和 10% 显著性水平下显著，括号内为 T 统计量。

在空间滞后模型的 4 个模型中，模型（1）是无固定效应影响，其模型拟合度水平 $R^2$ 较低，且对数似然值很小。模型（2）是地区固定效应模型，其自回归参数未能通过 10% 的显著性水平检验。模型（3）显示知识创新与生产存在时间固定效应，但其拟合度水平 $R^2$ 最低，且对数似然值也最小。模型（4）显示空间面板数据之间存在时间固定效应和地区固定效应，各项参数均通过了显著性水平检验。这说明我国各地区的知识生产与创新中存在具有地区效应和时间效应的自回归现象。

与空间滞后模型相比较，空间误差模型的拟合度水平和似然值都有所提高，各项参数检验值都得以改善，并且空间误差模型的 $\lambda$ 值远大于空间滞后模型的 $\rho$ 值。结合前面模型检验，选用空间误差模型进行解释更为合理。而在空间误差模型的 4 个模型估计中，地区固定效应模型估计的拟合度 $R^2$ 和对数似然值最高，分别为 0.930 和 $-107.79$，其次是时间、地区固定效应 ［模型（8）］，而无固定效应 ［模型（5）］ 和时间固定效应 ［模型（7）］ 相对较差。综合起来分析，选取模型（6）来进行解释是最为合理的。

从空间误差模型可以看出，我国省域之间的知识生产与创新存在显著的空间溢出效应，模型（6）中的 $\lambda$ 值高达 0.370。随着我国市场化的进程和各种要素在空间的自由流动，区域之间的交流与合作加强，知识也随之在不同区域间流动，并促进不同区域的知识生产与创新。

从产业多样化对区域知识生产与创新影响来看，区域产业多样化对知识生产与创新的弹性系数为正，在空间误差（SEM）地区固定效应、时间固定效应和地区分别为 0.312 和 0.397，说明区域产业多样化对知识生产与创新存在非常强的正向溢出效应。这也验证了我国区域制造业集聚中存在 Jocobs 溢出，即多样化的产业结构可以使地区拥有知识创新的产业基础以及不同产业之间的分工与合作可以带动知识在不同行业间的溢出，从而更有利于知识的生产与创新。

从 R&D 投入对区域知识生产与创新影响来看，R&D 投入区域知识生产与创新影响弹性系数超过了 1，说明科技资本投入对知识生产与创新的贡献非常大。而相反，我国科技人员的投入对区域知识生产与创新的弹性系数则为负，说明科技活动人员的增加不但不能显著提高区域知识生产与创新，反而使科技活动人员的生产效率低下。邓明和钱争鸣（2009）对省际知识空间溢出研究中发现科技活动人员对知识生产与创新显著性不明显的结论基本相似。我国的区域创新活动主要依靠 R&D 经费投入增加。虽然我国拥有庞大的科技队伍，但是由于科技活动人员欠缺有效率的激励机制，尤其是一些高等院校与科研院所里，科研投入经费的不合理配置，导致人均科技经费非常低，同时大量科研冗余人员占用了大量 R&D 经费，从而导致研发效率十分低下，科研产品和专利创新很少，区域科研人员的人均产出效率随人员的增加而递减。

与区域科技活动人员投入相比，区域的人力资本对区域知识生产与创新影响非常大，其弹性系数最高。这说明区域创新能力不仅取决于 R&D 投入，更取决于区域的整体人力资本的存量与质量水平。高人力资本的区域，对区域内和区域外知识的整体学习能力强，有利于新知识的吸收与消化。大量 FDI 技术溢出理论表明，FDI 技术溢出效应大小与 FDI 输出地与引入地的技术差距与消化吸收能力存在非常重要的关系，许多技术转移与溢出都存在技术"门槛"。越高的区域人力资本地区，不仅拥有较高的区域创新能力，同时也拥有更强的学习能力与吸收能力。

从区域开放程度与区域知识生产与创新能力弹性来看，区域开放程度的提高有利于促进区域知识的生产与创新。通过国际交流与合作，知识会随着国际商品、技术贸易、FDI 和人员流动而产生溢出效应。大量的研究也证明，国际间的知识溢出效应会随着开放程度的提高而提高，而我国东部沿海开放较早和开放程度较高的地区吸收国外的技术溢出能力较中西部地区更强，开放区域的知识生产与创新及溢出能力也更高。

从技术差距对区域知识生产与创新能力弹性来看，技术差距的弹性系数为负，表明技术差距阻碍了区域的知识生产与创新。科恩和利文索尔（Cohen and Levinthal）在研究企业研发作用时首先提出了"吸收能力"的概念，而技术差距是经常成为阻碍知识吸收的"门槛"。张宇和蒋殿春（2007）、徐磊和黄凌云（2009）在研究 FDI 技术溢出效应对我国区域创新能力影响时发现，FDI 技术溢出对我国存在显著的创新能力"门槛效应"，我国大部分省份已进入中等创新能力区域，FDI 流入对这些省份存在显著正溢出效应，但由于还未进入高创新能力区域，这些省份对溢出效应的吸收还不够充分。[①] 而在国内区域间的空间知识溢出过程中，技术差距同样成为知识溢出的障碍与"门槛"。中西部地区由于经济差距与人力资本存量相对较低等原因，导致长期 R&D 经费投入不足与 R&D 人员向东部流动，导致与东部地区存在技术差距。

## 7.1.3　区域知识溢出经济增长效应分析

### 1. 模型检验

在产业集聚与 R&D 投入知识溢出的经济增长效应模型中，模型 (7.15) 和模型 (7.16) 中的 $Y_{it}$ 为 $i$ 地区 $t$ 年的全要素生产率（TFP），则相应模型为：

$$\ln TFP_{it} = \rho WTFP_{it} + \beta_1 \ln Z_{it} + \beta_2 \ln D_{it} + \beta_3 \ln RD_{it} + \beta_4 \ln RP_{it} + \beta_5 \ln H_{it}$$
$$+ \beta_6 \ln OPEN_{it} + \beta_7 \ln GAP_{it} + \mu_{ij} \tag{7.15}$$
$$\ln TFP_{it} = \beta_1 \ln Z_{it} + \beta_2 \ln D_{it} + \beta_3 \ln RD_{it} + \beta_4 \ln RP_{it} + \beta_5 \ln H_{it}$$
$$+ \beta_6 \ln OPEN_{it} + \beta_7 \ln GAP_{it} + \mu_{ij}$$
$$\mu_{it} = \lambda \mu_{it} + \nu \tag{7.16}$$

表 7.4　　　　　　　　经济增长效应的空间相关性检验结果

| 检验方法 | 样本数 | 检验值 | 临界值 | 概率 |
| --- | --- | --- | --- | --- |
| Moran | 522 | 6.09 | 1.96 | 0 |
| Lmsar | 522 | 18.24 | 6.635 | 0 |
| Lmerr | 522 | 34.25 | 17.611 | 0 |
| Lratios | 522 | 60.56 | 6.635 | 0 |
| Walds | 522 | 1 120.3 | 6.635 | 0 |

从模型检验来看，各项检验指标的检验值都大于临界值，表明模型存在较强的空间相关性。因此，可以运用空间面板数据模型。

### 2. 实证结果分析

根据 Malmquist 指数计算得到的 TFP，我们对相关变量进行空间滞后和

---

① 徐磊，黄凌云. FDI 技术溢出及其区域创新能力门槛效应研究 [J]. 科研管理，2009 (3).

空间误差分析，结果如表 7.5 所示。

**表 7.5**  经济增长效应的空间 Panel Data 模型估计结果

| 模型参数 | SAR 模型 | | | | SEM 模型 | | | |
|---|---|---|---|---|---|---|---|---|
| | 无固定效应 | 地区固定 | 时间固定 | 地区时间固定 | 无固定效应 | 地区固定 | 时间固定 | 地区时间固定 |
| $\beta_1$ | 0.031** (2.12) | 0.083* (2.99) | 0.045* (2.77) | 0.113* (3.64) | 0.030** (2.51) | 0.074* (3.30) | 0.051* (3.23) | 0.127* (4.23) |
| $\beta_2$ | -0.006 (-0.40) | -0.060*** (-1.65) | 0.010 (0.49) | -0.043 (-1.06) | -0.0004 (-0.02) | -0.040 (-1.26) | 0.020 (0.90) | -0.039 (-0.96) |
| $\beta_3$ | 0.020 (1.39) | -0.0002 (-0.012) | 0.004 (0.234) | -0.027 (-1.19) | 0.019 (1.31) | 0.034 (1.41) | 0.0006 (0.04) | -0.016 (-0.693) |
| $\beta_4$ | -0.065* (-4.06) | -0.076* (-2.97) | -0.059* (-3.55) | -0.063** (-2.30) | -0.049* (-2.93) | -0.057** (-2.49) | -0.044** (-2.41) | -0.037 (-1.31) |
| $\beta_5$ | 0.654* (4.06) | 0.597* (2.72) | 0.854* (4.88) | 0.881* (3.71) | 0.409* (2.88) | 0.246 (1.37) | 0.871* (4.97) | 0.872* (3.88) |
| $\beta_6$ | 0.007 (0.73) | -0.003 (-0.19) | 0.003 (0.31) | -0.012 (-0.72) | 0.011 (1.31) | 0.003 (0.169) | 0.011 (1.04) | -0.013 (-0.657) |
| $\beta_7$ | 0.004 (0.35) | -0.030 (-0.95) | 0.003 (0.205) | -0.042 (-1.29) | 0.003 (0.28) | 0.012 (0.39) | 0.016 (1.13) | 0.023 (0.63) |
| $\rho$ | 0.112** (1.99) | 0.106** (1.86) | 0.150* (2.79) | 0.151* (2.81) | | | | |
| $\lambda$ | | | | | 0.613* (17.09) | 0.624* (17.72) | 0.495* (11.74) | 0.502* (12.00) |
| $R^2$ | 0.257 | 0.280 | 0.032 | 0.073 | 0.486 | 0.513 | 0.016 | 0.129 |
| LOG-L | 395.9 | 404.18 | 299.83 | 310.52 | 464.01 | 477.08 | 325.66 | 337.34 |

注：*、** 和 *** 分别表示在 1%、5% 和 10% 显著性水平下显著，括号内为 T 统计量。

从表 7.5 中可以看出，$\beta_3$、$\beta_6$ 和 $\beta_7$ 在所有模型中都未能通过检验，但 $\beta_3$ 有几个 T 检验的 P 值在 20% 左右，因此我们剔除了社会开放度与技术距离变量，对剩下的五个变量对 TFP 的影响继续进行计算分析，结果如表 7.6 所示。

表 7.6 经济增长效应的空间 Panel Data 模型估计结果

| 模型参数 | SAR 模型 | | | | SEM 模型 | | | |
|---|---|---|---|---|---|---|---|---|
| | 无固定效应 | 地区固定 | 时间固定 | 地区时间固定 | 无固定效应 | 地区固定 | 时间固定 | 地区时间固定 |
| $\beta_1$ | 0.034 *<br>(2.93) | 0.089 *<br>(3.24) | 0.041 *<br>(3.10) | 0.118 *<br>(3.81) | 0.032 *<br>(3.18) | 0.076 *<br>(3.37) | 0.045 *<br>(3.41) | 0.129 *<br>(4.30) |
| $\beta_2$ | −0.0006<br>(−0.08) | −0.020<br>(−0.66) | −0.002<br>(−0.21) | −0.030<br>(−0.97) | −0.005<br>(−0.49) | 0.015<br>(0.52) | 0.005<br>(0.44) | 0.030<br>(0.394) |
| $\beta_3$ | 0.022 **<br>(1.66) | 0.013<br>(0.65) | 0.005<br>(0.33) | −0.021<br>(−1.06) | 0.024 ***<br>(1.76) | 0.043 ***<br>(1.94) | 0.006<br>(0.41) | −0.010<br>(−0.52) |
| $\beta_4$ | −0.07 *<br>(−4.70) | −0.082 *<br>(−3.28) | −0.059 *<br>(−3.86) | −0.069 *<br>(−2.55) | −0.053 *<br>(−3.23) | −0.058 **<br>(−2.49) | −0.047 *<br>(−2.67) | −0.039<br>(−1.38) |
| $\beta_5$ | 0.656 *<br>(4.40) | 0.657 *<br>(3.03) | 0.813 *<br>(5.05) | 0.937 *<br>(4.02) | 0.372 *<br>(2.80) | 0.263 *<br>(2.47) | 0.787 *<br>(4.88) | 0.896 *<br>(4.04) |
| $\rho$ | 0.112 **<br>(2.00) | 0.110 **<br>(1.94) | 0.153 *<br>(2.85) | 0.149 *<br>(2.77) | | | | |
| $\lambda$ | | | | | 0.613 *<br>(17.10) | 0.623 *<br>(17.67) | 0.490 *<br>(11.55) | 0.502 *<br>(12.00) |
| $R^2$ | 0.256 | 0.278 | 0.035 | 0.068 | 0.484 | 0.512 | 0.083 | 0.127 |
| LOG-L | 395.56 | 403.74 | 300.00 | 309.47 | 463.16 | 476.28 | 324.73 | 336.62 |

注: * 、** 和 *** 分别表示在 1% 、5% 和 10% 显著性水平下显著,括号内为 T 统计量。

剔除社会距离与技术距离变量后,我们发现模型输出结果大为改善。从空间滞后与空间误差比较来看,空间误差各模型的拟合度水平 $R^2$ 值及对数似然值均高于空间滞后模型,因此,选择空间误差模型更为合理。从空间误差的四个模型比较来看,地区固定效应的拟合度水平 $R^2$ 值及对数似然值均是最高的,因此选择空间误差(SEM)的地区固定效应模型来解释最为合理。

专业化集聚变量通过了 5% 显著性水平检验,且弹性系数均为正值,显示了专业化的集聚对地区产业增长具有积极的促进作用。在这些专业化程度较高的地区,形成了较为完善的专业化分工与合作的产业价值链,形成集聚规模效应,促进了制造业的较快发展。

在所有模型中，产业多样性集聚变量的参数都无法通过 10% 的显著性水平检验，证明产业多样化溢出对全要素生产率增长并没有太多相关性影响。而在专利模型中，产业多样化变量都较好地通过检验且弹性系数为正，这说明了产业多样化存在较强的创新溢出效应，能够促进区域知识创新，但是对于经济增长效应并无明显影响。

R&D 资本投入的参数在空间误差的无固定效应及地区固定效应中通过了 10% 的显著性水平检验，在其他模型中均无法通过检验。在地区固定效应模型中，R&D 资本对 TFP 的弹性系数为 0.043，表明 R&D 资本投入对经济增长影响相对较弱的正溢出效应。

而 R&D 研发人员的投入对制造业全要素生产率的弹性依然为负，表明我国大中型企业中 R&D 人员投入—产出绩效低下。总体而言，目前我国企业的研发人员效率总体比较低，大部分 R&D 人员集中在一些国有垄断性和规模较大的企业，这些企业缺乏有效的 R&D 人员激励机制，而众多中小企业未能形成完善的 R&D 人员结构体系，导致企业自主创新能力不够。这也与我国大部分制造业产业结构低下，许多企业靠引进、模仿国外技术为主的现状相符合。同时，我国企业的 R&D 创新成果转化为市场效益的能力偏低，这也制约了企业 R&D 投入对企业生产率的增长作用。

从区域学习能力对地区制造业的全要素增长率贡献来看，区域的学习能力对制造业增长具有非常积极的作用。尤其在产业结构调整与升级过程中，区域的学习能力对于新兴产业的发展和新技术的引进与吸收能力都具有非常关键的作用。高人力资本的地区，其产业结构相对优化，技术密集型和资本密集型的产业得以较快发展，而低人力资本地区由于受制于"技术门槛"和人力资源条件，高科技产业发展就会相对滞后。

从空间误差系数 $\lambda$ 来看，地区固定效应的 $\lambda$ 高达 0.623，表明我国区域之间经济在发展过程中存在高度的关联和溢出效应。这表明了我国区域经济发展在空间结构上彼此紧密联系与相互影响，一个地区经济的 R&D 投入与产业集聚都会对周边地区产生积极地溢出效应。而越靠近 R&D 投入和产业集聚中心区域，溢出效应就会越强。

# 7.2 行业知识溢出效应分析

## 7.2.1 行业知识溢出效应分析模型

### 1. 基本模型

在地区模型研究中，假设影响知识溢出的主要影响变量有 R&D 资本与人员投入、产业集聚性（专业化集聚与多样化集聚）、区域人力资本、区域经济开放度与技术距离因素。在行业模型中，我们只考虑行业集聚度 EG 指数对知识溢出的影响，而不考虑行业多样化因素影响。虽然目前也有一些理论与计算公式来计算行业多样化程度，最常见的如采用赫芬达尔指数的倒数来衡量行业多样化程度，但赫芬达尔指数本身是用来衡量产业集中程度的，其倒数实质是表示行业的地区分散化程度，而并非表示行业多样化。因此我们只考虑行业集聚度而不考虑行业多样化对知识溢出的影响。由于缺乏相关行业就业人员教育程度数据，我们剔除了行业的人力资本变量。在地区模型研究中，我们考虑了地区之间的空间知识溢出效应，在行业之间同样也存在行业间的知识溢出效应，但是要确定行业间的相邻关系比较困难，我们不加考虑。因此，在行业知识溢出效应模型中，我们考虑以下几个因素：R&D 的人员投入与资本投入、行业集聚度、行业的开放度与技术距离。同样，我们分别采用专利和全要素生产率来衡量知识溢出的创新效应与知识溢出效应。因此，对于行业的集聚与 R&D 投入的知识溢出效应，我们利用 EVIEWS6.0 软件，建立普通面板数据模型：

$$\ln Y_{jt} = \alpha_0 + \alpha_1 \ln RD_{jt} + \alpha_2 RP_{jt} + \alpha_3 \ln EG_{jt} + \alpha_4 \ln OPEN_{jt} + \alpha_5 \ln GAP_{jt} + \varepsilon$$

(7.17)

式中，$Y_{jt}$ 为衡量行业知识溢出的变量，用行业就业人数的人均专利或行业 TFP 表示；$RD_{jt}$ 表示行业的人均 R&D 资本投入，R&D 资本计算方法如同前一章的地区 R&D 投入；$RP_{jt}$ 为 $j$ 行业 $t$ 年的 R&D 人员投入，用科技活动人员数占全部就业总人数的比例表示；$EG_{jt}$ 为 $j$ 行业 $t$ 年的产业集聚度；$OPEN_{jt}$ 为行业的开放度，用行业的进出口总额占全行业总产值比例表示；$GAP_{jt}$ 为行业的技术距离，计算方法类似区域模型；$\alpha_0$ 为常数项，$\alpha_1$、$\alpha_2$、$\alpha_3$、$\alpha_4$、$\alpha_5$ 为系数，反映各变量变动对知识溢出效应的影响程度；$\varepsilon$ 为误差项。

## 2. 模型检验方法

对于面板数据的估计，需要判断面板数据的模型形式。面板数据模型的判断，首先需要采用 F 统计量判断是属于变系数模型、变截距模型还是不变系数模型，其次运用 Hausman 检验方法判断是采用固定效应还是随机效应模型。

面板数据模型 F 检验的基本原理是：

假设面板数据模型为：$y_{it} = \alpha + x_{it}\beta + \mu_{it}$，$t = 1,2,\cdots,T, i = 1,2,\cdots,N$

要估计面板数据模型形式，经常使用协方差检验，其原假设为：

$H_1:\ \beta_1 = \beta_2 = \cdots = \beta_N$

$H_2:\ \alpha_1 = \alpha_2 = \cdots = \alpha_N$

$\quad\ \ \beta_1 = \beta_2 = \cdots = \beta_N$

如果接受假设 $H_2$，则可以认为样本数据符合不变系数模型，无须进一步检验；如果拒绝假设 $H_2$，则需要检验假设 $H_1$。如果拒绝假设 $H_1$，则认为样本数据符合变系数模型，否则则符合变截距模型。

其使用两个检验统计量为：

$$F_2 = \frac{(S_2 - S_1)/[(N-1)(k+1)]}{S_1/(NT - N(k+1))} \sim F[(N-1)(k+1), N(T-k-1)]$$

$$F_1 = \frac{(S_2 - S_1)/[(N-1)k]}{S_1/(NT - N(k+1))} \sim F[(N-1)k, N(T-k-1)]$$

如果所得到的统计量 $F_2$ 的值不小于给定置信度下的相应临界值，则拒绝假设 $H_2$，继续检验假设 $H_1$。反之则认为符合不变系数模型。若计算所得到的统计量 $F_1$ 的值不小于给定置信度下的相应临界值，则拒绝 $H_1$，则认为样本数据符合变系数模型，否则则符合变截距模型。

## 3. 数据说明

对于行业模型中的各种数据，$EG_{jt}$ 和 $D_{jt}$ 采用前面所计算的数据。行业

的全要素生产率（TFP）采用 Malmquist 指数进行计算，其数据来自历年
《中国工业经济统计年鉴》。专利、R&D 人员投入与资本投入数据来自
《中国科技统计年鉴》，统计口径为我国大中型企业。专利数据指标为行业
的专利申请量。由于我国分行业的专利统计数据源于 1996 年，之前年份并
没有进行分行业统计，而 1995 年、1996 年和 1998 年由于《中国工业经济
统计年鉴》缺失，相应年份前面章节所计算的 $EG_{jt}$ 和 $D_{jt}$ 是通过相邻年份移
动平均得到。因此，为提高估计准确性与可比性，在行业模型中我们选取
的时间跨度为 1999~2007 年。

## 7.2.2 行业知识溢出创新效应分析

### 1. 模型检验

根据基本模型，建立以专利作为因变量的知识溢出创新效应分析模
型，衡量行业的知识溢出创新效应：

$$\ln ZL_{jt} = \alpha_0 + \alpha_1 \ln RD_{jt} + \alpha_2 RP_{jt} + \alpha_3 \ln EG_{jt} + \alpha_4 \ln OPEN_{jt} + \alpha_5 \ln GAP_{jt} + \varepsilon$$

$$(7.18)$$

计算得到 $F_2 = 3.124$，而给定 5% 显著性水平下的临界值 $F_2(96,51) = 1.523$，计算得到的统计量大于给定置信度下的临界值，拒绝假设 $H_2$。而
$F_1 = 1.511$，给定 5% 显著性水平下的临界值 $F_1(80,51) = 1.539$，计算得到
的统计量小于给定置信度下的临界值，接受假设 $H_1$。所以，合适模型应为
变截距模型，然后再进行 Husman 检验确定是固定效应还是随机效应，经
过尝试选用固定效应更为合适。

### 2. 实证结果

我们分别计算了截面未加权的个体固定效应、截面加权的个体固
定效应和包含时期的个体固定效应的三个变截距模型，结果如表 7.7
所示。

表 7.7　　　　　　　　　　行业创新效应模型估计结果

| 变量 | 模型（1） | 模型（2） | 模型（3） |
|---|---|---|---|
| C | -6.821<br>(-5.66)* | -5.57<br>(-6.18)* | -6.84<br>(-5.82)* |
| lnRD | 0.736<br>(2.57)* | 0.643<br>(3.01)* | 0.754<br>(2.64)* |
| lnRP | 0.124<br>(0.40) | 0.125<br>(0.52) | 0.097<br>(0.31) |
| lnEG | -0.283<br>(-3.01)* | -0.280<br>(-3.72)* | -0.283<br>(-2.98)* |
| lnOPEN | -0.193<br>(-0.68) | 0.170<br>(0.73) | -0.174<br>(-0.528) |
| lnGAP | -0.174<br>(-1.45)*** | -0.070<br>(0.70) | -0.104<br>(-0.82) |
| $R^2$ | 0.602 | 0.691 | 0.615 |
| Husman 检验值 | 5.08* | 7.23* | 4.92* |
| D.W | 1.65 | 1.90 | 1.63 |
| 模型形式 | 个体固定效应 | 个体固定效应<br>（截面加权） | 包含时期的个体<br>固定效应 |

注：*、** 和 *** 分别表示在1%、5%和15%显著性水平下显著，括号内为 T 统计量。

### 3. 结果分析

从表7.7三个模型的各变量的参数来看，R&D人员投入和行业开放度无法通过检验，而R&D资本投入和行业集聚性很好地通过了5%的显著性水平检验。其中三个模型拟合度水平 $R^2$ 值分别达到了0.602、0.691和0.615，D.W值分别为1.65、1.90和1.63。

从行业的R&D资本投入对行业专利创新绩效来看，在三个模型中的弹性系数分别为0.736、0.643和0.754，表明我国的行业人均R&D资本投入增加1%，专利创新就能相应增加0.736、0.643和0.754个百分点。即我国行业的R&D资本投入对专利创新存在较为积极的正向影响作用。

行业的R&D人员投入对行业专利创新的无法通过检验，意味着我国行业的R&D人员投入对行业创新的影响并不显著。这一结果与前面地区模型中的结论相似，这也说明了我国企业 R&D 人员投入—产出绩效非常低，行业的技术创新主要依赖于 R&D 资本投入的增加，而非行业 R&D 人员数量的增加。近年来我国各行业 R&D 人员投入密度在不断提高，但并没有显现明显的创新绩效。因此，我国要增强行业创新能力，不能仅增加 R&D 人员数量，更为关键的是要增加 R&D 人员的质量，改进 R&D 人员激励机制，提升 R&D 人员投入—产出绩效。

从行业的集聚度对行业创新的弹性系数来看，模型（1）至模型（3）的弹性系数为负，意味着行业集聚度的提高降低了行业创新的绩效。随着行业向某一或几个特定空间的集聚，企业之间空间距离变近，知识溢出效应更为明显，使模仿变得更为容易，加上我国缺乏有效的专利保护和创新收益内部化机制，导致部分中小企业不愿进行创新的投资。这也证明在我国制造集聚中，存在 MAR 负溢出效应，行业集聚并不利于行业创新。

行业的开放度与技术距离对行业的创新影响并不显著。技术距离在模型（1）中通过 15% 的显著性水平检验，显示技术距离对行业知识溢出的创新效应存在负弱相关性。

表 7.8 行业创新效应模型（3）中的行业个体效应

| 行业 | 个体固定效应 | 行业 | 个体固定效应 | 行业 | 个体固定效应 | 行业 | 个体固定效应 |
|------|------|------|------|------|------|------|------|
| X1 | −0.638 | X6 | −0.094 | X11 | 0.323 | X16 | 0.985 |
| X2 | 0.006 | X7 | −0.478 | X12 | 0.412 | X17 | 1.521 |
| X3 | −1.501 | X8 | −0.382 | X13 | −0.411 | | |
| X4 | 0.328 | X9 | −1.485 | X14 | 0.619 | | |
| X5 | −0.424 | X10 | 0.030 | X15 | 1.167 | | |

表 7.9 行业创新效应模型（3）中的时间效应

| 项目 | 1999 年 | 2000 年 | 2001 年 | 2002 年 | 2003 年 | 2004 年 | 2005 年 | 2006 年 | 2007 年 |
|------|------|------|------|------|------|------|------|------|------|
| 时间效应 | −0.069 | 0.034 | −0.074 | −0.115 | 0.306 | 0.129 | −0.097 | −0.204 | 0.089 |

从表 7.8 来看，行业创新的个体效应值大于 0 的行业有饮料制造业（X2）、纺织业（X4）、非金属矿物制品业（X10）、黑色金属冶炼及压延加工业（X11）、金属制品业（X12）、交通运输设备制造业（X14）、电气机械及器材制造业（X15）、电子及通信设备制造业（X16）和仪器仪表及

文化办公用机械制造业（X17）；行业创新的个体效应值小于 0 的行业有食品加工及制造业（X1）、烟草加工业（X3）、造纸及纸制品业（X5）、石油加工及炼焦业（X6）、化学原料及化学制品业（X7）、医药制造业（X8）、化学纤维制造业（X9）和机械制造业（X13）。

除了饮料制造业、纺织业、非金属矿物制品业外，创新绩效水平较高的行业多为技术密集型与装备制造行业，这些行业的创新能力相对较强。纺织业的个体效应大于 0 意味着从 1999 年以来我国的纺织行业加大了技术创新的力度，较好实现产业结构升级与换代，开始从依赖劳动投入增加转向依靠技术创新来实现行业发展。饮料行业在近十年来也实现了行业的不断变革与创新。而食品加工及制造业、烟草加工业及与化工有关的行业创新绩效低于平均水平。

表 7.9 表明的我国制造业行业创新的时间效应，表明 2000 年、2003 年、2004 年和 2007 年具有较高的创新绩效，其余年份相对较低。

## 7.2.3 行业知识溢出经济增长效应分析

### 1. 模型检验

根据行业基本模型，建立以 $TFP_{jt}$ 为因变量的知识溢出效应模型，衡量行业的知识溢出经济增长效应：

$$\ln TFP_{jt} = \alpha_0 + \alpha_1 \ln RD_{jt} + \alpha_2 RP_{jt} + \alpha_3 \ln EG_{jt} + \alpha_4 \ln OPEN_{jt} + \alpha_5 \ln GAP_{jt} + \varepsilon$$

$$(7.19)$$

计算得到 $F_2 = 2.135$，而给定 5% 显著性水平下的临界值 $F_2(96,51) = 1.523$，计算得到的统计量大于给定置信度下的临界值，拒绝假设 $H_2$。而 $F_1 = 0.429$，给定 5% 显著性水平下的临界值 $F_1(80,51) = 1.539$，计算得到的统计量小于给定置信度下的临界值，接受假设 $H_1$。所以合适模型因为变截距模型，然后再进行 Husman 检验确定是固定效应还是随机效应，经过尝试选用固定效应更为合适。

### 2. 实证结果

我们分别计算了截面未加权的个体固定效应、截面加权的个体固定效应和包含时期的个体固定效应的三个变截距模型，结果如表 7.10 所示。并给出了模型（3）的个体效应与时间效应，结果如表 7.11 和表 7.12 所示。

**表 7.10** 　　　　　　　　　行业经济增长效应模型估计结果

| 变量 | 模型（1） | 模型（2） | 模型（3） |
|---|---|---|---|
| $C$ | 0.627<br>(4.64)* | 0.526<br>(5.38)* | 0.616<br>(4.45)* |
| $\ln RD$ | -0.127<br>(-3.94)* | -0.098<br>(-4.84)* | -0.131<br>(-4.04)* |
| $\ln RP$ | 0.119<br>(3.13)* | 0.098<br>(4.17)* | 0.123<br>(3.22)* |
| $\ln EG$ | 0.037<br>(3.15)* | 0.026<br>(3.32)* | 0.039<br>(3.40)* |
| $\ln OPEN$ | 0.030<br>(0.71) | 0.056<br>(1.57)*** | 0.011<br>(0.21) |
| $\ln GAP$ | -0.005<br>(0.78) | -0.017<br>(-0.98) | -0.010<br>(0.21) |
| $R^2$ | 0.331 | 0.372 | 0.351 |
| Husman 检验值 | 2.32* | 3.34* | 2.23 |
| $D.W$ | 1.30 | 1.51 | 1.31 |
| 模型形式 | 个体固定效应 | 个体固定效应<br>（截面加权） | 包含时期个体<br>固定效应 |

注：*、** 和 *** 分别表示在 1%、5% 和 15% 显著性水平下显著，括号内为 T 统计量。

### 3. 结果分析

从表 7.10 的全要素增长率 TFP 来看，1999～2007 年，我国 17 个制造业都不同程度地实现了全要素增长。

从表 7.10 模型估计结果来看，除了行业开放度与技术距离变量外，其他变量的参数都通过了 1% 显著性水平检验。模型拟合度水平 $R^2$ 在三个模型中分别为 0.331、0.372 和 0.351，$D.W$ 值分别为 1.308、1.51 和 1.31，值偏低，显示残差具有一定的自相关性。

从估计结果来看，R&D 资本投入对全要素增长率的弹性系数为负，显示 R&D 资本增加不仅没有促进全要素生产率的增长，反而降低了全要素生产率的增长。而专利模型结果却表明，R&D 资本投入增加非常有效地促进了行业专利创新。产生这种看似矛盾的结论，实则不然，存在这种现象的原因就在于我国制造业各行业缺乏有效的专利创新转化为有价值市场新产品机制。虽然有很多创新，但是许多创新可能缺乏相应的市场价值，或者缺乏相应的市场开发与转化机制，导致了许多专利创新未能转化为有市场价值的新产品。

从 R&D 人员投入来看，R&D 人员投入对全要素生产率的弹性系数为正，表明 R&D 人员投入对行业经济增长存在积极的促进作用。这一结果与专利模型结果也看似矛盾，R&D 人员投入增加虽然未能相应促进专利创新，但是却有效地促进了行业经济增长。可能的原因是，大量行业的 R&D 人员对企业模仿、利用现有专利并将其转化为有市场价值产品方面还是起了很大作用。同时，R&D 人员投入增加提高了整个行业的生产率。

从行业集聚度 EG 指数对全要素生产率的弹性系数来看，行业集聚的增加促进了行业全要素生产率的增长。这一结论与专利模型也看似相反，行业空间集聚产生的知识溢出效应，导致创新企业容易招致大量模仿而降低创新投入与动力。但是，行业集聚产生的知识溢出效应，产生了模仿创新收益，促进了行业价值链的重构和专业化分工与协作，降低了行业的生产成本，进而提高整个行业生产率。

从行业开放度来看，其在模型（2）通过了 15% 的显著性水平检验，显示行业开放度对 TFP 具有弱正弹性。即行业的开放度而带来的知识溢出具有较弱的经济增长效应。而技术距离的系数均为负，没有通过检验，显示对行业知识溢出的经济增长效应不具有显著性影响。

**表 7.11　　　　　行业经济增长效应模型（3）中的行业个体效应**

| 行业 | 个体固定效应 | 行业 | 个体固定效应 | 行业 | 个体固定效应 | 行业 | 个体固定效应 |
|------|------|------|------|------|------|------|------|
| X1 | − 0.096 | X6 | 0.052 | X11 | 0.025 | X16 | − 0.027 |
| X2 | 0.011 | X7 | − 0.046 | X12 | − 0.037 | X17 | 0.056 |
| X3 | − 0.092 | X8 | 0.047 | X13 | 0.042 | | |
| X4 | 0.009 | X9 | − 0.055 | X14 | − 0.004 | | |
| X5 | − 0.030 | X10 | 0.106 | X15 | 0.039 | | |

表 7.12         行业经济增长效应模型（3）中的时间效应

| 项目 | 1999 年 | 2000 年 | 2001 年 | 2002 年 | 2003 年 | 2004 年 | 2005 年 | 2006 年 | 2007 年 |
|------|---------|---------|---------|---------|---------|---------|---------|---------|---------|
| 时间效应 | 0.017 | $-0.011$ | $-0.026$ | $-0.024$ | $-0.007$ | 0.012 | 0.012 | 0.022 | 0.005 |

从表 7.11 来看，行业全要素增长率个体效应值大于 0 的行业有饮料制造业（X2）、纺织业（X4）、石油加工及炼焦业（X6）、医药制造业（X8）、非金属矿物制品业（X10）、黑色金属冶炼及压延加工业（X11）、机械制造业（X13）、电气机械及器材制造业（X15）、和仪器仪表及文化办公用机械制造业（X17）；低于 0 的行业有食品加工及制造业（X1）、烟草加工业（X3）、金属制品业（X12）、交通运输设备制造业（X14）、造纸及纸制品（X5）、化学原料及化学制品业（X7）、化学纤维制造业（X9）及电子与通信设备制造业（X16）。从表 7.12 来看，行业全要素增长率较高的年份有 1999 年、2004 年、2005 年、2006 年和 2007 年，较低的年份有 2000 年、2001 年、2002 年和 2003 年。

# 7.3 本章小结

在本章中，通过建立面板数据模型，在第 3 章知识溢出理论机制、第 4 章的产业集聚分析和第 5 章知识溢出效应衡量指标分析基础上，对产业集聚、R&D 投入的知识溢出的创新效应与经济增长效应进行了分行业与分地区的实证分析。

通过区域知识溢出效应的空间面板数据模型实证分析，发现我国知识溢出存在显著的空间溢出效应，制造业多样化的集聚知识溢出对区域创新效应存在显著影响，而对区域经济增长效应影响并不显著；制造业的专业化集聚知识溢出对区域创新存在弱的负相关性，而对区域经济增长效应存在显著正效应。R&D 资本投入对区域创新效应存在显著影响，对经济增长效应却不显著；而 R&D 人员投入对区域创新效应影响比较低效，对经济增长效应影响比较显著。区域的学习能力对区域创新与经济增长效应都具有显著的影响，区域开放度也即社会距离对区域知识溢出创新效应存在显著正效应。技术距离对区域知识溢出的创新效应存在显著负效应，而社会距离与技术距离对区域经济增长效应影响都不显著。

　　通过行业知识溢出效应的面板数据模型实证分析，发现行业集聚度的提高并不利于行业创新，但是却有利于行业经济增长效应。行业开放度与行业间的技术距离对行业创新与经济增长效应影响并不显著。从 R&D 投入来看，R&D 资本投入对行业创新效应较为显著，而对行业经济增长效应却显示为负弹性；R&D 人员投入对行业创新效应并不显著，而对行业经济增长效应较为显著。不同行业间知识溢出效应差别很大，创新效应与经济增长效应均较高的行业有饮料制造业（X2）、纺织业（X4）、非金属矿物制品业（X10）、黑色金属冶炼及压延加工业（X11）、电气机械及器材制造业（X15）、仪器仪表及文化办公用机械制造业（X17），而其他行业创新效应与经济增长效应呈现不一致现象。

# 第8章

# 结论与展望

## 8.1 结　论

产业集聚、R&D 投入与知识溢出研究是经济学、管理学等研究的热点主题，本书在总结前人研究的基础上对我国制造业的产业集聚与 R&D 投入变迁情况、相互关系及知识溢出效应进行了实证研究与分析，取得一定成果，但也存在许多不足之处，亟待下一步深入研究。

本书运用了大量的实证分析，而各种数学模型的建立，需要不断进行尝试及修正，以求最合理的结果。书中对 1990～2007 年的中国制造业的行业集聚度进行了计算与分析，采用专利与全要素生产率作为衡量知识溢出效应的代理指标并进行分析，并对产业集聚、R&D 投入与知识溢出效应之间的关系进行了格兰杰因果关系检验，在此分析基础上建立空间面板数据模型与普通面板数据模型分别对区域与行业的知识溢出效应进行分析。

通过研究，形成以下结论：

（1）知识溢出是一种必然的现象，是由知识的本性决定的。知识作为一种具有非排他性或部分排他性的公共产品或半公共产品，知识溢出是必然的。在现实中，知识溢出通过多层面多途径进行，需要借助于一定媒介或载体，知识溢出受到知识属性、空间距离、社会距离、技术距离、学习能力等因素的影响，不同性质的知识溢出途径与方式存在很大差异。

（2）1990～2007 年，我国区域制造业的产业结构发生了很大变迁。总体而言，我国制造业具有明显的区域集聚特征，大部分制造业都集聚在东部沿海区域，尤其是广东、江苏、上海、浙江等几个经济发达省市。1990～2007 年，我国各地区的制造业的专业化程度都有很大提高，与此相对应，我国各地区的产业多样化程度普遍降低。相对而言，我国中西部地区的相对专业化程度较高，多样化程度较低，东部地区的相对专业化程度较低，多样化程度较高。这反映了我国东部地区呈现产业多样化集聚和具备较全面的产业结构特征，而西部地区经济发展比较依赖于单一结构的优势产业，其他产业发展比较滞后与不均衡。

从分行业来看，1990～2007 年我国制造业的行业集聚度普遍上升，垄断型、自然资源依赖型和技术密集型行业集聚度相对比较高，而市场化程度较高与竞争性较强的行业集聚度相对较低，但也有例外，如传统产业食品制造与加工业和纺织业，原因在于一些特殊自然条件、历史及人力资源等禀赋不同而造成。大部分制造业行业分布前几位的地区都集中在东部沿海地区，反映了我国区域经济严重不平衡。

（3）我国不同地区与行业之间的产业集聚、R&D 投入与知识溢出效应之间的关系纷繁复杂，各有异同，总结起来呈现如下特征。

一是经济发达的东部地区，产业集聚与 R&D 投入之间存在较强的格兰杰互为因果关系，而经济发展滞后的中西部地区，产业集聚与 R&D 投入之间格兰杰因果关系相对较弱或只具有单向的格兰杰因果关系。

二是市场竞争程度比较高的行业，R&D 投入和产业集聚之间就存在较强的格兰杰因果关系，而高度垄断的行业如烟草制造业和石油加工行业，R&D 投入与产业集聚之间不存在格兰杰因果关系。这也证明，竞争有利于促进产业加大 R&D 投入和产生创新动力，而垄断则阻碍了 R&D 投入和创新动力的产生。

三是相对而言产业集聚效应更容易引发 R&D 投入增加，R&D 投入引起产业集聚效应相对较弱。相对专业化集聚，多样化产业集聚更容易因格兰杰因果关系引起 R&D 投入变化；而相对 R&D 人员投入，R&D 经费投入更容易因格兰杰因果关系引起产业集聚。

四是产业集聚与 R&D 都产生了知识溢出效应，发达地区更为显著。多样化集聚更容易引起区域专利创新变化，而专业化集聚则更容易引起影响区域制造业的全要素生产率的变化。知识溢出创新效应对产业集聚有一定影响，东部地区相对显著，中西部地区则较弱，而经济增长效应对产业集聚影响不明显。

五是 R&D 投入尤其是资本投入对我国区域创新影响较大，而对全要素生产率的影响则不直接。区域创新效应能够导致 R&D 投入的增加，在天津、江苏、广东等地区的影响特别显著，但是全要素生产率对 R&D 投入增加几乎没有影响，这也反映出我国经济增长的同时 R&D 投入没有实现同步增长。

（4）从产业集聚与 R&D 投入的知识溢出效应来看，我国区域知识生产与创新中存在较强的空间溢出效应，说明了我国区域经济发展之间并不是孤立存在的，一个区域的经济发展与知识创新必然会影响到另一个地区。加强区域经济和 R&D 的交流与合作，有利于区域之间共享 R&D 资源与创新成果。

从产业集聚来看，地区产业多样化集聚比较有利于知识的生产、创新与溢出，也即 Jocobs 溢出产生了较强的创新效应，但 Jocobs 溢出对于我国制造业的经济增长效应并不明显；地区产业专业化对区域知识生产与创新存在负弱相关性，证明比较单一的高度专业化的产业化结构不利于区域知识生产、创新与溢出。但是，专业化集聚对全要素生产率却有显著影响，即具有显著的经济增长效应。从行业角度来看，行业集聚度提高并不利于行业创新，但比较有利于行业经济增长。

从 R&D 投入来看，我国 R&D 资本投入对区域和行业的知识生产与创新的影响非常大，而 R&D 人员投入对区域知识生产与创新影响为负，但是对行业经济增长效应比较显著。这说明了我国 R&D 人员投入尤其是公共部门的投入—产出绩效低下，R&D 人员管理与激励制度有待改善，R&D 人员效率有待提高。同时，也说明了我国制造业 R&D 原创性比较差，R&D 人员投入促进行业经济增长，但并没有形成较强的知识创新效应。

（5）区域人力资本存量对区域创新与区域经济增长具有非常强的作用。区域人力资本存量，对区域知识与创新和区域经济增长都有非常重要的影响。高人力资本存量的地区，为经济发展提供了各种高素质的科技人才与劳动力，具备了较高的区域学习能力、创新能力与经济增长能力，有利于消化与吸收各种区域内外的先进知识与技术，也验证了罗默等新增长理论经济学家所提出的"知识与人力资本是经济增长发动机"的核心观点。从社会距离与技术距离来看，社会开放程度较高的地区比较有利于知识生产、创新与溢出，也更能够促进经济增长。而技术差距则对区域和行业的知识生产、创新与溢出产生了阻碍作用。

## 8.2 展 望

产业集聚与 R&D 投入，必然会产生知识溢出效应。我们必须充分认识到这种知识溢出效应的外部性对区域创新与经济增长等影响，加强区域经济的交流与合作，建立 R&D 合作与共享机制与平台，充分利用知识溢出效应，把它转化成区域创新与经济增长的动力。在我国区域经济发展不平衡与 R&D 投入不平衡是一种长期的现象。我们要充分认识产业集聚变动规律，理解产业集聚与 R&D 投入之间的互动机制与因果关系，分析影响各种区域创新与经济增长的因素，遵循市场规律，制定合理的区域经济与产业及 R&D 政策，调整区域产业结构与布局，建立有效率的 R&D 人员激励机制，提高 R&D 经费投入—产出效率，形成有效率的产业集聚与 R&D 投入的良性互动机制。具体而言，形成如下政策建议。

（1）调整区域产业结构，形成适度产业集聚。我国各区域之间产业发展不平衡和结构不合理是一个普遍而长期的现象，是随着我国市场化进程与市场竞争作用下不断演变和发展而形成的。总体而言，我国东部地区形成了较为完善的产业结构，形成专业化与多样化集聚并存的产业格局，成为区域创新与经济发展较为发达区域；而广大中西部地区，由于地理条件与各种历史原因，产业结构相对比较单一，经济发展更多倚重于资源性或垄断性产业。合理调整区域产业结构，加大区域间分工与合作，形成区域产业专业化集聚与多样化集聚的适度规模。对东部沿海发达地区而言，适度提高相对专业化水平，避免过于大而全的产业结构，大力发展技术密集型与创新型产业，部分劳动密集型产业可以实现梯度转移，在提高区域创新水平的同时提高经济增长绩效。而对中西部地区而言，要努力调整相对单一的产业结构，避免过于依赖单一或某几个主导产业，从而形成路径依赖，陷入创新洼地，在提升专业化水平的同时提高区域多样化水平，提升区域创新与经济增长绩效。

（2）加强区域经济与 R&D 合作，共享知识溢出效应。产业集聚与 R&D 投入都具有空间知识溢出效应，一个区域的产业集聚与 R&D 投入对相邻区域都具有显著的知识溢出效应。在不同区域之间，在区域产业结构调整基础上，要加强区域间的经济与 R&D 合作，建立有效率的 R&D 合作机制与创新平台，共享 R&D 资源与产出成果，最大化产业集聚与 R&D 投入产生的知识溢出效应和最小化知识溢出的负面影响，共享知识溢出对区域和产业的创新与经济增长效应。在区域之内，也要建立大学、公共研究机构与产业之间 R&D 合作机制与创新平台，形成产业集聚、R&D 投入与知识溢出之间的良性互动机制。在行业之间，形成不同行业之间的 R&D 成果的嫁接与转化机制，充分利用其他行业的创新来提高行业绩效；在行业之内，形成合理的 R&D 合作与成果转让机制，让行业集聚与 R&D 投入的知识溢出形成积极地创新与经济增长效应。

（3）制定有效激励机制，提升 R&D 效率。R&D 投入产生知识溢出效应是经济增长与创新之源，这一点已得到大量论证与认同。但本书的研究表明，我国的 R&D 投入—产出绩效比较低下，我国区域创新主要来自 R&D 资本的投入，R&D 人员投入与区域创新之间并没有形成正相关效应。一方面，我国的 R&D 投入在不同地区之间分布严重不平衡，尤其是公共部门的 R&D 投入；另一方面，由于缺乏有效地激励机制，我国的 R&D 人员投入—产出绩效非常低下，R&D 经费使用与分配非常不合理，没有形成有效率市场激励机制。所以，建立合理的 R&D 激励机制，合理分配 R&D 经费与 R&D 人员投入，建立富有激励性的 R&D 产出保护与奖励机制，充分调动 R&D 人员创新努力与原创性水平。对高等院校与各种公共 R&D 机构而言，在加强基础研究的同时要注重 R&D 的市场转化绩效，实现产学研的有效结合；同时，要改革人事制度与薪酬激励制度，R&D 经费分配与奖励要倾向于一线与富有创新成果的 R&D 人员，减少非 R&D 与其他冗余人员比例。对企业而言，要加大 R&D 投入，增加 R&D 经费与人员投入，同时要注重原创性，避免过度模仿与缺乏原创性的 R&D，力争实现行业创新的国际水平。在严格实行专利保护制度的同时，建立有效的专利市场转化与转让制度，通过创新促进区域经济的增长。

（4）提高人力资本存量，增强区域学习能力。人力资本是区域创新与经济增长的核心要素与关键所在。高人力资本存量的地区，不仅为区域经济发展提供高素质的劳动力与 R&D 人才，也为区域学习、消化、吸收外部与内部知识溢出提供了相应能力，并实现知识溢出的转化与创新。高人力资本存量的地区，具有较高的区域学习能力，比较容易消化与吸收内部与外部的先进知识与技术，比较有利于引进 FDI 与发展各种高技术产业，并形成较强的区域创新与经济增长效应。提高区域人力资本，关键是建立一个梯度合理的人力资源培育制度。政府不但需要加大各种基础教育与高等教育的投资，更需要加大高等职业技术教育和高级 R&D 人员的培养投入，实现各种中低级适用技术人才与高级创新性人才同时培养与提升，实现区域人力资本量与质的同时突破。同时，政府还需要建立比较公平的教育投入制度，加大对贫困落后地区的教育投入与制定相应倾斜政策，更为公平地分配各种社会教育资源，缩小区域人力资本差距，提高区域整体人力资本存量，增强整个区域学习能力。对各行业和企业而言，要加大基础员工的培训与教育投入，培养适合各行业的专用性 R&D 人才，提升行业的人力资本存量与学习能力。

（5）提高社会开放度，缩小区域技术距离。知识无国界，但知识的流动与溢出需要借助于各种载体，国际贸易中商品、资本与专利技术等都承载着各种知识流，开放的社会通过国际的交流与合作可以获取各种知识溢出带来的效应。开放的社会，通过各种国际贸易与 FDI，有利于世界的各种生产要素和先进的技术知识的流动与溢出，有利于区域学习、消化与吸收国内外的先进技术与知识。目前我国各区域的社会开放度在不断提高，但是区域差异很大。这既有历史、地理等原因，又有社会制度、人文文化等因素。提升我国社会开放度，既需要完善各种基础设施建设，提升区域人力资本存量和学习能力，更要加快各种社会制度等软环境的建设，力争与国际接轨，从而建立起高社会开放度与高创新水平的区域环境。

在提高社会开放度的同时，要努力缩小区域技术距离。大量的研究都已表明，知识溢出存在着"门槛"效应，要想获取较高的知识溢出水平，从而实现区域与行业的创新与经济增长，区域或行业需要积累一定的知识和人力资本存量并达到一定"门槛"水平。在"门槛"之下，知识溢出与技术距离成反比，在"门槛"之上，知识溢出与技术距离成正比。我们的研究发现不论是区域还是行业层面，技术距离与知识溢出效应都成反比。所以，努力缩小区域或行业技术距离，是有效获取知识溢出效应的必要条件。缩小技术距离，最为根本的是要加大区域和行业的 R&D 投入，提高区域或行业的人力资本存量与学习能力。另外，在引进先进技术和进行模仿创新同时，更要引进培养先进技术人才与建立 R&D 激励制度，通过有效的制度建设来培养和吸引国内外的先进技术人才，缩小技术距离与创新距离。

此外，本书的研究也为作者未来进一步的研究指明了方向。知识溢出效应测度一直以来都是一个难题，在目前的知识溢出效应测度理论与方法中，无论是采用知识生产函数还是全要素生产率法，都存在一定缺陷。虽然这些方法理论上适用宏观数据或者企业的微观数据，但把这些方法应用到我国的区域创新或产业研究中，各种代理变量所需要的数据就成为一个问题，一般只能够采集到宏观数据，微观的企业数据采集面临很大困难。用专利或全要素生产率来度量知识溢出的创新或经济增长效应，本身也是有缺陷的，这有待在未来的研究中修正与改善。

空间计量经济学是一门新兴的学科，在国外已经在各领域的研究中广泛运用，在我国的研究尚处于起步阶段。在衡量区域空间知识溢出时，空间相邻指数的测度已经形成多种方法，行业间的技术相邻指数方法却相对滞后，尤其要计算我国行业间的相邻指数，目前还没有完善的理论与方法。在本书的研究中分析了区域的空间知识溢出效应，对于行业间的知识溢出效应测度需要进一步深入研究与完善。

在产业集聚、R&D 与知识溢出效应关系的研究中，我们只对彼此之间的关系进行了格兰杰因果关系检验，由于工作量庞大，没有分地区与分行业对彼此之间的量化关系进行分析，并在第 7 章的研究中忽略了产业集聚与 R&D 之间互动对知识溢出效应的影响，有待日后的研究中建立联立方程或 VAR 模型进一步深入研究。

# 参 考 文 献

**一、中文部分**

[1] [美] 哈耶克. 自由秩序原理 [M]. 邓正来, 译. 上海: 三联书店, 1997.

[2] [美] 马歇尔. 经济学原理 [M]. 上海: 商务出版社, 1981.

[3] 梁琦. 高技术产业集聚新理论解释 [J]. 数量集聚与技术集聚研究, 1999 (9).

[4] 侯汉平, 王浣尘. R&D 知识溢出效应模型分析 [J]. 系统工程理论与实践, 2001 (9).

[5] 刘柯杰. 知识外溢、产业集聚与地区高科技产业政策选择 [J]. 生产率研究, 2002 (2).

[6] 孙兆刚. 知识溢出的发生机制及路径研究 [D]. 大连理工大学博士学位论文, 2005.

[7] 王国红. 知识溢出和产业集群中企业学习研究 [D]. 大连理工大学博士学位论文, 2007.

[8] 王立平. 知识溢出及其对我国区域经济增长的实证研究 [M]. 安徽: 合肥工业大学出版社, 2008.

[9] 舒尔茨. 论人力资本投资 [M]. 北京: 北京经济学院出版社, 1992.

[10] 邓明, 钱争鸣. 我国省际知识存量、知识生产与知识的空间溢出 [J]. 数量经济技术经济研究, 2009 (5).

[11] [美] 胡佛. 区域经济学导论 [M]. 北京: 商务印书馆, 1990.

[12] 王进. 基于知识溢出效应的产业集群学习机制研究 [D]. 大连

理工硕士论文，2006.

[13] 龙志和，蔡杰. 中国工业产业发展中知识溢出效应的实证分析 [J]. 经济评论，2008（2）.

[14] 张昕，李廉水. 制造业集聚、知识溢出与区域创新绩效——以我国医药、电子通讯设备制造业为例的实证研究 [J]. 数量经济技术经济研究，2007（8）.

[15] [美] 科斯等. 财产权利与制度变迁 [M]. 上海：上海三联书店，2000.

[16] 迈克尔·波兰尼. 个人知识——迈向后批判哲学 [M]. 许泽民，译. 贵州：贵州人民出版社，2000.

[17] 孙兆刚等. 技术差距对知识溢出的影响分析 [J]. 科技进步与对策，2006（7）.

[18] 成伯清. 格奥尔格·西美尔：现代性的诊断 [M]. 杭州：杭州大学出版社，1999.

[19] 郑京海，胡鞍钢. 中国改革时期省际生产率增长变化的实证分析 [J]. 经济学（季刊），2005（2）.

[20] 魏江. 产业集群学习机制多层解释 [J]. 中国软科学，2004（1）.

[21] 缪小明，李刚. 基于不同介质的产业集群知识溢出途径分析 [J]. 科研管理，2006（7）.

[22] 李国平，范红忠. 生产集中、人口分布与地区经济差异 [J]. 经济研究，2003（11）.

[23] 范剑勇. 制造业地理集中与地区的产业竞争力 [J]. 浙江学刊，2008（3）.

[24] 樊福卓. 地区专业化的度量 [J]. 经济研究，2007（9）.

[25] 吴安波. 中国制造业区域专业化程度的测度、特征及变动趋势 [J]. 数量经济技术经济研究，2009（5）.

[26] 魏后凯. 现代区域经济学 [M]. 北京：经济管理出版社，2006.

[27] 杨明洪，孙继琼. 改革开放以来中国西部农村经济发展的地区差距研究 [J]. 财贸研究，2008（01）.

[28] 保罗·克鲁格曼. 地理和贸易 [M]. 北京：北京大学出版社，

2002.

[29] 王子龙, 谭清美, 许箫迪. 产业集聚水平测度的实证研究 [J]. 中国软科学, 2006 (3).

[30] 郑玉歆. 全要素生产率的再认识 [J]. 数量经济技术经济研究, 2007 (9).

[31] 柴志贤. 黄祖辉. 集聚经济与中国工业生产率的增长 [J]. 数量经济技术经济研究, 2008 (11).

[32] 张昕. 李廉水. 制造业集聚、知识溢出与区域创新绩效 [J]. 数量经济技术经济研究, 2007 (8).

[33] 高铁梅. 计量经济分析方法与建模——EViews 应用及实例 [M]. 北京: 清华大学出版社, 2006 年版.

[34] 何江, 张馨之. 中国区域经济增长及其收敛性: 空间面板数据分析 [J]. 南方经济, 2006 (5).

[35] 吴玉鸣, 徐建华. 中国区域经济增长集聚的空间统计分析 [J]. 地理科学, 2004 (6).

[36] 吴玉鸣. 空间计量模型在省域研发与创新中的应用研究 [J]. 数量经济技术经济研究, 2006 (5).

[37] 陈良文, 杨开忠. 地区专业化、产业集中与经济集聚——对我国制造业的实证分析 [J]. 经济地理, 2006 (1).

[38] 罗勇, 曹丽莉. 中国制造业集聚程度的变动趋势的研究应用 [J]. 经济研究, 2005 (8).

[39] 张同升, 梁进社, 宋金平. 中国制造业省区间分布的集中与分散研究 [J]. 经济地理, 2005 (8).

[40] 郭庆旺, 贾俊雪. 中国全要素生产率的估算: 1979－2004 [J]. 经济研究, 2005 (6).

[41] 王火根, 沈利生. 中国经济增长与能源空间面板分析 [J]. 数量经济技术经济研究, 2007 (12).

[42] 葛小寒, 陈凌. 国际 R&D 溢出的技术进步效应——基于吸收能力的实证研究 [J]. 数量经济技术经济研究, 2009 (7).

[43] 张宇, 蒋殿春. 技术外溢的地区差异与门槛效应——基于中国

省际面板数据模型研究［J］. 当代经济科学，2007（9）.

［44］徐磊，黄凌云．FDI 技术溢出及其区域创新能力门槛效应研究
［J］. 科研管理，2009（3）.

［45］石风光，李宗植．要素投入、全要素生产率与地区经济差距——
基于中国省区数据的实证分析［J］. 数量经济技术经济研究，2009（12）.

［46］刘志迎，王正巧，李静．高技术资本对我国地区产出的影响
［J］. 数量经济技术经济研究，2007（6）.

［47］叶建亮．知识溢出与企业集群［J］. 经济科学，2001（3）.

［48］陈晓玲，李国平．我国地区经济收敛的空间面板数据模型分析
［J］. 经济科学，2006（5）.

［49］李青．知识溢出：对研究脉络的基本回顾［J］. 数量经济技术
经济研究，2007（6）.

［50］蔡杰，龙志和．知识溢出研究的比较分析［J］. 科技进步与对
策，2007（9）.

［51］魏权龄．数据包络分析［M］. 北京：科学出版社，2006 年版.

［52］吴延兵．R&D 存量、知识函数与生产效率［J］. 经济学（季
刊），2006（4）.

［53］杨鹏．我国区域 R&D 知识存量的计量研究［J］. 科学学研究，
2007（3）.

［54］蔡虹，张永林．我国区域间外溢技术知识存量的测度及其经济
效果研究［J］. 管理学报，2008（4）.

［55］魏楚，沈满洪．工业绩效、技术效率及其影响因素［J］. 数量
经济技术经济研究，2008（7）.

［56］王业强，魏后凯．产业特征、空间竞争与制造业地理集中［J］.
管理世界，2007（4）.

［57］王永齐．贸易溢出、人力资本与经济增长——基于中国数据的
经验分析［J］. 南开经济研究，2006（1）.

［58］符宁．人力资本、研发强度与进口贸易技术溢出——基于我国
吸收能力的实证研究［J］. 世界经济研究，2007（11）.

［59］李小平，朱钟棣．国际贸易、R&D 溢出和生产率增长［J］. 经

济研究，2006（2）.

[60] 刘修岩. 集聚经济与劳动生产率：基于中国城市面板数据的实证研究 [J]. 数量经济技术经济研究，2009（7）.

[61] 乔彬，李国平，杨妮妮. 产业集聚测度方法的演变和新发展 [J]. 数量经济技术经济研究，2007（4）.

[62] 柯善咨，姚德龙. 工业集聚与劳动生产率的因果关系和决定因素——中国城市的空间计量经济联立方程分析 [J]. 数量经济技术经济研究，2008（12）.

[63] 张海洋. R&D 两面性、外资活动与中国工业生产率增长 [J]. 经济研究，2004（12）.

[64] 薄文广. 外部性与产业增长 [J]. 中国工业经济，2007（1）.

[65] 颜鹏飞，王兵. 技术效率、技术进步与生产率增长：基于 DEA 的实证分析 [J]. 经济研究，2004（12）.

[66] 郑展，韩伯棠，张向东. 区域知识溢出与吸收能力研究 [J]. 科学学与科学技术管理，2007（4）.

[67] 刘斯敖. 产业集群风险的研究视角、类型与防范 [J]. 企业经济，2006（11）.

[68] 刘斯敖. 产业集聚测度方法的研究综述 [J]. 商业研究，2008（11）.

[69] 刘斯敖. 高技术产业集聚效应与创新绩效分析 [J]. 科技管理研究，2010（2）.

[70] 白仲林著. 面板数据的计量经济分析 [M]. 天津：南开大学出版社，2008.

二、英文部分

[71] Acs, Zoltan J, Audretsch D. B, and. Feldman M. P. *R&D Spillovers and Recipient Firm Size*. Review of Economics and Statistics, Vol. 81, 1994, pp. 363 – 367.

[72] Aghion P, Howitt P. *A Model of Growth Through Creative Destruction*. Econometrica, Vol. 60, 1992, pp. 323 – 351.

[73] Agrawal A, Kapur D, and Mchale J. *How do spatial and social prox-

*imity influece knowledge flows?* Evidence from patent data. Journal of Urban Economics, Vol. 64（2）, 2008, pp. 258 – 269.

［74］ Anselin L. *Spatial Econometrics: Methods and Models. I^{st} ed.* The Netherlands: Kluwer Academic Publishers, Dordrecht, 1988.

［75］ Anselin L, Bera A. *Spatial dependence in linear regression models with an introduction to spatial econometrics. In Ullah, Amman and Giles,* David E. A. , editors, Handbook of Applied Economic Statistic, Marcel Dekker, New York. 1998.

［76］ Anselin L, Varga A and Zoltan Acs. *Geographical Spillovers and University Research: A Spatial Econometric Perspective.* Growth and Change, Vol. 31, 2000, pp. 501 – 515.

［77］ Anselin L, Nancy L. G. *Errors in variables and spatial effects in hedonic house price models of ambient air quality.* Empirical Economics, Vol. 34 （1）, 2008, pp. 5 – 34.

［78］ Audretsch D. B and Feldman M. P. *R&D spillover and the geography of innovation and production.* American Economic Review, Vol. 86, 1996, pp. 630 – 640.

［79］ Audretsch D. B. *Agglomeration and location of innovative activity.* Oxford Review of Economic Policy, Vol. 14, 1998, pp. 18 – 29.

［80］ Audretsch D and Feldman M. P. *Knowledge Spillover and the Geography of Innovation.* Handbook of Urban and Regional Economics. 1^{st} ed. Amsterdam: North Holland Publishing, 2003.

［81］ Audretsch D. B, Bonte Werner, Keilbach Max. *Entrepreneurship capital and its impact on knowledge diffusion and economic performance.* Journal of Business Venturing, Vol. 23 （6）, 2008, pp. 687 – 698.

［82］ Arbia G, Espa G, Quah D. *A class of spatial econometric methods in the empirical analysis of clusters of firms in the space.* Empirical Economics, Vol. 34, 2008, pp. 81 – 103.

［83］ Arrow K. J. *The economic implications of learning by doing.* Review of Economic Studies, Vol. 29, 1962, pp. 155 – 173.

［84］ Battese G. E, Coelli. *Prediction of Firm-Level Technical Efficiencies With a Generallised Frontier Production Function and Panel Data.* Journal of Econometrics, Vol. 38, 1988, pp. 87 – 399.

［85］ Borensztein E, De Gregorio J, Lee J. W. *How does foreign direct investment affect economic growth?* Journal of International Economics, Vol. 45 (1), 1998, pp. 115 – 136.

［86］ Blomstrom M, Persson H. *Foreign Investment&Spillover Efficiency in an Underdeveloped Economy*: *Evidence from the Mexican manufacturing Industry.* World Developmment, Vol. 6, 1983.

［87］ Blomstrom Magnus, Kokko Ari. *Multinational Corporations and Spillovers.* Journal of Economics Surveys, Vol. 12 (3), 1998, pp. 247 – 278.

［88］ Bishop P, Gripaios P. *Explaining Spatial Patterns of Industrial Diversity*: *An Analysis of Sub-regions in Great Britain.* Urban Studies, Vol. 44 (9), 2007, pp. 1739 – 1757.

［89］ Bodo B. Schlegelmilch and Tina Claudia Chini. *Knowledge tansfer between marketing functions in multinational companies*: *a conceptual model.* International Business Review, Vol. 12 (2), 2003, pp. 215 – 232.

［90］ Caniels M. C. J. *Knowledge spillovers and economic growth*: *Regional growth differentials acoss Europe.* Edward Elgar: Cheltenham, Northhampton. 2000.

［91］ Caniels M. C. J, Verspagen B. *Barriers to knowledge spillovers and regional convergence in an evolutionary model.* Evolutionary Economics, Vol. 11, 2001, pp. 307 – 329.

［92］ Caniels M. C. J. *Barriers to Knowledge and Regional Convergence in an Evolutionary Model.* Evolutionary Economics, Vol. 11, 2005, pp. 307 – 329.

［93］ Catherine B, Andrea S. *Who's right, Marshell or Jocobs? The Localizations versus urbanization debate.* Research Policy, Vol. 38 (2), 2009, pp. 318 – 337.

［94］ Capello R. *Spatial and Sectoral Characteristics of Relational Capital in Innovation Activity.* European Planning Studies, Vol. 10 (2), 2002, pp. 177 – 200.

［95］ Carlsson Bo, Acs Zoltan J, Audretsch D. B, Pontus B. *Knowledge creation, entrepreneurship, and economic growth: a historical review.* Industrial & Corporate Change, Vol. 18 (6), 2009, pp. 1193 – 1229.

［96］ Coe, David and Elhanan Helpman. *International R&D Spillovers.* European Economic Review, Vol. 39, 1995, pp. 859 – 887.

［97］ Coe D, Helpman E, Hoffmaister A. *North South R&D Spillovers.* Economic Journal, Vol. 107, January 1997, pp. 134 – 149.

［98］ Cohen W. M, Levinthal D. A. *Absorptive Capacity: A New Perspective on Learning and Innovation*, Adminsitrative Science Quarterly, Vol. 35, 1990, pp. 128 – 152.

［99］ Cohen W. M, Levinthal D. A. *Innovation and Learning: The Two Faces of R&D.* The Economic Journal, Vol. 99, 1999, pp. 569 – 596.

［100］ E. A. Smith. *The role of tacit and explicit knowledge in the workplace.* Journal of Knowledge Management, Vol. 5 (4), 2001, pp. 311 – 321.

［101］ Ellison G, Glaeser E. L. *Geographic Concentration in U. S. Manufacturing Industries: A Dartboard Approach.* Journal of Political Economy, Vol. 105 (5), 1997, pp. 889 – 927.

［102］ Elhorst J. P. *Specification and Estimation of Spatial Panel Data Models.* International Regional Science Review, Vol. 26, 2003, pp. 244 – 268.

［103］ Ejermo O. *Technological Diversity and Jacobs' Externality Hypothesis Revisited.* Growth and Change, Vol. 36 (2), 2005, pp. 167 – 195.

［104］ Fare R, Grosskopf S, Norris M and Zhang Z. *Productivity Growth, Technical Progress, and Efficiency Change in Industrialized Countries.* American Economic Review, Vol. 84, 1994b, pp. 66 – 83.

［105］ Fagerberg J. *A technology gap approach to why growth rates differ.* Research policy, Vol. 16, 1987, pp. 87 – 99.

［106］ Feldman M. P. *The geography of innovation. $I^{st}$ ed.* Kluwer Academic Pub, Dordrecht, 1994.

［107］ Feldman M. P, Audretsch D. B. *Innovation in cities: Science-based Diversity, Specialization and Localized Competition.* European Economic Review,

Vol. 43, 1999, pp. 409 – 429.

[108] Fisher. M, Varga A. *Spatial Knowledge spillovers and University research: Evidence from Austria*. Regional Science, Vol. 37, 2003, pp. 303 – 322.

[109] Fisher M. *Spatial representations in number processing-Evidence from a pointing task*. Visual Cognition, Vol. 10, 2003, pp. 493 – 332.

[110] Frank S. T, Hsiao. *Korean and Taiwanese Productivity Performance: Comparisons at Matched Manufacturing Levels*. Journal of Productivity Analysis, 2005, Vol. 23, pp. 85 – 107.

[111] Fredrik S. *Technology Gap, Competition and Spillovers from Direct Foreign Investment: Evidence from establishment data*. Journal of Development Studies, Vol. 36 (1), 1999, pp. 53 – 74.

[112] Fujita M, J. F Thisse. *Does Geographical Agglomeration Foster Economic Growth? And Who Gains and Loses from it?* Japanese Economic Review, Vol. 54 (2), 2003, pp. 121 – 145.

[113] Fujita M, Krugman P, Venables A. J. *The Spatial economy: Cities, regions, and internation trade. I st ed.* Cambridge, the MIT Press, 1999.

[114] Gene Grossman, Elhanan Helpman. *Innovation and Growth in the Global Economy. I$^{st}$ ed.* Cambridge: MIT Press, 1991, chapters 1 – 5.

[115] George Norman, Lynne Pepall. *Knowledge spillovers, mergers and public policy in the Economic clusters*, 2002. http: //ase. tufts. edu/econ/papers/200215. pdf.

[116] Greunz L. *Geographically and technologically mediated knowledge spillovers between European regions*. The Annals of Regional Science, Vol. 37, 2003. pp. 657 – 680.

[117] Greunz L. *Intra-and inter-regional knowledge spillovers: Evidence from European regions*. European planning studies, Vol. 13 (3), 2005, pp. 449 – 473.

[118] Glaeser E. L, Kallal H. D, Scheinkman J. A and Schleifer A. *Growth in Cities*. Journal of Political Economy, Vol. 100, 1992. pp. 1126 – 1152.

[119] Greunz L. *Industrial structure and innovation-evidence from European*

*regions.* Journal of Evolutionary Economics, Vol. 14 （5）, 2004, pp. 563 – 592.

［120］ Grossman G, Helpman E. *Innovation and Growth in the Global Economy*, Cambridge, MA: MIT Press, 1991.

［121］ Grossman GM. *Trade, knowledge spillovers and growth*, European Economic Review, Vol. （35）, 1991, pp. 517 – 526.

［122］ Griliches Z. Issues in assessing the contribution of R&D to productivity growth. Bell Journal of Economics, Vol. 10, 1979, pp. 92 – 116.

［123］ Griliches, Zvi. *Productivity, R and D, and Basic Research at the Firm Level in the* 1970's. American Economic Review, Vol. 76, 1986, pp. 141 – 154.

［124］ Griliches Z. *The Search for R&D Spillovers.* NBER Working Paper, No. 3768, 1991.

［125］ Griliches Z. *The Search for R&D Spillovers.* Scan-dinavian Journal of Economics, Vol. 94, 1992, pp. 29 – 47.

［126］ Griliches Z. *R&D and Productivity: The Econometric Evidence*, Chicago: The University of Chicago Press, 1998.

［127］ Gilles Duranton, Diego Puga. *Diversity and Specialisation in Cities: Why, Where and When Does it Matter?* Urban Studies, Vol. 37 （3）, 2000, pp. 533 – 555.

［128］ Henderson V, Kuncoro A, Turner M. *Industrial Development in Cities.* Journal of Political Economy, Vol. 103, 1995, pp. 1067 – 1090.

［129］ Hussler C. *Culture and Knowledge spillovers in Europe: New perspectives for innovation and convergence policies?* Economics of Innovation and New Technology, Vol. 13 （6）, 2004, pp. 523 – 541.

［130］ Kelly M, Hageman A. *Marshallian externalityes in innovation.* Journal of Economic Growth, Vol. 4, 1999, pp. 39 – 46.

［131］ Kesidou E and Szirmai A. *Local Knoeledge spillover, innovation and export performance in development countries: empirical evidence from the Uruguay software cluster.* The European Journal of Development Research, Vol. 20 （2）,

2008, pp. 281 – 298.

［132］ Kokko A. *Foreign direct investment, host country characteristics, and spillovers.* Stockholm School of Economics. Working Paper. 1992.

［133］ Jacobs J. *The Economy of Cities. I$^{st}$ ed.* New York: Random House, 1969.

［134］ Jacobs J. *Cities and the Wealth of Nations: Principle of Economic Life. I$^{st}$ ed.* Viking, London, 1985.

［135］ Jacob J, Szirmai. A. *International Knowledge Spillovers to Developing Countries: The Case of Indonesia.* Review of Development Economics, Vol. 11 (3), 2007, pp. 550 – 565.

［136］ Jaffe A. B. *Technological Opportunity and Spillovers of R&D: Evidence from Firms Patents, Profits, and Mar-ket Value.* American Economic Review, Vol. 76 (5), December1986, pp. 984 – 1001.

［137］ Jaffe A. B. *Demand and Supply Influences in R&D Intensity and Productivity Growth.* Review of Economics & Statistics, Vol. 70 (3), 1988, pp. 431 – 438.

［138］ Jaffe A. B. *Real Effects of Acadamic Research.* American Economic Review, Vol. 79 (5), 1989, pp. 984 – 1001.

［139］ Jaffe A. B, Trajtenberg M, R. Henderson. *Geographic localization of knowledge spillovers as evidenced by patent citations.* The Quarterly Journal of Economics, Vol. 108, 1993, pp. 577 – 598.

［140］ Jaffe A. B. *Bounding the effects of R and D: An Investigation using matched established-firm data.* Rand Journal of Economics, Vol. 27 (4), 1996, pp. 700 – 721.

［141］ Jun Koo. *Agglomeration and spillover in a simultaneous framework.* Ann Reg Sci, Vol. (39), 2005, pp. 35 – 47.

［142］ Jun Koo. *Technology Spillovers, Agglomeration, and Regional Economic Development.* Journal of Planning and Literature, Vol. 20 (2), 2005, pp. 225 – 252.

［143］ Lucas R. *On the Mechanics of Economic Development. Journal of Mo-*

*netary Economics*, Vol. 26, July, 1988, pp. 3 – 42.

[144] Lucas R. *Making a Miracle*, Econometrica, Vol. 61, 1993, pp. 251 – 272.

[145] James P. LeSage and R. Kelley Pace, *Journal of Regional Science*, Vol. 48 (5), 2008, pp. 941 – 967.

[146] Maurth P. B, Verspagen B. *Knowledge spillovers in Europe: A patent citations analysis.* Scandinavian Journal of Economics, Vol. 104 (4), 2002, pp. 531 – 545.

[147] Mac Garvie M. *The determinants of international knowledge diffusion as measured by patent citation.* Economics Letters, Vol. 87 (1), 2005, pp. 121 – 126.

[148] Michael K. Fung. *Are knowledge spillovers driving the convergence of productivity among firms?* Economica, Vol. 72 (286), 2005, pp. 287 – 305.

[149] Michael K. Fung. *R&D, knowledge spillovers and stock volatility.* Accounting and Finance, Vol. 46, 2006, pp. 107 – 124.

[150] Nonaka I. *A dynamic theory of organizational knowledge creation organization.* Science, Vol. 5, 1994, pp. 14 – 37.

[151] Nonaka I, Takaeuchi. *The knowledge creating company.* Oxford University Press, 1995.

[152] Porter M. *The Competitive Advantage of Nations. I$^{st}$ ed.* New York: Free Press, 1990.

[153] Park R. E, Emest Burgess E. W. *Introduction to the Sciece of sociology Including the Original Index to Basic Sociologioal Concepts.* The University of Chicago Press, 1969.

[154] Perkmann. M, Walsh. K. *University-industry relationships and open innovation: Towards a research agenda.* International Journal of Management Reviews, Vol. 9 (4), 2007, pp. 259 – 280.

[155] Los. B, Verspagen. B. *R&D spillovers and productivity: Evidence from U. S. manufacturing microdata.* Empirical Economics, Vol. 25, 2000, pp. 127 – 148.

［156］ Romer P. M. *Increasing Returns and Long-Run Growth. Journal of Political Economy*, Vol. 94, 1986, pp. 1002 – 1037.

［157］ Romer P. M. *Endogenous Technological Change.* Journal of Political Economy, Vol. 98, 1990, 71 – 102.

［158］ Sheshinski, Eytan. *Optimal Accumulation with Learning by Doing. in Karl Shell ed.* , *Essays on the Theory of Economic Growth*, Cambridge, MA: MIT press, 1967.

［159］ Scott A. J. *The Role of Large Producers in Industrial Districts: A Case Study of High Technology Systems House in Southern California.* Regional Studies, Vol. 26, 1992, pp. 265 – 275.

［160］ Schultz T. W. *Institutions and the Rising Economic Value of Man.* American Journal of Agriculture Economics, Vol. 50 (5), Dec, 1968, pp. 1113 – 1122.

［161］ Surender, Kumar. A. *Decomposition of total Productivity Growth: A Regional Analysis of Indian Industrial Manufacturing Growth.* International of Productivity and Performance Management, Vol. 55 (3), 2006, pp. 311 – 324.

［162］ Simunic D. A. *Auditing, Consulting, and Auditor Independence. Journal of Accouting Research*, Vol. 22, 1984, pp. 679 – 702.

［163］ Simmie J. *Innovation and Urban Regions as Nation and International Notes for the Transfer and Sharing of Knowledge.* Regional Studies, Vol. 37, 2003. pp. 6 – 7, 607 – 620.

［164］ Verspagen B. A. *New Empirical Approach to Catching up or Falling Behind.* Structral Change and Economic Dynamics, Vol. 2, 1991, pp. 519 – 380.

［165］ Verspagen B. Wilfred S. *The spatial dimension of Patenting by multinational firms in Europe.* Journal of Economic Geography, Vol. 4 (1), 2004, pp. 23 – 42.

［166］ Raffaele Paci, Stefano Usai. *Knowledge flows across European Regions.* The Annals of Regional Science, Vol. 43 (3), 2009, pp. 669 – 690.

［167］ Zoltan J, Audretsch D. B, Feldman M. P. *R&D Spillover and Recipient Firm Size.* The Review of Economics and Statistics, Vol. 31, 2001, pp.

336 – 340.

[168] Ulrich. L, Eckhard. L. *A Capability-Based Framework for Open Innovation: Complementing Absorptive Capacity.* Journal of Management Studies, Vol. 46 (8), 2009, pp. 1315 – 1338.

[169] Perkmann M, Walsh K. *University-industry relationships and open innovation: Towards a research agenda.* International Journal of Management Reviews, Vol. 9 (4), 2007, pp. 259 – 280.

[170] Lee. B. S, Sosin k, Hong S. H. *Sectoral Manufacturing Productivity Growth in Korean Regions.* Urban Studies, Vol. 42 (7), 2005, pp. 1201 – 1219.

**图书在版编目（CIP）数据**

知识溢出效应分析：基于产业集聚与 R&D 投入的视角 / 刘斯敖著 . —北京：经济科学出版社，2019.2

ISBN 978 - 7 - 5218 - 0306 - 8

Ⅰ.①知⋯　Ⅱ.①刘⋯　Ⅲ.①企业管理 - 知识管理 - 文集　Ⅳ. ①F272. 4 - 53

中国版本图书馆 CIP 数据核字（2019）第 035118 号

责任编辑：范　莹　杨　梅
责任校对：靳玉环
技术编辑：李　鹏

### 知识溢出效应分析
——基于产业集聚与 R&D 投入的视角
刘斯敖　著

经济科学出版社出版、发行　新华书店经销

社址：北京市海淀区阜成路甲 28 号　邮编：100142

总编部电话：010 - 88191217　发行部电话：010 - 88191540

网址：www. esp. com. cn

电子邮件：esp@ esp. com. cn

天猫网店：经济科学出版社旗舰店

网址：http://jjkxcbs. tmall. com

北京季蜂印刷有限公司印装

710×1000　16 开　11. 75 印张　180000 字

2019 年 4 月第 1 版　2019 年 4 月第 1 次印刷

ISBN 978 - 7 - 5218 - 0306 - 8　定价：42. 00 元

（图书出现印装问题，本社负责调换。电话：010 - 88191510）

（版权所有　侵权必究　打击盗版　举报热线：010 - 88191661

QQ：2242791300　营销中心电话：010 - 88191537

电子邮箱：dbts@ esp. com. cn）